比較選舉制度

第八版

五南圖書出版公司 印行

王業立◆著

八版序

　　本書自第七版出版至今已屆五年，這五年間無論是國內或國外與本書內容有關的選舉資訊都有快速的變化。例如台灣2018年地方選舉、2020年總統及立委選舉的選舉結果以及政黨提名的資訊，多個國家選制的修改等。這些選制變遷的最新資訊，都收錄於第八版的修訂內容中，以期使讀者能夠更正確並迅速地瞭解世界各國最新的選制變化情形。

　　而在附錄部分，本書亦做了最新的修訂。在第八版中，更新了民主國家的投票年齡、投票率、國會結構、國會議員數目等最新的資料。此外在第八版中，亦更新了美國2021年部分州選舉人團數目增減的資料，以提供讀者更多元的資訊。

　　在2021年台灣疫情最嚴重的情況下，本書的修訂工作得以順利完成，要感謝五南圖書出版公司法政編輯室副總編輯劉靜芬小姐的鼓勵，以及趙尹詩小姐幫忙資料的校正。當然，家人的支持才是筆者得以順利完成第八版修訂工作背後最大的力量，在此筆者誠摯地表達內心最深的謝意。

王業立

2021年夏

自序

　　自從取得學位，返國任教以來，筆者便一直從事選舉制度方面的研究。適逢這幾年來國內政治環境快速的變遷，政黨競爭也逐漸成型，接連幾次的重要選舉，更在台灣民主轉型的過程中扮演著非常重要的角色，而筆者也正好躬逢其盛，有機會深入觀察這幾次的選舉，得以從實際的選舉過程中檢證所學。

　　國內政治學界對於選舉的研究，長期以來一直較偏重於「投票行為」方面的研究，並且已獲致豐碩的研究成果，但是相對而言，對於「選舉制度」方面的研究，則略顯不足。事實上，選舉制度對於一個國家政黨政治的發展，政黨與候選人的競選策略，以及選民的投票行為等，都可能造成深遠的影響。而我國目前各級區域民代選舉所採用特殊的單記非讓渡投票制在台灣實施多年的經驗，更產生了許多不同於歐美各國選舉制度的重要特徵。因此對於台灣選舉制度的研究，自當有其學術上的重要意義。

　　這幾年來，在每學期十幾個學分的教學壓力下，筆者持續從事各國選舉制度的研究、我國選舉制度的探討、並特別關注近年來各國所進行選舉制度的改革工作。另一方面，筆者每年也都會在期刊、學術研討會中發表有關選舉制度方面的論文，並不時在報章雜誌上撰寫相關的評論。有鑑於國內有關選舉制度方面的書籍，特別是以探討台灣選舉制度為主題的學術性著作，並不多見，本書即以過去這幾年來筆者所發表的部分論文與評論為藍本，重新做一編排與修訂，並補充最新的資料，再加上民主國家選舉制度與選舉理論方面的相關文獻整理而成，希望能對關切我國選舉制度與未來改革方向的各界人士，有些許的幫助。

　　本書得以完成，首先得感謝筆者所任教的東海大學所提供安定的生活環境、自由的學術氣氛與完善的研究設備。政治系、所全體老師的鼓勵與

支持，讓筆者在回國這幾年，有非常寬廣的學術空間，自在地從事我所深愛的教學與研究工作。除此之外，筆者在此也要特別感謝呂亞力教授、胡佛教授、蔡政文教授、張劍寒教授、任德厚教授、Dr. Peter Ordeshook、Dr. Harrison Wagner、Dr. Thomas Schwartz、Dr. Melvin Hinich等師長的教誨與勉勵；牛銘實教授、包宗和教授、黃德福教授、謝復生教授、彭錦鵬教授、許慶復教授、林文政先生、蔡詩萍先生、鄒篤麒先生、倪炎元先生，以及許多學術界的先進和朋友，在我回國這幾年來給我的幫助與鼓勵。在本書撰寫期間，楊婷媜同學、黃家興同學、陳思蓉小姐、楊英杰先生等協助資料的蒐集；東海大學政治系的黃玉燕、馮美瑜兩位助理協助資料的輸入；胡祖慶教授提供出版方面的協助與建議，在此也一併表達筆者內心真摯的感謝之意。

　　當然最應該感謝的，是父母親大人的生育及養育之恩。內人雰雰在上班工作之外，還要擔任我電腦技術諮詢的長期義工，以及負責絕大部分照顧三個幼子的工作，應是本書得以完成的最大的幕後功臣。謹以本書獻給我最親愛的家人，並作為父親大人七十大壽的賀禮。

王業立

於台中大度山

1996.11

目録

第一章　緒論

在21世紀的今日，「民主政治」已成為全世界大多數國家所實行或追求的政治體制。所謂「民主政治」通常是指「代議民主」，亦即政府是被經由人民自由意志而選舉出的代表所治理（Lijphart, 1984: 1），而公平、公正和定期進行的選舉便往往成為政治學者評判一個國家的政治體制是否依循民主原則運作的重要指標之一（Huntington, 1991: 7）。熊彼德（Joseph A. Schumpeter）曾將民主界定為對執政者之競爭性選舉的制度安排（1976: 269），透過定期選舉的進行，執政者的統治權力才具有正當性。

既然選舉在民主政治中扮演如此重要的角色，「選舉研究」（electoral study）也就成為政治學中相當重要的一個研究領域。就選舉研究而言，選民「投票行為」（voting behavior）的研究與「選舉制度」（electoral system）的研究同等的重要，彼此之間也有密切的相關性，西方政治學界在此二方面的研究成果也都非常豐碩[1]。

而在台灣，政治學界對於投票行為的研究，也有相當長的一段時日，並且也累積出質與量都非常可觀的研究成果（陳義彥、黃麗秋，1992：13-59）。但是相對而言，國內對於選舉制度方面的研究，就顯得較為不足[2]。除了一些討論或介紹其他民主國家選舉制度的著作外，對於台灣選舉制度的研究則更是稀少，此種狀況直到最近幾年才逐漸改觀。

事實上，西方政治學界對於選舉制度的研究起源甚早。在17世紀

1　例如：Campbell, Converse, Miller & Stokes（1960）；Butler & Stokes（1974）；Key（1966）；Nie, Verba & Petrocik（1976）；Flanigan & Zingale（1991）等為投票行為方面的代表性著作；Duverger（1966）；Rae（1971）；Bogdanor & Butler（1983）；Dummet（1984）；Grofman & Lijphart（1986）；Taagepera & Shugart（1989）等為選舉制度方面的代表性著作。有關投票行為研究方面的發展情形，可參閱游盈隆（1984：195-229）以及陳義彥、黃麗秋（1992：2-13）。
2　參見《選舉研究》，第一卷，第一期，「發刊辭」（1994年5月）。

時，霍布斯（Thomas Hobbes）、米爾頓（John Milton）、洛克（John Locke）等人已對選舉問題有所討論（雷競旋，1989：37）。而到了18世紀，法國人康多塞（Marquis de Condorcet）與鮑達（Jean-Charles de Borda）對於投票方式公平性問題的探討（Carstairs, 1980: 2; Riker, 1982a: 2），可說是開啟了對於選舉制度研究的先河。19世紀時，在選舉制度的研究上有著相當蓬勃的發展。不但是各式各樣的選舉方式不斷地被創造出來，對於選舉制度進行理論性的研究，也深受當時歐洲學術界的重視。另一方面，當英國人嘿爾（Thomas Hare）在19世紀中葉設計出比例代表制（proportional representation systems; PR），並受到彌爾（John Stuart Mill）的大力提倡以後（Carstairs, 1980: 1-2；雷競旋，1989：51），多數決制（plurality or majority systems）（長久以來已為各國所廣泛使用）與比例代表制之間的論戰，便在歐洲掀起了一陣探討選舉制度改革的熱潮（雷競旋，1989：51）。在1864年與1885年，歐洲各國甚至召開了兩次大型的國際會議，來討論選舉制度的改革（Carstairs, 1980: 1-3）。

　　進入20世紀以後，政治學界對於選舉制度的研究更是成果豐碩。學者也逐漸發現，選舉不但是民主政治必備的要件，選舉制度也往往會影響候選人的參選動機、競選方式、選舉策略、選民的投票行為、甚至型塑出不同類型的政黨制度（Downs, 1957; Duverger, 1966; Rae, 1971; Grofman & Lijphart, 1986; Taagepera & Shugart, 1989）。然而值得注意的是，由於西方民主國家的選舉制度大多採行比例代表制，或是單一選區多數決制（Lijphart, 1984: 150-154; Mackie & Rose, 1991: 503-511），因此西方政治學界對於選舉制度的研究，以往也幾乎集中於此兩類的選舉制度之上，直到最近幾年，才有較多討論混合式選舉制度（mixed or hybrid systems）的專書或期刊論文出現（例如Norris, 1997, 2004; Massicotte & Blais, 1999; Shugart & Wattenberg, 2001; Cox & Schoppa, 2002; International IDEA, 2002; Johnston & Pattie, 2002; Kostadinova, 2002; Ferrara, 2004；Moser & Scheiner, 2004; Nishikawa & Herron, 2004; Golder, 2005; Ferrara, Herron & Nishikawa, 2005；蔡學儀，2003；黃紀、王鼎銘、郭銘峰，2005；王鼎

銘、郭銘峰、黃紀，2008；梁世武，2008；黃紀、游清鑫，2008；林繼文，2008；蕭怡靖、黃紀，2010；蘇子喬、王業立，2010）。

在我國，常見的選舉方式有三種：一、各級行政首長選舉（如總統、縣市長、直轄市市長選舉等），所使用的相對多數決制（relative plurality）；二、各級民意代表選舉（如第六屆以前立法委員選舉的區域選區部分、縣市議員以及直轄市議員選舉等）所採行的複數選區單記非讓渡投票制（single non-transferable vote with multi-member-district system; SNTV-MMD）[3]；三、各種人民團體（包括政黨）內部選舉經常使用的全額連記法（block vote）或是限制連記法（limited vote）。

關於相對多數決制，西方學術界固然已經有相當多的相關研究，但是對於相對多數決制在台灣長久實施後的本土性經驗研究則仍不多見。至於複數選區單記非讓渡投票制，過去在主要民主國家的全國性選舉中，僅有日本及我國長期使用過。在日本於1994年廢除了下議院選舉使用這個選舉制度後，使用此種選舉制度的國家已十分罕見[1]。我國自2008年1月12日的第七屆立委選舉後，區域選區部分已改採單一選區多數決制，但地方議員選舉仍維持複數選區單記非讓渡投票制。此種選舉制度對於多數西方政治學者而言相當陌生，僅有少數幾位學者曾經針對日本過去下議院的選舉制度做過較多的研究（例如：Lijphart, Pintor & Sone, 1986; Reed, 1990, 1996; Cox & Rosenbluth, 1993, 1994, 1996; Cox, 1991, 1994, 1996; Cox, Rosenbluth & Thies, 1999, 2000; Baker & Scheiner, 2004），而對台灣選舉制度的學術性研究則是更為稀少（例如：Cox & Niou, 1994; Cox, 1996; Wang, 1996）。直到1999年，才有探討日本、南韓及台灣使用單記

3　根據2005年6月7日國民大會複決通過的第七次修憲增修條文第4條的規定，立法委員自第七屆起名額減為113席；其中由區域選區部分選出的73席將改採單一選區多數決制。

4　1881年的巴西憲法曾規定採行「大選區單記非讓渡投票制」，美國的一些地方議會（如Alabama）也採用「複數選區單記非讓渡投票制」（Grofman, 1999: 403-404；林繼文，1997：67），此外南韓亦曾於1973年至1988年間部分國會議席採行「二人選區單記非讓渡投票制」（Grofman et al., 1999: 8）。目前阿富汗、萬那杜等少數國家的國會選舉，以及日本的參議院（區域選區部分）選舉，仍是使用此種選舉制度（https://aceproject.org/regions-en?set_language=en）。

非讓渡投票制的專書出版（Grofman, Lee, Winckler & Woodall, 1999）。事實上，由於選舉制度設計上的差異，我國各級區域民代選舉所採用的單記非讓渡投票制對於政黨政治的影響，並不同於單一選區多數決制或是比例代表制。而此種選舉制度在台灣實施多年的經驗，也產生了許多不同於歐美各國選舉制度的重要特徵（例如複數選區下政黨的提名策略與配票作業）。

這些特徵與差異，都非常值得吾人做更進一步的研究。至於我國各種人民團體所使用的連記法，相關的研究則更是十分的罕見。本書的目的，即是針對台灣的選舉制度進行初步的研究，並且不揣淺陋，希望能藉此拋磚引玉，以便將來能有更多的學術界先進，投入台灣選舉制度的研究，而進一步創造出更有價值的研究成果。

在本書的第二章中將首先介紹民主國家的選舉制度。比較特別的是，除了傳統的多數決制與比例代表制的探討外，第二章將特別針對混合式選舉制度進行詳細的討論。德國、紐西蘭的「聯立式」混合制，與日本「並立式」混合制的差別，將在本章中做完整的整理。而我國全國不分區代表，各政黨議席分配的計算方式，在本章中也有詳細的探討。

第三章中將要探討各種選舉制度的政治影響。在本章中除了要由「杜弗傑法則」（Duverger's Law）出發，來討論選舉制度與政黨政治之間的關聯性外，也要探討選舉制度對於候選人的參選動機、競選方式、選舉策略、與選民投票行為等方面的影響。另外在本章中，除了要介紹一般人可能較為熟悉的相對多數決制與比例代表制的政治影響外，還要探討兩輪決選制、混合制以及連記投票制的政治影響。

第四章至第六章，是針對台灣的選舉制度所做的系列研究。在第四章中，是以我國的縣市長選舉為研究對象，來檢驗西方政治學中有關單一選區相對多數決制的政治影響的相關理論，在台灣是否依然成立。

第五章中將要探討單記非讓渡投票制在台灣實施所造成的政治影響。在本章中首先將介紹這個選舉制度的起源與演進過程，其次要探討此種選舉制度對於我國政黨政治的發展所造成多方面的影響，最後並試圖兼

顧理論與實際，分析德國聯立制與日本並立制混合式選舉制度的實施方式與利弊，以及我國進行立委選制改革時的諸多重要議題。

　　單記非讓渡投票制對於政黨提名的影響，將在第六章中討論。如前文所述，在台灣實施多年的複數選區下政黨的提名策略與配票作業，是不同於歐美各國選舉制度的重要特徵；這些特徵與差異，在第六章中將有廣泛的探討。在本章中，也要介紹與分析國內兩大政黨（國民黨與民進黨）從過去到現在提名制度的變革，在本章中有最新而完整的資料蒐集與整理。另外在本章中，也要針對國內政黨過去先後實施過的黨員初選制與公民投票制提出探討，以作為未來國內政黨在改革黨內提名制度時的參考。

第二章　民主國家的選舉制度

第一節　選舉制度的分類

　　世界各主要民主國家的選舉制度，可說是五花八門，種類繁多。一般而言，一個國家選舉制度的抉擇與設計，通常是反映出該國「歷史遺緒」（historical legacies）[1]、「國際社會化」（international socialization）[2]、「政治文化」（political culture）及當時國內政黨或政治菁英個人的意識型態、偏好及理性抉擇（rational choice）後的均衡結果（王業立，2005a：2）。這些因素有些可能是制度性因素，有些可能是非制度性因素（吳玉山，2001：4-9）。因此不但是各國之間，由於不同的歷史背景與政治環境，在制度設計上有很大的差異；即使是同一個國家，也可能因為政治環境的變遷，而採取不同的選舉制度（江大樹，1992：139）。

　　面對如此複雜的各種選舉制度，政治學者往往也有不同的分類方式。李帕特（Arend Lijphart）認為，不同國家選舉制度的差異，可從選舉規則（electoral formulas）、選區規模（district magnitudes）、補充席次（supplementary seats）、選舉門檻（electoral thresholds）、以及選票結構（ballot structures）等五個面向加以觀察（Lijphart, 1984: 151-156）。例如，李帕特本人，即是由「選舉規則」之間的差異，將民主國家的選舉制度區分為：一、相對多數及絕對多數決制（plurality and

---

1　許多歷史制度論（historical institutionalism）學者強調，除非出現重大的關鍵轉折，否則制度變遷多會在特定的歷史系絡（historical context）下進行。例如一個國家過去的政治傳統或憲政經驗，可能會對爾後的制度抉擇產生「路徑依循」（path dependence）的效果，並提供政治行動者進行策略選擇的限制條件及機會（王業立、黃豪聖，2000：409）。

2　根據Schimmelfennig的定義，所謂國際社會化是一種過程，亦即引導一個國家朝向國際環境所構築的信念與規範予以內化的過程（Schimmelfennig, 2000: 111-12；王啟明，2004：12）。例如吳玉山便曾經指出，鄰近國家的示範效應，是影響東歐國家及前蘇聯國家憲政抉擇的一項重要因素（吳玉山，2000）。

majority formulas）；二、半比例代表制（semiproportional formulas）；
三、比例代表制（proportional representation）（Lijphart, 1984: 152; 1999:
144-150）。而較早的另一位學者雷伊（Douglas W. Rae）則是將選舉規
則區分為：一、絕對多數決制（majority formula）；二、相對多數決制
（plurality formula）；三、比例代表制（proportional representation for-
mulae）（Rae, 1967: 23-39）。晚近的政治學者在做選舉規則的分類時，
則亦會將混合式選舉制度列入，例如諾芮斯（Pippa Norris）將選舉制度
區分為：一、多數決制（majoritarian formulae）；二、比例代表制（pro-
portional formulae）；三、合併制（combined systems）（Norris, 2004:
40-60）。而高德（Matt Golder）則將選舉制度依照選舉規則的差異區分
為：一、多數決制（majoritarian systems）；二、比例代表制（propor-
tional systems）；三、多層制（multi-tier systems）；四、混合制（mixed
systems）（Golder, 2005: 108-114）。國內政治學者在做選舉制度的區分
時，大致上也是依循李帕特等學者的分類方式，而以選舉規則之間的異
同作為最主要的區分（楊泰順，1991：13；謝復生，1992：7；江大樹，
1992：139；吳文程，1996：239）。

　　除了以選舉規則之間的差異來區分選舉制度外，也有部分學者是以
「選區規模」作為區分選舉制度的基準。例如塔格培拉與蘇加（Rein Ta-
agepera & Matthew Soberg Shugart）將選舉制度區分為：一、單一選區制
（single-member districts）；二、複數選區制（multimember districts）
（Taagepera & Shugart, 1989: 20-29）。而倫尼（Austin Ranney）則將選
舉制度區分為：一、單一選區制（single-member-district systems）；二、
複數選區比例代表制（multimember-proportional systems）；三、德國混
合制（German hybrid system）（Ranney, 2001: 172-180）。

　　而本章在選舉制度的分類上，將以「選舉規則」為主，其他面向為
輔，將民主國家的選舉制度區分為：一、多數決制（plurality and majority
systems）；二、比例代表制（proportional representation systems; PR）；
三、混合制（mixed or hybrid systems）。

第二節　多數決制（plurality and majority systems）

　　所謂「多數決制」，係指在選區內獲得選票多的候選人即可當選的選舉制度。這是最簡單也是最古老的一種選舉方式，最早可追溯自12世紀（Norris, 1997: 299）。英國於1429年在議會選舉中便正式採行此種選舉制度（林尚立，1994：74），至今多數決制仍是西方民主國家主要的選舉制度之一。根據ACE The Electoral Knowledge Network跨國研究資料統計，目前全世界255個國家或地區中，有109個國家或地區（占42.8%）使用此類選舉制度選出國會議員（此處主要係指下議院或眾議院）[3]。

　　基本上，多數決制主要係以候選人為投票對象，得票多者即可當選；而以所需當選票數的多寡，多數決制又可區分為：一、相對多數決制（plurality，或稱為relative plurality）；二、絕對多數決制（majority，或稱為absolute majority）兩大類型。而相對多數決制因選區規模的不同，又可區分為：一、單一選區相對多數決制（plurality with single-member-district system; SMD）；二、複數選區相對多數決制（plurality with mul-timember-district system; MMD）。至於絕對多數決制，則必須在單一選區下施行。

一、相對多數決制（relative plurality）

　　在相對多數決制下，當選者的票數不一定要超過有效選票的半數，只要候選人的選票領先即可當選。因選區規模的差異，相對多數決制可在單一選區或複數選區下施行：

（一）單一選區相對多數決制（plurality with single-member-district system; SMD）

　　此種選舉制度在英、美等國也習慣被稱為「領先者當選制」（"first-past-the-post" system）（Ranney, 2001: 172；雷競旋，1989：84）；在應

---

[3] https://aceproject.org/epic-en

選名額為一名的單一選區（又稱為「小選區」）下，眾多角逐者當中，只有得票最高者（得票不一定過半）當選。因為應選名額只有一名，所以「勝者全拿」（winner-take-all）。受到歷史遺緒、國際社會化等因素的影響，許多英國過去的殖民地或英語系國家，多採用此種選舉制度（Ranney, 2001: 172; Golder, 2005: 108），例如英國、美國、加拿大、印度等國的國會議員選舉，長久以來皆是採行此種選舉制度。目前我國的總統、直轄市市長、縣市長等各級行政首長選舉（當然是單一選區），亦是使用此種相對多數決制。此外菲律賓、韓國、新加坡、墨西哥、冰島、波士尼亞、委內瑞拉、宏都拉斯、巴拿馬、巴拉圭、喀麥隆、馬拉威、盧安達、尚比亞等國的總統大選，也是採行此種選舉制度[4]。

根據統計，全世界255個國家或地區中，有68個國家或地區（26.7%）使用此種選舉制度選出國會議員[5]。而在236個國家的國家元首產生方式中，則有24個國家（包括我國）（10%）採用相對多數決制直接選出總統[6]。

（二）複數選區相對多數決制（plurality with multimember-district system; MMD）

當選區應選名額為一名時，我們稱之為「單一選區」或「小選區」；當選區中應選名額大於一時，便是所謂的「複數選區」。根據日本傳統上對於選區分類的習慣，應選名額為二名至五名者，稱為「中選區」（medium-size districts）；應選名額為六名或六名以上者，則是屬於「大選區」（large-size districts）。此處選區大小，或選區規模，係以應選名額為基準，而與選區的面積大小或選區內的選民人數多寡無關。

在複數選區相對多數決制下，選舉時，視應選名額的多寡，候選人以票數的高低依次當選。複數選區相對多數決制因選民可圈選候選人數目的

---

[4]　https://aceproject.org/ace-en/topics/es/ese/ese01/ese01a
[5]　https://aceproject.org/epic-en
[6]　https://aceproject.org/epic-en?question=ES001&f

不同，又可分為1.全額連記投票（block vote）；2.限制連記投票（limited vote）；以及3.單記非讓渡投票（single non-transferable vote; SNTV）：

1. 全額連記投票（block vote）

　　所謂「全額連記投票」係指在複數選區中，應選名額為幾名，每位選民即可投幾票的選舉方式（Carstairs, 1980: 12）。例如日本1889年的選舉法，將全國分為214個單一選區以及43個兩人選區（Mackie & Rose, 1991: 276）。在兩人選區中投票即採全額連記投票，亦即應選名額為兩名，每位選民可投兩票，以得票較多之兩位當選（王業立，1995a：149）。依據我國《人民團體選舉罷免辦法》第4條的規定，目前我國人民團體內部的選舉方式，仍以全額連記投票為原則，限制連記投票為例外。

　　根據統計，在全世界255個國家或地區中，有13個國家或地區（占5%）使用此種選舉制度選出國會議員（例如福克蘭群島、科威特、阿拉伯聯合大公國等）[7]。

　　與全額連記投票類似的另一種選舉方式稱為「累積投票」（cumulative vote）。在累積投票制下，亦是允許選民可圈選與應選人數相同數量的名額。但在投票時，選民可以將選票平均分配給他所支持的幾位候選人，亦可以將選票集中投給一位或少數幾位候選人（Dummett, 1984: 263）。此種選舉方式曾於1909年以前，在南非實行了近半個世紀之久（楊泰順，1991：40）。此外民間團體或私人企業的股東大會或董事會選舉，亦可看到此種選舉方式。有學者指出，累積投票制在保護少數黨派的意見上，具有相當的成效（Lakeman, 1970: 89；楊泰順，1991：41）。另外瑞士及盧森堡的選舉制度雖然是屬於比例代表制，但卻是採用開放

---

[7] https://aceproject.org/epic-en，另外泰國與菲律賓過去亦採行全額連記投票，但近年已改採混合制。泰國於1997年修憲，採行單一選區／比例代表混合制，但2007年底，選制又進行變革，改採中選區／比例代表並立制，在400席區域選區中，除了四席單一選區，其餘153個複數選區，分別選出二席至三席，並回復採行全額連記投票，另外還有80席比例代表，分別由八個選區選出。2011年2月，泰國再度修改選制，又改回單一選區／比例代表並立制，在全部500議席中，375席採單一選區相對多數決制選出，另外125席採比例代表制，全國為一選區選出。

式政黨名單（open party list）的「混合連記投票」（panachage）（Rae,
1971: 18; Katz, 1986: 89; Taagepera & Shugart, 1989: 25-26），每位選民可
投出與選區應選名額相同的票數，他可將選票投給相同政黨或不同政黨
的候選人，但對同一位候選人最多可投兩票（Mackie & Rose, 1991: 299,
421-422）。

2. 限制連記投票（limited vote）

　　所謂「限制連記投票」係指在複數選區中，選民可圈選的票數，少於
應選的名額。在19世紀到20世紀初年，西班牙與葡萄牙曾經使用過限制
連記投票；而自1868年到1880年，英國有13個選區亦曾使用過此種選舉
方式（Mackie & Rose, 1991: 503）；另外日本在戰後美軍占領下的1946
年，也曾在應選名額為四名以上的複數選區，使用過一次限制連記投票
（Mackie & Rose, 1991: 277），目前則只有西班牙的上議院選舉，使用限
制連記投票（Norris, 2004: 48）。

　　我國監察委員的產生方式，在修憲以前，按照原憲法的規定，係屬
於間接選舉，由省、市議員投票產生。1987年的增額監察委員選舉即是
採行三分之一限制連記投票。而中國國民黨在十三全以前，中央委員的選
舉照慣例均採行全額連記投票，到了十四全大會時，因有部分出席的黨代
表批評全額連記投票易造成當權派壟斷全局的局面，為了黨內的和諧與團
結，所以自十四全開始，國民黨中央委員的選舉改採二分之一限制連記投
票。另外國內各種人民團體（如農、漁會）選舉理、監事時，也是使用全
額或限制連記投票，因此這種投票方式對於國人而言並不陌生。2001年
1月29日，民進黨執政後，行政院核定農委會所提《農會選舉罷免辦法》
修正條文，規定今後農會會員代表選舉理、監事時，不再使用全額連記投
票，而僅能使用二分之一限制連記投票，並自2001年2月的農會改選開始
實施[8]。而2008年國民黨重新執政後，於2009年1月5日農會改選前，又將

8　參見《聯合報》，2001年1月30日，版4。

農會會員代表選舉理、監事的方式，改回全額連記投票。關於全額連記投票與限制連記投票運作上的差異及所造成不同的政治影響，我們將在第三章第六節中做詳細的探討。

3. 單記非讓渡投票（single non-transferable vote; SNTV）

所謂「單記非讓渡投票」係指在複數選區中，不論應選名額為若干，每位選民均只能投一票的選舉規則。之所以被稱為「非讓渡投票」，主要係指不管候選人得到多少選票，均不能將多餘的選票移轉或讓渡給其他的候選人，以有別於愛爾蘭、馬爾他及澳大利亞（參議院選舉）[9]等國所實施的「單記可讓渡投票」（single transferable vote; STV）[10]。有些學者將單記非讓渡投票視為限制連記法的一種特殊形式（Mackie & Rose, 1991: 503；謝復生，1992：13-14）；另外也有學者將此種選舉規則歸納為半比例代表制（semiproportional system）（Lijphart, 1984: 154; Taagepera & Shugart, 1989: 28；楊泰順，1991：16）[11]。

日本是過去使用單記非讓渡投票制最具有代表性的國家。從1900年單記非讓渡投票制首度被採行以來，日本即持續使用這個選舉規則直到1994年。韓國在1988年以前，也使用過單記非讓渡投票制。台灣在日本統治時期，於1935年舉行首次的市會議員及街庄協議會員選舉，亦是採用單記非讓渡投票制。而我國於1947年、1948年所選出的第一屆中央民意代表，也是採用這種選舉制度。台灣光復後，除了間接選舉外（如1946年第一屆縣參議員選舉、省參議員選舉；1951年臨時省議會第一屆議員選舉），各級民意代表選舉皆依循往例採行單記非讓渡投票制。

從1991年的二屆國大選舉以後，雖然在中央民意代表（國民大會代

9　澳大利亞眾議院選舉係採行「選擇投票制」（alternative vote，又稱為「偏好投票制」preferential ballot），屬於絕對多數決制的一種（Mackie & Rose, 1991: 503），下文中會有進一步的探討。

10　關於單記可讓渡投票制，本章第三節中也會有進一步的介紹。

11　這是因為單記非讓渡投票制在應選名額足夠多的情況下，理論上也具有相當高的比例代表性（proportionality），故有人將此種選舉規則歸納為半比例代表制。第五章中會對此問題進行更深入的探討。另外關於半比例代表制的討論，可參閱楊泰順（1991：13-45）。

表及立法委員）選舉部分，廢除了職業代表而改以政黨名單比例代表制
（採一票制及5%的政黨門檻）產生全國不分區代表及僑選代表，但在區
域選舉部分，仍然照舊制採行單記非讓渡投票制（國民大會代表於2000
年第六次修憲後，全部改採比例代表制產生；2005年5月14日的「任務
型」國大選舉，即是以比例代表制方式選出300名國大）。

　　根據2005年6月7日國民大會複決通過的第七次修憲增修條文第4條的
規定，立法委員自第七屆起名額減為113席；其中由區域選區部分選出的
73席將改採單一選區多數決制，因此自第七屆立委選舉開始，我國中央層
級的民意代表選舉，已停止使用複數選區單記非讓渡投票制（原住民立委
選舉仍採複數選區單記非讓渡投票制），但地方層級的民意代表選舉，目
前仍然繼續使用此一特殊的選舉制度。

　　單記非讓渡投票制過去曾經在日本及台灣被長期使用過。南韓亦曾
於1973年至1988年間部分國會議席採行「二人選區單記非讓渡投票制」
（Grofman et al., 1999: 8）。在日本與台灣相繼放棄使用此種特殊的國會
議員選舉制度後，全世界可能僅剩下阿富汗與萬那杜仍然使用此種選舉制
度選舉國會議員[12]。我國中央層級的民意代表選舉，雖然已停止使用複數
選區單記非讓渡投票制，但是台灣過去長期使用單記非讓渡投票制所造成
諸多的政治影響，仍具有重要的學術意義而值得吾人重視（何況我國的原
住民立委及地方層級的民意代表選舉仍將繼續使用此一選舉制度），在本
書第五章與第六章將會對此一特殊的選舉制度有詳細的探討。

二、絕對多數決制（absolute majority）

　　絕對多數決制設計的目的，是希望當選者的票數能夠超過有效選票
的半數。當今世界上主要的民主國家所使用的絕對多數決制，可分為兩
大類：（一）選擇投票制（alternative vote）；（二）兩輪決選制（runoff
election）：

---

[12] https://aceproject.org/epic-en/CDTable?view=country&question=ES005

（一）選擇投票制（alternative vote）

　　澳大利亞的眾議員選舉，自1918年以來，即是在單一選區下實施「選擇投票制」（Mackie & Rose, 1991: 503），或稱為「偏好投票制」（preferential ballot）（Ranney, 1996: 169）[13]。投票時，選民可依據自己的偏好，將候選人排列順序，並標示於選票上。開票時，如果有候選人得到超過有效選票半數以上的「第一偏好票」，則該候選人即可當選；如果沒有任何候選人獲得的「第一偏好票」超過半數，則將獲得「第一偏好票」最少的候選人刪除，並將這些選票依照選票上的「第二偏好」，分別轉移給其他候選人。如果轉移選票之後，仍然沒有任何候選人獲得的票數超過半數，則將獲得「第一偏好票」次少的候選人刪除，並將這些選票依照選票上的「第二偏好」，分別轉移給其他候選人。這種選票轉移的過程持續進行，直到有候選人獲得過半數的選票為止。除了澳大利亞的眾議員選舉外，愛爾蘭和斯里蘭卡兩國的總統選舉（Blais et al., 1997: 446）也是採行此種選舉制度。而英國曾於2011年5月，由保守黨／自由民主黨聯合政府，提出選制改革公投，希望將長久使用的單一選區相對多數決制，改成選擇投票制，但遭68%選民的反對而功敗垂成（蘇子喬、王業立，2013）。

　　此外英國於2008年5月1日所舉行的倫敦市長選舉，使用了一種新的選舉制度，與前述的「選擇投票制」有一些類似之處。依據這一項新的倫敦市長選舉制度，倫敦市民在選舉市長時，可依據自己的偏好同時圈選兩位候選人：「首選票」（column one first choice）和「次選票」（column two second choice）。選民在投票時，「首選票」必須圈選，否則選票將會作廢；「次選票」則可投可不投。在計算選票後，若有候選人的「首選票」的得票率超過有效選票的半數，即可宣布當選。如果沒有候選人的「首選票」超過半數，則「首選票」得票最高的前兩名候選人必須進行第

---

[13] 只有塔斯馬尼亞（Tasmania）例外，該州採行單記可讓渡投票制（STV）（Norris, 2004: 49）。

二輪計票。此時，將兩名候選人的「首選票」與「次選票」相加，總數最多者即可當選倫敦市長[14]。

（二）兩輪決選制（runoff election）

前面所探討澳大利亞的選擇投票制及英國倫敦市長的選舉制度，其制度設計的目的，是希望當選者能夠獲得過半數的選票，並且選民只需投一次票（然而倫敦市長選舉第二輪計票後的當選者，也未必能獲得「過半數」的選票）。而另外一種常見的絕對多數決制——兩輪決選制——選民往往可能就需要投兩次票，才能決定獲得過半數支持的當選者。當初在18世紀、19世紀時，比例代表制尚未出現前，歐洲許多國家放棄英國式的相對多數決制，而開始改採兩輪決選制在各選區中選舉議員，其目的就是希望避免選出的「少數代表」，而發生代表性不足的問題（Carstairs, 1980: 10）。

在第一輪投票後，如果有候選人已經獲得過半數的選票，則該候選人即已獲勝，無須進行第二輪投票；但是如果沒有任何候選人獲得過半數的選票，則在第一輪投票中，獲得最高票的兩位候選人將要進行第二輪的決選。在第二輪投票中，由於是屬於候選人只有兩位的簡單多數決（simple majority）（Riker, 1982a: 44），獲勝者必然是得到半數以上的有效選票而當選。

法國是採用兩輪決選制最著名的國家，該國的總統選舉自1965年以來一直是使用此種選舉規則。截至2022年法國已進行過的11次總統選舉中，每一次都是在第二輪投票後才決定勝負，並且有三次（分別是1974年、1981年及1995年）還出現第一輪的領先者卻在第二輪投票後落敗的結果[15]。

除了法國外，許多的拉丁美洲國家，如：阿根廷、哥倫比亞、多明

---

[14] https://aceproject.org/ace-en/topics/es/ese/ese01/ese01c，另參見《星島日報》，2008年4月26-27日，版A8。

[15] 換言之，如果法國的總統選舉是使用相對多數決制，那麼第一輪的領先者即是獲勝者。關於這個問題，第三章第三節中會有進一步的探討。

尼加、薩爾瓦多、哥斯大黎加、瓜地馬拉、海地、玻利維亞、巴西、智利、厄瓜多、祕魯、烏拉圭，以及共產政權瓦解後的俄羅斯、白俄羅斯、保加利亞、克羅埃西亞、捷克、立陶宛、馬其頓、塞爾維亞、波蘭、羅馬尼亞、斯洛伐克、斯洛溫尼亞、蒙地內哥羅、烏克蘭、烏茲別克、哈薩克、土庫曼、塔吉克、亞塞拜然、吉爾吉斯、外蒙古，非洲的埃及、突尼西亞、阿爾及利亞、蒲隆地、維德角、奈及利亞、納米比亞、塞內加爾、聖多美普林西比、賴比瑞亞、象牙海岸、獅子山、迦納、甘比亞、肯亞、馬利、尼日、蘇丹、幾內亞、幾內亞比索、辛巴威、莫三鼻克、中非共和國、查德、烏干達、馬達加斯加、茅利塔尼亞、布吉那法索，還有奧地利、葡萄牙、芬蘭、塞浦路斯、土耳其、葉門、帛琉、馬爾地夫、印尼、敘利亞、阿富汗等國的總統選舉，也是採行兩輪決選制[16]。

　　根據統計，在236個國家的國家元首產生方式中，有89個國家使用兩輪決選制選出國家元首[17]。因此純就統計數目而言，目前使用兩輪決選制直選總統的國家（236國中共有89國採行，占37%），的確遠多過使用相對多數決制的國家（236國中僅有24國採行，占10%）。此外我國於1950年至1951年所舉辦的第一屆縣市長選舉，也曾使用過一次兩輪決選制。

　　另外值得注意的是，法國第五共和成立後的國會議員選舉，雖然改採單一選區兩輪投票制（two-ballot system）[18]，但與前述法國總統選舉的兩輪決選制仍有些許差異。從1976年以後，法國的國會議員選舉若第一輪投票無人超過半數，則得票超過12.5%（八分之一）的候選人皆有資格參加一週後所舉行第二輪的選舉。因此有資格參加第二輪選舉的候選人可能不只兩人，並且由於第二輪選舉時的候選人可能不只兩人，所以法國國會議員選舉的第二輪投票，事實上乃屬相對多數決，得票最多者仍不見得會過半數（王業立，1995b）。例如1997年的法國國會議員選舉，577

16　http://aceproject.org/epic-en/CDTable?view=country&question=ES001

17　https://aceproject.org/epic-en?question=ES001&f

18　法國在第四共和時期，國會議員選舉係採行比例代表制，1958年第五共和成立後，改採單一選區兩輪投票制，但在1986年，曾恢復使用過一次比例代表制（Mackie & Rose, 1991: 135）。

個國會議席中僅有12席在第一輪投票後便確定當選人。在必須舉行第二輪投票的565席中，有474席係屬兩人對決，而有79席仍是三人競逐的局面（另有12席由於對手退出，在第二輪投票時僅剩一人參選）[19]。

　　另外在全世界255個國家或地區中，有18個國家（占7%）使用兩輪決選制選出國會議員[20]，例如中非共和國、馬利、海地、越南、法屬玻里尼西亞、古巴、巴林、吉里巴斯、伊朗、烏茲別克等。

第三節　比例代表制（proportional repre-sentation systems）

　　比例代表制是目前普遍實行於歐陸國家的選舉方式。在20世紀以前，西方民主國家的選舉制度都是採行多數決制，所不同的，只是一輪投票與兩輪投票的差別而已（雷競璇，1989：82）。但當政黨競爭逐漸出現，自19世紀中葉開始，一些數學家與政治家便陸續提出比例代表制的構想，鼓吹應根據政黨得票的比例來分配議會的席位。在1864年與1885年，歐洲各國甚至召開了兩次大型的國際會議，來討論選舉制度的改革（Carstairs, 1980: 1-3）。1891年、1892年時，在瑞士的一些邦（canton）所舉行的地方性選舉，已開始使用比例代表制。而到了1899年，比利時採行頓特（Victor d'Hondt）的設計，正式開始實施全國性的比例代表制，成為第一個實施比例代表制的國家。自此在歐洲掀起了一股選制改革的旋風，芬蘭於1906年採行，瑞典於1907年跟進，到了1920年代，大多數的歐陸國家幾乎都已改採比例代表制（Carstairs, 1980: 3; Farrell, 1997: 61-62）。根據ACE The Electoral Knowledge Network跨國研究資料統計，目前全世界255個國家或地區中，有85個國家（占36%）使用此種選舉制

19　參見《中國時報》，1997年6月1日，版10。
20　https://aceproject.org/epic-en

度選出國會議員[21]。

　　比例代表制，顧名思義，就是強調「比例代表性」（proportionality），亦即希望各政黨在議會中所擁有的席位比例，應儘量符合各政黨在選舉中所得到的選票比例。比例代表制必須在複數選區下施行，並且在一般情形下，選區應選名額越多，比例代表性越佳（謝復生，1992：8）。比例代表制的基本原理似乎十分簡單，然而，除了以色列、塞爾維亞、哈薩克、蒙特內哥羅等少數國家以全國為一選區外，大多數實施比例代表制的國家，仍會因為歷史、地理、政治、種族等因素，而將全國劃分成若干個複數選區，而每個選區應選名額的多寡，又會影響到比例代表性的高低，所以有許多國家，另外又增設「補充席次」（supplementary seats）或「補償席次」（compensatory seats）等措施，再加上不同的當選基數（electoral quota）、選舉門檻（electoral thresholds）、選票結構（ballot structures）、與計票公式，使得歐洲各國所使用的比例代表制，變得十分複雜，並且幾乎沒有兩個國家是完全相同的。在下文中將要先介紹三種最主要的計票公式與相關的當選基數，然後再來討論補充席次、選票結構、與選舉門檻等相關問題[22]。

一、最大餘數法（largest remainder system）

　　此種政黨議席計算方式為：先決定一個當選基數（quota），然後以此當選基數除（跨過選舉門檻的）各政黨所得的有效票總數，取整數部分作為各政黨當選名額，如果還有議席尚未分配完畢，即比較各政黨剩餘票數的多寡，依序分配，直到所有議席分配完畢為止。在實施比例代表制的國家中，常見的當選基數有下列四種：

---

[21] https://aceproject.org/epic-en
[22] 下文中比例代表制的探討，是以麥基與羅斯（Mackie & Rose, 1991: 504-511）的文章為主要參考藍本。

（一）嘿爾基數（Hare quota）

　　這是最簡單的基數計算方式，亦即將選舉的有效票總數（V），除以選區應選名額（N），所得的商數就是當選基數（Q），故其公式為Q = V/N。例如某一選區應選名額為四席，有效票數為100,000票，則嘿爾基數Q = 100,000/4 = 25,000。目前採用嘿爾基數的國家有：突尼西亞、納米比亞、哥斯大黎加、烏拉圭等國，和採取混合制的俄羅斯、烏克蘭、立陶宛、幾內亞、南韓、墨西哥、台灣等國的第二票政黨議席（Norris, 2004: 51-53；吳東野，1993：11），以及2021年以前香港立法會的分區議員直選議席（蔡子強，1998：102；王業立，2000b；梁玉英，1999）等[23]。

（二）哈根巴赫—比斯卓夫基數（Hagenbach-Bischoff quota）

　　此種基數計算方式，是將選舉的有效票總數（V），除以選區應選名額加一（N + 1），所得的商數就是當選基數（Q），故其公式為Q = V/(N + 1)。例如某一選區應選名額為四席，有效票數為100,000票，則哈根巴赫—比斯卓夫基數Q = 100,000/5 = 20,000。採用哈根巴赫—比斯卓夫基數的國家有：希臘的區域選區，以及盧森堡、瑞士（使用最高平均數法）（Mackie & Rose, 1991: 510）等。

（三）族普基數（Droop quota）

　　此種基數計算方式，是將選舉的有效票總數（V），除以選區應選名額加一（N + 1），所得的商數再加一作為當選基數（Q），故其公式為Q = [V/(N + 1)] + 1[24]。例如某一選區應選名額為四席，有效票數為100,000票，則族普基數Q = (100,000/5) + 1 = 20,001。目前採用族普基數的國家，最具代表性的，是實施單記可讓渡投票制的愛爾蘭、馬爾他、及澳大

23　2021年5月27日，香港立法會三讀通過《2021年完善選舉制度（綜合修訂）條例草案》，修改立法會選舉制度。在分區議員直選部分，席次由原本的35席減為20席，將原來的五個選區更進一步劃分為10個選區，並且將原本使用的嘿爾最大餘數法比例代表制改為「雙議席單票制」（即每區兩席，每名選民選一名候選人），得票最多的前兩名候選人當選。參見https://www.cmab.gov.hk/improvement/tc/legco-ele/index.html。

24　有些學者將哈根巴赫基數和族普基數視為相同。

利亞（參議院選舉）。

（四）因皮立亞里基數（Imperiali quota）

此種基數計算方式，是將選舉的有效票總數（V），除以選區應選名額加二（N＋2），所得的商數即為當選基數（Q），故其公式為Q＝V/(N＋2)。例如某一選區應選名額為四席，有效票數為100,000票，則因皮立亞里基數Q＝100,000/6＝16,667。此種基數計算方式對於小黨較為有利，採用的國家甚少，過去歐洲國家只有義大利採用因皮立亞里基數，此外採取混合制的厄瓜多亦是目前少數使用此種基數的國家（Mackie & Rose, 1991: 510）。

在表2-1中，假設某選區應選名額為五席，選區有效票數為60,000票，共有A、B、C、D四黨競爭，各政黨所得到的有效選票分別是：A黨24,600票、B黨15,600票、C黨11,800票、D黨8,000票。採用嘿爾基數最大餘數法分配各政黨的席次，則A黨可獲得兩席，B、C、D三黨各可獲得一席，其計算方式如表2-1所示：

表 2-1　最大餘數法之分配席次方式

政黨別	各黨得票	嘿爾基數	可分席次	剩餘選票	可分席次	總席次
A	24,600	12,000	2	600	0	2
B	15,600	12,000	1	3,600	0	1
C	11,800	12,000	0	11,800	1	1
D	8,000	12,000	0	8,000	1	1

嘿爾基數最大餘數法的計算方式，亦可簡化為：

（各政黨的有效選票÷選區有效選票總數）×選區應選名額

此公式又稱為「尼邁耶」（Niemeyer）最大餘數法，或是「嘿爾─尼邁耶」（Hare/Niemeyer）最大餘數法（吳東野，1993：10-11；陳新

民，1996：153）[25]。從1991年起，我國的中央民意代表（國民大會代表及立法委員）選舉部分，廢除了職業代表而改以政黨名單比例代表制（當時採一票制及5%的政黨門檻）產生全國不分區代表及僑選代表（2000年第六次修憲，又將國民大會代表改為全由比例代表方式產生）。在政黨比例代表部分，依照《公職人員選舉罷免法》第67條的規定，即是以「嘿爾─尼邁耶」最大餘數法的計算方式，來決定各政黨應分配到的席次。

2005年5月14日所舉行的「任務型」國大選舉，300席國大亦是依「嘿爾─尼邁耶」最大餘數法產生。此次國大選舉，並無政黨門檻的規定，總共有12個政黨或聯盟，依得票比例分配到國大席次（參見表2-2）。

表2-2　2005年「任務型」國大選舉結果

政黨或聯盟	得票數	得票率（%）	當選席次	席次率（%）
民主進步黨	1,647,791	42.5171	127	42.3333
中國國民黨	1,508,384	38.9200	117	39.0000
台灣團結聯盟	273,147	7.0479	21	7.0000
親民黨	236,716	6.1078	18	6.0000
張亞中等150人聯盟	65,081	1.6793	5	1.6667
中國民眾黨	41,940	1.0822	3	1.0000
新黨	34,253	0.8838	3	1.0000
無黨團結聯盟	25,162	0.6492	2	0.6667
農民黨	15,516	0.4004	1	0.3333
建國黨	11,500	0.2967	1	0.3333
公民黨	8,609	0.2221	1	0.3333
王廷興等20人聯盟	7,499	0.1935	1	0.3333
合　　計	3,875,598	100.0000	300	99.9999

資料來源：中央選舉委員會，http://2005assembly.nat.gov.tw/zh-tw/vote.htm。

---

25 尼邁耶（Niemeyer）為德國馬爾堡（Marburg）大學教授，將嘿爾基數最大餘數法加以改進，故此公式又稱為「嘿爾─尼邁耶」最大餘數法（陳新民，1996：153）。

　　依據2005年6月7日國民大會複決通過的第七次修憲增修條文第4條的規定，立法委員自第七屆起名額減為113席，採行並立式混合制（使用兩票制及5%政黨門檻，參見本章第四節）；在全國不分區立委選舉部分，依然採取「嘿爾－尼邁耶」最大餘數法分配各政黨席次（各政黨當選名單中，婦女不得低於二分之一）。以2020年1月11日所舉行的第十屆立法委員選舉為例，不分區立委選舉有效票數為14,160,138票，超過5%政黨門檻的四個政黨的得票分別是：民進黨4,811,241票（33.98%）、國民黨4,723,504票（33.36%）、台灣民眾黨1,588,806票（11.22%）以及時代力量1,098,100票（7.75%），四個政黨的有效選票總和為12,221,651票（參見表2-3）。則這四個跨越5%門檻的政黨，其全國不分區34席的分配公式如下：

民進黨	$(4,811,241 \div 12,221,651) \times 34 = 13.3846$
國民黨	$(4,723,504 \div 12,221,651) \times 34 = 13.1405$
台灣民眾黨	$(1,588,806 \div 12,221,651) \times 34 = 4.4200$
時代力量	$(1,098,100 \div 12,221,651) \times 34 = 3.0549$

　　因此就所得積數之整數而言，四黨首先各可分配13席、13席、四席與三席，尚有一席尚未分配完畢；再比較各政黨的剩餘數大小，則台灣民眾黨可再分得一席，所以在第十屆立委全國不分區的34席中，民進黨共可分得13席、國民黨13席、台灣民眾黨五席，而時代力量則可得到三席。

表 2-3　2020年第十屆立委選舉全國不分區席次選舉結果

政黨	得票數	得票率（%）	當選席次	席次率（%）
民主進步黨	4,811,241	33.9774	13	38.2353
中國國民黨	4,723,504	33.3578	13	38.2353
台灣民眾黨	1,588,806	11.2203	5	14.7059
時代力量	1,098,100	7.7549	3	8.8235
親民黨	518,921	3.6647	0	0
台灣基進	447,286	3.1588	0	0

表 2-3　2020年第十屆立委選舉全國不分區席次選舉結果（續）

政黨	得票數	得票率（%）	當選席次	席次率（%）
綠黨	341,456	2.4115	0	0
新黨	147,373	1.0408	0	0
一邊一國行動黨	143,617	1.0142	0	0
安定力量	94,563	0.6678	0	0
台灣團結聯盟	50,435	0.3562	0	0
國會政黨聯盟	40,331	0.2848	0	0
中華統一促進黨	32,966	0.2328	0	0
宗教聯盟	31,117	0.2198	0	0
喜樂島聯盟	29,324	0.2071	0	0
勞動黨	19,941	0.1408	0	0
合一行動聯盟	17,515	0.1237	0	0
台灣維新	11,952	0.0844	0	0
台澎黨	11,681	0.0825	0	0
合　　計	14,160,138	100.0000	34	100.0000

資料來源：中央選舉委員會，https://db.cec.gov.tw/histQuery.jsp?voteCode=20200101T4A2&qryType=ctks。

二、頓特最高平均數法（d'Hondt highest average system）

　　這是在使用比例代表制的國家中相當常見的一種政黨議席計算方式。例如阿根廷、芬蘭、捷克、以色列、塞爾維亞、荷蘭、西班牙、葡萄牙、冰島，和奧地利、比利時的「超選區層次議席」[26]，以及採行混合制的日本、匈牙利等國的第二票政黨議席，都是使用頓特最高平均數法（Mackie & Rose, 1991: 510; Norris, 2004: 51-53）。其政黨議席計算方式

---

26 所謂「超選區層次議席」，係指某些使用比例代表制的國家，除了在各選區中，以比例代表的方式分配各政黨的席位外，再增設一些「補充席次」（supplementary seats）或「補償席次」（compensatory seats）或是將各選區中分配後的剩餘議席集中，而在選區之上的更大區域或以全國為範圍，再做席位分配，以使得某些小黨在選區中的「比例性偏差」（disproportionality）問題，能夠得到適當的調和。目前有設置「超選區層次議席」的國家，包括比利時、丹麥、希臘、冰島、瑞典等國（Mackie & Rose, 1991: 510）。

為：凡是得票超過當選基數的政黨，可先分得一席，如果還有議席尚未分配完畢，則凡是已當選一席的政黨，將其總票數除以2後，再比較各政黨的平均數，以分配剩餘的席次；如果還有議席尚未分配完畢，則凡是已當選二席的政黨，將其總票數除以3後，再比較各政黨的平均數，以分配剩餘的席次。餘此類推，凡是已分配到席次的政黨，必須將其總票數除以已分配到的席次數加一，除完之後，比較各政黨的平均數，再來分配剩餘的席次，如此繼續進行，直到所有議席分配完畢為止。我們以表2-1相同的例子，看看在表2-4的頓特最高平均數法下，各政黨的席位分配狀況，與最大餘數法有何不同：

表 2-4　頓特最高平均數法之分配席次方式

政黨別	各黨得票	嘿爾基數	席次	除數	平均數	席次	除數	平均數	席次	除數	平均數	席次	總席次
A	24,600	12,000	1	2	12,300	1	3	8,200	0	3	8,200	1	3
B	15,600	12,000	1	2	7,800	0	2	7,800	0	2	7,800	0	1
C	11,800	12,000	0	1	11,800	0	1	11,800	1	2	5,900	0	1
D	8,000	12,000	0	1	8,000	0	1	8,000	0	1	8,000	0	0

如果我們比較表2-1與表2-4的各黨總席次，很顯然的，在頓特最高平均數法下，最大黨A黨多獲得一席，而最小黨D黨卻沒有獲得任何席次。即使同樣是在比例代表制下，採取不同的議席計算方式及選區劃分大小，對於各政黨席次的增減，仍然會有很大的影響。美國著名的政治學者萊克（William H. Riker）即曾指出，「比例代表制設計的目的，理論上是希望議會的席次比例儘可能的正確反映各政黨在選舉中的得票比例，但這通常也很難達到，特別是一個國家仍然要劃分成若干個選區的時候……最高平均數法對於大黨較有利，而最大餘數法較不會特別對大黨或小黨較有利。」（Riker, 1982a: 25）[27]

---

27 萊克曾以法國實施比例代表制的第四共和時期，1946年與1951年的兩次國會大選為例，因

　　頓特最高平均數法另外一種議席計算方式，是不使用任何當選基數，凡是得票最多的政黨，首先分配一席，然後將其總票數除以2，再比較各政黨的選票數，此時票數最多的政黨可分得第二席，然後也將其總票數除以2（如果是同一政黨獲得第二席，則其總票數必須除以3），再來比較各政黨的選票數，以分配剩餘的席次。餘此類推，凡是已分配到席次的政黨，必須將其總票數除以已分配到的席次數加一，除完之後，比較各政黨的平均數，再來分配剩餘的席次，如此繼續進行，直到所有議席分配完畢為止（Mackie & Rose, 1991: 506；謝復生，1992：8-10）。目前日本的眾議院選舉，即是採行此種方式在11個選區（各個選區席次6席至28席不等）中來分配總額176席的政黨比例代表。在表2-5中，即是在不使用任何當選基數的情形下，各政黨的席位分配過程。

表 2-5　頓特最高平均數法之分配席次方式（不使用任何當選基數）

政黨別	各黨得票	除數	平均數	除數	平均數	除數	平均數	除數	平均數	總席次
A	24,600 (1)	2	12,300	2	12,300 (3)	3	8,200	3	8,200 (5)	3
B	15,600	1	15,600 (2)	2	7,800	2	7,800	2	7,800	1
C	11,800	1	11,800	1	11,800	1	11,800 (4)	2	5,900	1
D	8,000	1	8,000	1	8,000	1	8,000	1	8,000	0

三、聖拉噶最高平均數法（Sainte-Laguë highest average system）

　　頓特最高平均數法常被批評對於大黨較有利，而對小黨不利。換言之，已經分得席次的大黨在除以席次數加一後，仍有較佳的機會能夠再分配到席次，甚至出現超額當選（over-representation）的情況。因此部分

某些選區由最高平均數法改成最大餘數法，對各政黨席位的得失即造成顯著的影響（Riker, 1982a: 25-28）。

北歐國家（如丹麥、挪威、瑞典）以及德國、波蘭、紐西蘭（第二票政黨議席），使用聖拉噶最高平均數法，以彌補這項缺憾（Mackie & Rose, 1991: 506-510; Norris, 2004: 51-53）。聖拉噶最高平均數法的政黨席位分配過程與頓特最高平均數法完全相同，唯一的差別是，在頓特最高平均數法下，是以已分配到的席次數加一作為除數（divisor），其除數序列為1, 2, 3, 4…（亦即N + 1，N為分配到的席次數）；然而在聖拉噶最高平均數法下，除數序列為1, 3, 5, 7…（亦即是2N + 1），換言之，已分得一席的政黨，將其總票數除以3後，再比較各政黨的平均數；已當選兩席的政黨，將其總票數除以5後，再比較各政黨的平均數，以分配剩餘的席次。由於除數的增大，對於已經分得席次的政黨再分配到席次的困難度將大為提升；而尚未分配到席次的小黨，相對而言，則有較佳的機會能夠分配到席次。關於聖拉噶最高平均數法的政黨席位分配過程，如表2-6所示：

表2-6 聖拉噶最高平均數法之分配席次方式

政黨別	各黨得票	嘿爾基數	席次	除數	平均數	席次	除數	平均數	席次	除數	平均數	席次	總席次
A	24,600	12,000	1	3	8,200	0	3	8,200	1	5	4,920	0	2
B	15,600	12,000	1	3	5,200	0	3	5,200	0	3	5,200	0	1
C	11,800	12,000	0	1	11,800	1	3	3,933	0	3	3,933	0	1
D	8,000	12,000	0	1	8,000	0	1	8,000	0	1	8,000	1	1

　　聖拉噶最高平均數法雖然讓小黨有較多分配到席次的機會，但也可能造成許多小黨林立的現象，因此上述使用此制的北歐國家（丹麥、挪威、瑞典）以及波蘭，又發展出修正式聖拉噶最高平均數法（modified Sainte-Laguë highest average system），亦即將除數序列改為1.4, 3, 5, 7…，使得小黨取得第一席較為困難，以改善小黨林立的狀況（Mackie & Rose, 1991: 510-511；謝復生，1992：11；江大樹，1992：150-151）。

四、超選區層次議席與政黨門檻

　　一些使用比例代表制的國家,是在各選區中將應選的席次全部分配完畢,但也有一些國家,將各選區中因政黨得票未達當選基數而剩餘的席次都保留下來(例如在表2-1中,只有A、B兩黨的得票數超過嘿爾基數。在A、B兩黨依嘿爾基數分配掉三席後,剩下二席即保留下來不再繼續分配),而在選區之上的更大區域或以全國為範圍,依各政黨的總得票比例再分配一次。這種「超選區層次議席」(參見註26)設計的目的,是在保障一些小黨,它們或許在各別的選區中,因得票未達當選基數而無法分配席次,但卻在全國擁有一定的支持比例,也有機會能分配到席次。

　　高德(Matt Golder)特別將此種「超選區層次議席」的分配方式單獨分類,稱之為「多層制」(multi-tier systems)(Golder, 2005: 110-111),並進一步以選區層次的選票或席次與較高層次的選票或席次之間是否有關聯而區分成「關聯式」(connected)與「非關聯式」(unconnected)兩種。絕大多數採行「多層制」選舉制度的國家,係採行「關聯式」,並且多以比例代表制分配議席(Golder, 2005: 110-111)。

　　如前所述,許多採行「關聯式」、「多層制」選舉制度的國家,是將各選區中因政黨得票未達當選基數而剩餘的席次保留下來,而在選區之上的更大區域或以全國為範圍,依各政黨的總得票比例再分配一次。另外還有一些國家,是在各選區的應選名額之外,在更大區域或以全國為範圍,另設若干「補充席次」(supplementary seats),而政黨是否具有分配這些補充席次的資格,則要視其在選區層次的選票或席次比例而定(Golder, 2005: 111)。另外有一些採行「關聯式」、「多層制」選舉制度的國家,則是在較高層次的議席分配上,提供「補償席次」(compensatory seats),給予在選區層次席次率低於得票率的政黨(Golder, 2005: 111)。這些複雜的「超選區層次議席」分配方式,其目的均是希望平衡在選區中可能出現的「比例性偏差」(disproportionality)問題(Mackie & Rose, 1991: 507)。許多採行比例代表制的國家,如奧地利、比利時、

冰島、丹麥、瑞典、挪威、希臘、捷克、南非、斯里蘭卡等，都有此種「超選區層次議席」的設計（Mackie & Rose, 1991: 510; Golder, 2005: 110-111）。

「超選區層次議席」的設計，固然是在保障一些在全國擁有一定支持比例的小黨，也有機會能在國會中分配到議席，並且使得「比例性偏差」問題，能夠得到適當的調和，但是在另外一方面，又為了避免國會中產生多黨林立的現象而導致政局不穩，許多採行「超選區層次議席」的國家，還有所謂「政黨門檻」（thresholds）的設計，規定各政黨或政黨聯盟的得票率或在選區中的當選席次，必須超過某個標準，才有資格分配「超選區層次議席」。

例如瑞典即規定，一個政黨必須全國的總得票率超過4%；或是在任何一個選區的得票率超過12%，才能分配「超選區層次議席」。而其他許多採行比例代表制的國家，亦有規定政黨得票率必須跨越「政黨門檻」，才能分配國會中的議席，例如阿根廷是3%，奧地利是4%，冰島是5%，以色列是3.25%，荷蘭是0.67%，希臘是3%，斯洛維尼亞是4%等。而捷克則規定一個政黨必須全國的總得票率超過5%才能分配國會中的議席、兩個政黨的聯盟則必須超過10%、三個政黨的聯盟必須超過15%、四個政黨以上的聯盟的得票率則必須超過20%才能分配國會中的議席，而義大利等國亦有類似複雜的政黨聯盟分配議席門檻的規定。另外採取「混合制」的德國，其「政黨門檻」則是政黨的全國總得票率超過5%；或是在區域選舉中贏得三席以上，才能分配第二票的政黨議席。至於其他採取「混合制」國家的「政黨門檻」，在第四節中會做進一步的介紹。

五、選票結構與政黨名單

採行比例代表制的國家中，最後到底哪些人會成為國會議員，代表政黨在國會中問政？各國又有不一樣的規定。在「選票結構」（ballot structure）上，有些國家採取「類別選票」（categorical ballots），規定選民只能夠將選票投給某一個政黨，或是同一個政黨內的一位或數位候選人。

而有些國家則是採取「順序選票」（ordinal ballots），允許選民將選票投給不同政黨，或是不同政黨的不同候選人（Rae, 1971: 17; Lijphart, 1984: 156）。

我國及德國、日本、俄羅斯、義大利第二票的政黨議席，以及阿根廷、哥斯大黎加、以色列、葡萄牙、西班牙、香港、塞爾維亞、烏拉圭等國所採行的「封閉式政黨名單」（closed party list）比例代表制，是最典型的「類別選票」。在這些國家中，選民只能夠投票給各個政黨，而不能在各政黨的名單中選擇個別的候選人，而各政黨依其政黨得票率的多寡決定當選數額，然後候選人再依各政黨名單上的排名順序依次當選。

除了封閉式的政黨名單比例代表制外，另有許多採行比例代表制的國家係採行「開放式政黨名單」（open party list），允許選民可在同一個政黨的名單中（類別選票），甚至不同政黨的名單中（順序選票），挑選一位或數位候選人（Lakeman, 1970: 255-261），例如比利時、丹麥、芬蘭、巴西、智利、希臘、波蘭、斯洛維尼亞、斯里蘭卡等。各政黨以其所有候選人得票數之和的比例作為分配議席的標準，而各政黨內各別候選人則以本身得票數的多寡決定當選順序（Katz, 1986: 89）。本章第二節中已介紹過的瑞士、盧森堡所採用的「混合連記投票法」（panachage）亦屬於「開放式政黨名單」，其允許每位選民可投出與選區應選名額相同的票數，並且可將選票投給相同政黨或不同政黨的候選人（Rae, 1971: 18; Katz, 1986: 89; Taagepera & Shugart, 1989: 25-26），但對同一位候選人最多只能投兩票（Mackie & Rose, 1991: 299, 421-422）。另外列支敦士登、薩爾瓦多、宏都拉斯、厄瓜多等國也採行類似的「混合連記投票法」。

六、單記可讓渡投票

愛爾蘭、馬爾他、及澳大利亞（參議院選舉）所實施的「單記可讓渡投票」（single transferable vote; STV），為比例代表制中較特殊的一種。「單記可讓渡投票」在投票方式上，類似本章第二節中已介紹過的「選擇投票制」，投票時，選民可依據自己的偏好，將候選人排列順序，並標示

於選票上（Rae, 1971: 17-18）。所不同的是，「選擇投票制」是在單一選區中實施，而「單記可讓渡投票」卻是在複數選區中進行，但對於選民而言，其投票方式是完全一樣的。

愛爾蘭等國的「單記可讓渡投票制」係使用「族普基數」（Dummett, 1984: 269; Mackie & Rose, 1991: 508），任何候選人得到的「第一偏好票」如果多於「族普基數」的票數，則該候選人即可當選。如果在選區中，得到「第一偏好票」多於「族普基數」而當選的候選人總數尚不足應選名額，則將已當選者所得的票數超出「族普基數」的部分，依照比例分配給投給該名候選人所有選票上的「第二偏好」並且尚未當選的候選人[28]。

如果此時一位候選人原本已獲得的「第一偏好票」加上分配而來其他已當選者的「第二偏好票」之和超過「族普基數」，則他也可當選，並將多出的部分再依照比例分配出去。如果已當選者所得的票數超出「族普基數」的部分，皆依照此種方式分配出去後，仍有剩餘議席，則將得到「第一偏好票」最少的候選人刪除，並將投給該名候選人所有的選票，依照比例分配給選票上的「第二偏好」並且尚未當選的候選人。如果此時有候選人的選票因而超過「族普基數」則亦可當選。如果還有議席尚未分配完畢，則將得到「第一偏好票」次少的候選人刪除，並將投給該名候選人所有的選票，依照比例分配給選票上的「第二偏好」並且尚未當選的候選人，餘此類推，直到議席全部分配完畢為止[29]。

第四節　混合制（mixed or hybrid systems）

除了本章第二節與第三節所探討的多數決制與比例代表制外，朝向兼容多數決制與比例代表制的混合制方向發展，已是近年來許多民主國家

---

28 如果「第二偏好」候選人也已當選，則計算「第三偏好」候選人；如果未指定「第二偏好」，則這些選票即無法按比例轉移給其他的候選人。

29 關於「單記可讓渡投票制」分配議席方式更詳細的探討，可參閱陳思蓉（1994：163-175）。

或民主化國家選舉制度改革的重要趨勢。根據ACE The Electoral Knowl-edge Network跨國研究資料統計，目前全世界255個國家或地區中，已經有39個國家（占15%）使用此種選舉制度選出國會議員[30]。而舒加特（Matthew Soberg Shugart）與華特柏格（Martin P. Wattenberg）更首度以混合式選舉制度為主題來出版專書，以探討其源起、發展、影響及展望（Shugart & Wattenberg, 2001）。近年來，有關探討混合式選舉制度的期刊論文或專書也開始大量出現（例如Norris, 1997, 2004; Massicotte & Blais, 1999; Shugart & Wattenberg, 2001; Cox & Schoppa, 2002; International IDEA, 2002; Johnston & Pattie, 2002; Kostadinova, 2002; Ferrara, 2004; Moser & Scheiner, 2004; Nishikawa & Herron, 2004; Golder, 2005; Ferrara, Herron & Nishikawa, 2005；蔡學儀，2003；黃紀、王鼎銘、郭銘峰，2005；王鼎銘、郭銘峰、黃紀，2008；梁世武，2008；黃紀、游清鑫，2008；蕭怡靖、黃紀，2010；蘇子喬、王業立，2010等）。

對於此種新型態的選舉制度，學者所使用的名稱也不一致。較多學者稱之為混合制（mixed systems）（例如Norris, 1997; Massicotte & Blais, 1999; Shugart & Wattenberg, 2001; Kostadinova, 2002; Ferrara, 2004; Moser & Scheiner, 2004; Nishikawa & Herron, 2004; Golder, 2005）；也有人稱之為混血制（hybrid systems）（例如Ranney, 2001: 178-180）；亦有學者稱之為合併制（combined systems）（例如Norris, 2004: 55-60）。

德國是最早使用混合式選舉制度，也是最具有代表性的國家。從1949年二次大戰後第一次的眾議院（Bundestag）選舉開始，當時的西德

---

30 參見https://aceproject.org/epic-en。另外值得注意的是，近年來又有若干原本使用混合制的國家，因不同的理由再度改革他們的選制。例如在2006年4月所舉行的國會選舉，義大利捨棄了實施十二年之久的混合制，而改回比例代表制，但2017年又改回混合制。而在2007年底的國會選舉，俄羅斯亦廢除了實施十四年之久的混合制，而改採全新的比例代表制，但自2016年起，俄羅斯又將改回混合制。除此之外，泰國於2007年底亦變更了自1997年修憲以來的單一選區／比例代表混合制，而改採中選區／比例代表並立制（蘇子喬、王業立，2010）。但到了2011年，泰國再度修改選制，又改回單一選區／比例代表並立制，在全部500議席中，375席採單一選區相對多數決制選出，另外125席採比例代表制，全國為一選區選出（此選舉制度到了2014年又因泰國政變而停止運作）。

便是採用五分之三單一選區相對多數決與五分之二比例代表的混合制，並
且規定只要政黨在任何一個單一選區中當選一席，或是在一邦中獲得5%
的選票，即可分配比例代表的名額（謝復生，1992：111）。1953年後，
席位分配方式改採二分之一單一選區相對多數決與二分之一比例代表，並
改採兩票制。政黨門檻自1956年後提高為全國5%或三席。計算議席時，
係採「聯立制」，換言之，是以第二票（政黨得票率）為準來決定各政黨
應得的總席次，扣除掉各黨在單一選區中已當選的席次，再來分配比例代
表席次（Mackie & Rose, 1991: 158-159）[31]。1989年兩德統一後，選舉制
度不變，目前眾議院的議席總額為598席，其中299席由單一選區相對多
數決制選出，另外299席由政黨比例代表方式產生。

　　1980年代以後，隨著「第三波」的民主化浪潮（Huntington, 1991）
襲捲全球，「新興民主國家」大量的出現。這些過去長期處於威權統治
或是共產專政的國家在面臨選舉制度抉擇時，受到歷史遺緒、國際社會
化、政治文化及當時國內政黨或政治菁英個人的意識型態、偏好及理性
抉擇等（王業立，2005a：2）制度性因素或非制度性因素的影響（吳玉
山，2001：4-9），許多國家不約而同的選擇了混合制。不僅如此，近年
來若干民主國家在進行選制改革時，雖然改革理由各不相同，但混合制似
乎也成為主要的改革方向。這些國家有些是由單一選區相對多數決制改成
混合制（例如紐西蘭），有些是由比例代表制改成混合制（例如義大利
以及2016年後的俄羅斯）（義大利於2006年4月的國會選舉改回比例代表
制，但2017年又改回混合制），也有由複數選區相對多數決制改成混合
制（例如日本）。在下文中將挑選幾個著名的案例加以介紹：

　　南韓在盧泰愚上台（1987年）後實施第六共和憲法並進行政治改
革，其選舉制度自1988年起改採混合制，目前國會席次共300席，2016年
選區重劃後，253席由單一選區相對多數決制選出，另外47席由政黨比例

31　如果有政黨在單一選區中所獲得的議席，已超過其依政黨得票率所應分得的總席次時，則該
　　黨可保留多餘的席次。因此有時候德國眾議院選舉後，實際的當選議席總額，可能會略多於
　　應選議席總額（謝復生，1992：114；郭秋慶，1996：321）。

代表方式選出。2020年4月15日舉行的國會選舉改採非常複雜的「準聯立制」，其中253席由單一選區相對多數決制選出，30席使用「準聯立制」產生，另外17席採取政黨比例代表方式產生[32]。義大利也在1993年，經公民複決通過廢除了實施多年的比例代表制，而改採混合制，該國下議院席次共630席，其中475席由單一選區相對多數決制選出，另外155席由各地區依政黨比例代表方式產生。2006年4月義大利的國會選舉改回比例代表制，下議院席次仍然維持630席，但2017年又改回混合制，席次不變，其中232席由單一選區相對多數決制選出、386席由各地區依政黨比例代表方式產生，另外還有12席海外議席依政黨比例代表方式產生。蘇聯解體後，民主化的俄羅斯於1993年採取二分之一單一選區相對多數決與二分之一比例代表的混合制，國會（國家杜馬）席次共450席，其中225席由單一選區相對多數決制選出，另外225席由政黨比例代表方式選出。2007年12月，俄羅斯的國會選舉改為政黨名單比例代表制，國會席次仍然維持450席；2014年2月俄羅斯又將選制改回混合制。2016年9月18日俄羅斯舉行的國會選舉，席次共450席，其中225席由單一選區相對多數決制選出，另外225席由政黨比例代表方式選出。紐西蘭在1992年與1993年，經過兩次公民複決，通過廢除了實施近百年之久的單一選區相對多數決制（陳坤森，1998：5），而於1996年10月的國會大選中，首度採行混合制。目前紐西蘭國會席次共120席，其中72席由單一選區相對多數決制選出（包括65席一般選區和七席毛利人選區），另外48席由政黨比例代表方式選出。

　　日本自1988年竹下登內閣時期，由於政府醜聞不斷，國會便開始進行政治改革，海部俊樹首相時期正式提出政治改革方案，前後六年歷經七任首相，政治改革方案終於在1994年11月獲得國會通過。政改方案中

---

[32] 由於選舉規則過於複雜、選制制定時在國會未達成普遍共識等諸多原因，「準聯立制」的選舉辦法暫定只施行一次，因此本書並不打算對此複雜的「準聯立制」做詳細的介紹。有興趣的讀者可參閱：楊慶豪（2020），https://www.voicettank.org/single-post/2020/01/01/010101?fbclid=IwAR0BMtEIgtIHLyL2xOO8ZIS2sTwsFf_ND_IHO6Lq9h54-9smSiBiM_MR42k。

最大的變革，便是將實施了近一世紀的眾議員選舉所使用的單記非讓渡投票制，改成五分之三單一選區相對多數決（300席）與五分之二比例代表（200席）的混合制，並於1996年10月20日所舉行的眾議員選舉中首度實施。2000年6月25日的眾議員改選，比例代表席次部分減為180席，區域選舉部分則仍維持300席不變。2015年6月19日的眾議員改選，區域選舉部分再減為295席，比例代表席次部分維持180席，眾議院共有475席。2017年10月22日的眾議員改選，區域選舉部分又減為289席，比例代表席次部分則減為176席，目前眾議院共有465席。

　　當前各國所使用的混合式選舉制度，大多為單一選區搭配比例代表制的混合制，而台灣第二屆至第六屆的立委選舉包括採行複數選區單記非讓渡投票制的區域選舉，和使用比例代表制來分配的全國不分區及僑選代表，雖然亦可被歸類為混合制（Massicotte & Blais, 1999: 351; Norris, 2004: 58；王業立，2000a：6），但與大多數國家所使用的混合制是有很大的不同。然而依據2005年6月7日國民大會複決通過的第七次修憲增修條文第4條的規定，立法委員自第七屆起名額減為113席；採行「單一選區兩票制」；其中由區域選區部分選出的73席改採單一選區多數決制，全國不分區名額34席使用政黨名單比例代表制產生，另有六席原住民議席仍使用複數選區單記非讓渡投票制。因此我國立委選舉自第七屆開始，也採行單一選區搭配比例代表制的混合制（六席原住民立委除外），但地方層級的民意代表選舉仍繼續使用複數選區單記非讓渡投票制。

　　根據統計，目前全世界已有39個國家或地區在其議會選舉中使用各式各樣，不同搭配比例的混合制。除了前述的德、韓、日、紐、義、俄及台灣外，其他在採行混合制的國家例如：安道爾、玻利維亞、喀麥隆、查德、吉布地、厄瓜多、喬治亞、幾內亞、匈牙利、約旦、賴索托、立陶宛、馬達加斯加、墨西哥、摩爾多瓦、摩納哥、尼泊爾、尼日、巴基斯坦、巴拿馬、菲律賓、羅馬尼亞、塞內加爾、蘇丹、塔吉克、坦尚尼亞、

泰國、烏克蘭、委內瑞拉等國[33]。

　　採取混合制的國家，除了少數國家如塞內加爾、台灣（2008年以前）採行一票制外，其餘大多採行兩票制（Massicotte & Blais, 1999: 350-354）。另外採取混合制的國家在區域選舉中，大多採行單一選區相對多數決制，但也有像茅利塔尼亞、查德、喬治亞、立陶宛等國採取單一選區兩輪決選制，而台灣2008年前在區域立委選舉中，則是採行較為特殊的複數選區單記非讓渡投票制（目前六席原住民議席仍然是使用複數選區單記非讓渡投票制）。

　　在政黨門檻方面，各國規定也不盡相同，例如除前述德國採取5%或三席的門檻外，菲律賓的政黨門檻為2%，南韓為3%或五席，俄羅斯、烏克蘭、喀麥隆、喬治亞、羅馬尼亞及台灣為5%，紐西蘭為5%或一席，而塞席爾則高達10%。匈牙利則規定單一政黨門檻為5%、兩個政黨的聯盟則必須超過10%、三個政黨的聯盟必須超過15%。

　　至於各國對於政黨比例代表當選名額分配的計算方式，則有兩種不同的類型。其中一類是德國所採行的「聯立制」，是以第二票（政黨得票率）為準來決定各政黨應得的席次，扣除掉各黨在單一選區中已當選的席次，再來分配比例代表席次。

　　事實上，台灣習慣稱之為「聯立制」的混合式選舉制度，學者間有許多不同的使用名稱，例如有人稱之為「補償式兩票制」（compensatory two-vote systems）（吳東野，1996：72）；有人稱之為「相依型混合制」（dependent mixed systems）（Golder, 2005: 112-114）或「合併—相依型」（combined-dependent systems）（Norris, 2004: 55-56）；目前學術界多稱之為「混合式比例代表制」（mixed-member proportional systems; MMP）（Shugart & Wattenberg, 2001: 13-24; International IDEA, 2002: 74-75; Ranney, 2001: 179-180）。

　　在德國，實際的選區劃分係以邦（laender）為單位（吳東野，

---

[33] 參見https://aceproject.org/epic-en/CDTable?view=country&question=ES005。

1996：74）。在2013年聯邦選舉法修正後，德國聯立制的席次計算，在選前598個席次就先按照各邦的人口數分配給各邦（共有16個邦），選後政黨在該邦所得的席次，將按照政黨在該邦第二票的得票比例計算，皆採用聖拉噶最高平均數法。在確定各政黨在各邦所應分得的席次後，扣除掉該黨在各邦的單一選區中已當選的席次，再來分配比例代表席次。在分配比例代表席次時，德國係採封閉式政黨名單制（closed party list），但允許候選人可同時角逐邦的單一選區議席又列名於邦的政黨比例代表名單上（吳東野，1996：72）。例如某政黨經聖拉噶最高平均數法算出在某邦應獲得30席，但如果該黨已在該邦的18個單一選區獲勝，則該黨在比例代表部分可再分配到12席。比較特殊的情況是，如果某政黨經計算在某邦應獲得五席，但如果該黨已在該邦的七個單一選區中獲勝，則該黨在比例代表部分便不再分配席次，多餘的二席即成為「超額席次」（overhang seats）。自2013年以後，如果某些政黨因獲得「超額席次」而致使各政黨的席次比例失衡，則需要另外增加「補償席次」（compensatory seats，又稱為「平衡席次」）以使各政黨的最後席次，能符合原始的全國應分得的席次比例。而由於「超額席次」加上「補償席次」，使得德國眾議院最後的總席次往往比法定的席次多出甚多。例如2021年9月26日德國的國會選舉，由於有34席的「超額席次」和104席「補償席次」，使得最後的總席次高達736席，竟然比法定的598席多出138席。

　　除德國外，紐西蘭、匈牙利、吉布地、賴索托、羅馬尼亞等國亦是採行聯立制（Massicotte & Blais, 1999: 354; International IDEA, 2002: 133-136; Norris, 2004: 52；林繼文，1999：71）。有學者指出，採取聯立制的混合式選舉制度，因為基本上仍是以第二票（政黨得票）為準來決定各政黨應得的總席次，因此在精神與內涵上，他們仍將此種選舉制度歸類為比例代表制的一種（Lijphart, 1984: 152；謝復生，1992：16；吳東野，1996：72），因此亦有人稱之為「混合式比例代表制」（mixed-member proportional systems; MMP）。

　　另外一種計算議席的方式則是為台灣、日本、南韓、安道爾、喀麥

隆、查德、厄瓜多、喬治亞、義大利、約旦、幾內亞、利比亞、馬達加斯
加、摩爾多瓦、尼泊爾、尼日、巴基斯坦、巴拿馬、菲律賓、俄羅斯、塞
席爾、蘇丹、塔吉克、坦尚尼亞、泰國、烏克蘭、委內瑞拉等大多數使用
混合式選舉制度國家所採行的「並立制」（Massicotte & Blais, 1999: 350-
351; International IDEA, 2002: 133-136；林繼文，1999：71），各政黨依
其政黨得票率來分配應以政黨比例代表選出的固定名額，而與各政黨在區
域選區中已當選席次的多寡無關。

　　在表2-7及表2-8中，假設某國的國會共有200席：100席採單一選區相
對多數決制選出；另外100席以全國為一選區，採「嘿爾—尼邁耶」最大
餘數法，依比例代表方式分配各政黨席次。則在德國式聯立制及日本式並
立制兩種不同的政黨席次分配方式下，各政黨所獲得的席次分別如表2-7
及表2-8所示：

表 2-7　德國式聯立制的政黨席次分配

政黨＼選票	比例代表部分		單一選區部分	席次總計
	得票比率	分配席次	所得席次	
A黨	40%	80 − 48 = 32	48	80
B黨	35%	70 − 32 = 38	32	70
C黨	20%	40 − 8 = 32	8	40
D黨	5%	0	12	12
合計	100%	102	100	202

表 2-8　日本式並立制的政黨席次分配

政黨＼選票	比例代表部分		單一選區部分	席次總計
	得票比率	分配席次	所得席次	
A黨	40%	40	48	40 + 48 = 88
B黨	35%	35	32	35 + 32 = 67
C黨	20%	20	8	20 + 8 = 28
D黨	5%	5	12	5 + 12 = 17
合計	100%	100	100	200

　　「並立制」在學者間亦有許多不同的使用名稱，例如有人稱之為「分立式兩票制」（separated two-vote systems）（吳東野，1996：78）；有人稱之為「獨立型混合制」（independent mixed systems）（Golder, 2005: 112-114）或「合併―獨立型」（combined-independent systems）（Norris, 2004: 56-59）；有人稱之為「並行制」（parallel systems）（International IDEA, 2002: 55-56）；目前學術界多稱之為「混合式多數決制」（mixed-member majoritarian systems; MMM）（Shugart & Wattenberg, 2001: 13-24; Thies, 2002: 148）。

　　最後在採行混合制的國家中，其多數決制與比例代表制的席次比例，各國也不盡相同。例如德國、俄羅斯、安道爾、摩爾多瓦、立陶宛、烏克蘭等國，其多數決制與比例代表制的席次比例，正好各為二分之一。然而像是在幾內亞，其有76席比例代表席次，但只有38席多數決席次，比例代表席次多達三分之二。但是在菲律賓，其有238席多數決席次，但只有59席比例代表席次，比例代表席次不到二成。而在台灣，在總額225席的第六屆立委席次中，比例代表部分僅占49席（41席全國不分區、八席僑選代表），不到四分之一。自第七屆立委開始，立委總額減為113席，比例代表部分有34席，正好占30%。

　　我國從1991年第二屆國大選舉以後，依照憲法增修條文的規定，在中央民意代表（國民大會代表及立法委員）選舉部分，廢除了職業代表而改以政黨名單比例代表制產生全國不分區代表及僑選代表；而在區域選舉部分，仍然依照舊制採行複數選區單記非讓渡投票制。在政黨名單比例代表部分，係採「一票制」及5%政黨門檻的「並立制」分配方式。換言之，選民只需要在區域選舉中投下一張選票，選舉各區域的民意代表，而各政黨在區域選舉中所提名候選人的選票總和，即視為各政黨的得票。凡是總得票率超過5%的政黨，即可依「嘿爾―尼邁耶」最大餘數法，分配全國不分區代表及僑選代表的名額。因此就選舉制度的分類而言，我國自1991年以後的中央民意代表選舉，亦為混合制的一種。但是值得注意的是，與其他實施混合制的國家相比較，我國在第六屆立委選舉以前的混合

式選舉制度至少有三點較為特殊之處：第一，我國在區域選舉部分，係採行複數選區單記非讓渡投票制；第二，我國係採「一票制」的設計，與大多數國家的「兩票制」也不相同；第三，在德、紐、日、韓等國，係採重複登記制（或稱雙重提名制，dual candidacy或 double candidacy），候選人可以同時參與區域選舉，並名列政黨比例代表名單，一旦該候選人在單一選區中獲勝，則從政黨名單中剔除，政黨名單的排名順位則依序往前遞補，但在我國的混合制下，候選人不得同時在區域選舉中參選，並名列政黨全國不分區代表。

　　在1995年第三屆立法委員選舉後不久，當時擔任行政院長的連戰曾公開表示，未來選舉制度的改革，可朝向「單一選區」、「兩票制」方向思考。1996年底的國家發展會議中，國、民兩黨也曾達成「單一選區」、「兩票制」的共識。2000年的總統大選，包括陳水扁在內的幾個主要的總統候選人，也將「單一選區」、「兩票制」的選制改革，列為競選政見。

　　2000年的第六次修憲，將國民大會代表全部改採比例代表制產生；2005年5月14日的「任務型」國大選舉，即是以比例代表制方式選出300名國大代表。另外在2005年6月7日，國民大會複決通過了第七次修憲，根據修憲後增修條文第4條的規定，立法委員自第七屆起名額減為113席；採行「單一選區兩票制」；其中由區域選區部分選出的73席改採單一選區多數決制，全國不分區名額34席使用政黨名單比例代表制產生，另有六席原住民議席（三席平地原住民議席、三席山地原住民議席）仍使用複數選區單記非讓渡投票制。因此我國立委選舉自第七屆開始，也採行單一選區搭配比例代表制的混合制（六席原住民立委除外）。關於我國選舉制度的改革及其政治影響，在往後的幾章中將有詳細的探討。表2-9為我國立委選舉新、舊制度的比較；而表2-10則為台灣新的立委選制與日本並立制的比較，特整理如下，以供讀者參考：

表 2-9　台灣立委選舉新、舊選制的比較

項目	舊制	新制
總席次	225	113
區域立委席次	168（SNTV-MMD）	73（plurality-SMD）
原住民席次	8（SNTV-MMD）	6（SNTV-MMD）
全國不分區及僑選席次	41＋8（PR）	34（PR）（二分之一婦女）
席位分配方式	並立式一票制	並立式兩票制
不分區政黨門檻	5%	5%
不分區政黨名單	封閉式政黨名單	封閉式政黨名單
不分區席位計算	嘿爾最大餘數法	嘿爾最大餘數法
立委任期	三年	四年

表 2-10　台灣立委新選制與日本並立制的比較

項目	日本	台灣
席位分配方式	並立式兩票制	並立式兩票制
席次比例	289：176（37.85%）	73：34（30%）
比例代表席位計算	頓特最高平均數法	嘿爾最大餘數法
比例代表政黨門檻	無	5%
比例代表選區	11	1
重複登記制	有（惜敗率）	無
婦女保障名額	無	全國不分區二分之一名額
原住民保障名額	無	平地、山地各三名

第三章　選舉制度的政治影響

第一節　前言

　　世界各主要民主國家的選舉制度，不但是存在著極大的差異，西方政治學界也早已發現，選舉制度往往會影響候選人的參選動機、競選方式、選舉策略、選區服務，選民的投票行為、投票率，少數族群的當選機會，甚至型塑出不同類型的政黨體系、政府組成與國會運作（Downs, 1957; Duverger, 1966; Rae, 1971; Grofman and Lijphart, 1986; Taagepera & Shugart, 1989; Norris, 1997）。然而由於西方民主國家的選舉制度大多採行比例代表制（proportional representation systems; PR），或是單一選區多數決制（plurality or majority with single-member-district systems）（Lijphart, 1984: 150-154; Mackie & Rose, 1991: 503-511），因此西方政治學界過去對於選舉制度的研究，也幾乎集中於此兩類的選舉制度之上。直到1990年代末期以後，對於混合式選舉制度的研究才漸漸增多（例如Norris, 1997, 2004; Massicotte & Blais, 1999; Shugart & Wattenberg, 2001; Cox & Schoppa, 2002; International IDEA, 2002; Johnston & Pattie, 2002; Kostadinova, 2002; Ferrara, 2004; Moser & Scheiner, 2004; Nishikawa & Herron, 2004; Golder, 2005; Ferrara, Herron & Nishikawa, 2005）。在本章中，將要對於目前各國所普遍使用的選舉制度的政治影響進行廣泛的探討，在往後幾章中，再來討論選舉制度在台灣政治民主化歷程中所扮演的角色。

第二節　相對多數決制的政治影響

　　選舉制度是否會影響一個國家政黨政治的發展？政治學界對此問題

早已有了非常廣泛的討論。法國政治學者杜弗傑（Maurice Duverger）早在1950年代即提出了著名的「杜弗傑法則」（Duverger's law），半個多世紀以來並引起政治學者諸多的探討。所謂「杜弗傑法則」係指：一、相對多數決制傾向產生兩黨制；二、比例代表制易導致許多相互獨立政黨的形成；三、兩輪決選制易形成多黨聯盟（Duverger, 1986: 70）。這個「法則」（law）雖然曾引起一些爭議[1]，但多數政治學者都認為相對多數決制與兩黨制之間有著密切的關聯性。例如雷伊雖然不認為相對多數決制是導致兩黨制的充分必要條件，但他也承認除非有地區性的強大少數黨存在，否則相對多數決制總是與兩黨競爭有關（Rae, 1971: 95）。而萊克則對杜弗傑與雷伊的觀點提出批評與修正，但他亦指出除了一些例外，相對多數決制是形成與維繫兩黨競爭的充分條件（Riker, 1982b: 761）。薩脫里（Giovanni Sartori）則認為儘管相對多數決制本身不能產生全國性的兩黨政治，但它有助於維持一個已經存在著的兩黨政治（Sartori, 1986: 58-59）。而當斯（Anthony Downs）也認為相對多數決制下「勝者全拿」的結果，會傾向縮小至兩黨競爭的局面（Downs, 1957: 124）。

　　在其他條件不變的情況下，杜弗傑認為，採行相對多數決制，由於選舉規則本身的「機械性因素」（mechanical factor），第三黨會產生代表性不足（under-representation）的情況，亦即席次率低於得票率（當然在相對多數決制下，此種情況必然會發生，但對於第三黨尤為嚴重）（Du-verger, 1966: 224-226）；而當原本支持第三黨的選民瞭解到他們將選票投給第三黨形同浪費選票時，他們自然會傾向於將選票轉移到他們原本不打算支持的兩大黨中較不討厭的一方，以防止他們最不喜歡的一方當選。杜弗傑稱此種現象為「心理性因素」（psychological factor）（Duverger, 1966: 226），亦有學者將其稱為「策略性投票」（strategic voting）或「複雜投票」（sophisticated voting）（Spafford, 1972: 129-134; Riker,

---

1　例如萊克將「杜弗傑法則」的後兩者稱為「杜弗傑假說」（Duverger's hypothesis），以別於前者被稱為「法則」的確定性（Riker, 1982a: 753-766；謝復生，1992：19）。

1986: 34-35; Cox, 1997: 69-98; Karp et al., 2002；謝復生，1992：18；黃秀端，2002；王鼎銘，2003）（在台灣，一般民眾稱之為「棄保」投票）（王業立，2006b）。另外除了選民可能會做這種策略性的思考外，政黨與候選人本身也會無所不用其極的利用文宣攻勢，「提醒」選民進行策略性投票（王業立，1994：25-26；Hsieh, Niou & Paolino, 1997: 153-163）[2]。這些因素都會造成在相對多數決制下，選票易於集中於兩個主要候選人的傾向。杜弗傑認為，除非是具有地區性的強大基礎或全國性的有力組織，在通常的情況下，第三黨在相對多數決制下不易立足（Duverger, 1966: 226-227）。

　　此種「心理性因素」或「策略性投票」的現象，在混合式選舉制度下亦存在。例如費雪（S. L. Fisher）在一項對於西德兩票制下選民的投票行為研究中發現，在第二票政黨名單選票部分支持自由民主黨（Free Democrats）（西德的第四大政黨）的選民，有13%到38%在第一票區域選舉的單一選區相對多數決制下，有分裂投票（split-ticket voting）的傾向，而將選票投給其他大黨；而在政黨名單選票部分圈選主要政黨（社民黨與基民黨）的選民，未在區域選舉中支持該黨候選人的比例則不超過7%。由於不願於單一選區中支持第三黨候選人，費雪認為西德的案例顯示「心理性因素」的存在（Fisher, 1973: 293-299; Taagepera & Shugart, 1989: 52）。而最近的研究亦顯示，無論是在德國的「聯立制」下或日本的「並立制」下，許多選民習慣會把第一票投給在單一選區中較有希望當選的大黨候選人（吳東野，1996：76-79）。例如2000年的日本眾議院選舉，有45%的選民採取分裂投票；最大黨自民黨在政黨比例議席部分得票率僅28.3%，但其在單一選區議席部分的得票率卻達到41.0%（Thies, 2002: 151-152）[3]。

　　而對於政黨及候選人而言，想要在相對多數決制下獲勝，則必須得

2　有關策略性投票進一步的探討，可參閱王宏恩、王業立（2020）。
3　關於測量分裂投票的比率，在方法論上我們必須特別注意到使用整體資料和個體資料之間的差異。關於此議題的探討，可參閱黃紀、王鼎銘、郭銘峰（2005）、黃紀（2001、2008）。

到比其他對手都要多的選票。此種情形會促使老是落敗的政黨在幾次選舉後可能會逐漸整合起來，共同對抗在單一選區下時常獲勝、較具優勢的政黨，以期能獲得較多的選票而擊敗對手。這種整合的工作將不斷進行，直到每一個生存者都有合理的機會可得到過半數的選票。因此相對多數決制下「勝者全拿」的結果，易於將政黨的數目縮減至只有兩個政黨對決的局面（Downs, 1957: 123-124）。

　　整體而言，相對多數決制與兩黨競爭之間，的確有著高度的相關性。所謂的「兩黨競爭」當然並不必然是指只有兩個政黨的存在，而是指在大多數的情況下，在選區層次皆呈現兩大黨對抗的局面。而如果全國各選區在語言、宗教、種族、文化、地域、及意識型態上的分歧性並不特別顯著，而在各選區中的兩大黨又大致相同時，則將會出現全國性的兩黨政治。但如果社會分歧嚴重，或地域色彩強烈，則某一選區中較占優勢的兩黨，就未必是其他選區中相同的兩黨（謝復生，1992：18）（例如加拿大魁北克、英國蘇格蘭）。但無論如何，就個別的單一選區而言，除了少數特例，在相對多數決制下，選票集中於兩個主要候選人或政黨的傾向應是有其理論上的依據（王業立，1994：15-16）。李帕特與諾芮斯等人的跨國性研究中，亦證實使用單一選區多數決制的國家，其國會中的「有效政黨數」（effective number of parliamentary parties; ENPP）（Laakso and Taagepera, 1979）一般而言的確較使用比例代表制的國家來得少（Lijphart, 1999: 165-170; Norris, 1997: 306-307; Norris, 2004: 87）（關於「有效政黨數」的計算方式，請參閱第四章第二節）。

　　在競選策略方面，在相對多數決制下，兩個主要的候選人或政黨如欲獲勝，則他們的政見絕不能太激進或太保守。因為在只選出一席的情況下，如要獲勝就必須要吸引多數而非少數特殊選民的認同與支持（王業立，1991a：143-145）。根據著名的「中位數選民理論」（或稱為「中間選民理論」）（the median voter theorem），在意識型態的光譜（ideological spectrum）上，如果選民知道自己的偏好，也知道候選人的政見與立場，社會上無激烈的分歧傾向，並且選民的偏好是呈現出單峰（single-peaked）（Black, 1958）型態，那麼在單一選區兩黨競爭的狀況下，候選人競選的最佳策略便是儘量向中心逼近（centripetal），以期吸引多數選民的支持與認同（Black, 1948; Downs, 1957: 115-117; Enelow & Hinich, 1984: 8-13; Ordeshook, 1986: 160-175；王業立，2004a）。因此在相對多數決制下，兩大黨的候選人為了要爭取多數選民的支持，在政見訴求上自然不會標榜太強烈的意識型態色彩或太激進的言論，而是以多數選民較關切的事務及公共政策、福利政策等作為選舉時的主要訴求。然而當雙方都儘量向中心靠近時，雙方政見同質或重疊的程度也越大。當斯曾指出，兩大黨在相對多數決下的政見訴求會彼此接近、彼此吸納、並且政見範圍會日漸寬廣，當雙方都逐漸整合對方的政見後，兩大黨便會越來越相像，而無法在政見上做出明顯的區隔（Downs, 1957: 115-141）。而這種彼此相像的趨勢更會因在各個特殊議題上雙方有意的模糊化而益發凸顯。政黨的政策主張越來越模稜兩可，政黨彼此之間也越來越相似，選民們也將發現越來越難以做出理性的決定。當斯認為，在兩黨競爭的過程中，「模糊化」對於個別政黨而言反而是理性的（Downs, 1957: 135-141；王業立，1994：17）。

在另外一方面，當候選人越來越靠近中心點時（固然我們無法確知中心點在何處），彼此也越來越相像，等到雙方都無法在政見上做出明顯區分時，如果還想在文宣訴求上找到著力點，則必須另闢戰場，此時雙方的選戰策略便往往會轉向負面競選（negative campaign）的方式，試圖利用耳語、黑函等抹黑手法，或攻擊對手的品德操守，將主要競爭對手儘量推離中心點，以確保本身單獨位於中心點的位置，並吸引多數選民的支持（牛銘實、王業立，1990：46-47）。此種競選策略往往容易出現於選戰後期，以期造成強大的殺傷力，並讓對手窮於應付甚至亂了手腳。

因此在相對多數決制下，真正具有獲勝實力的候選人數目應不致太多，並且在選民的「策略性投票」下，選票易集中於兩個主要的候選人身上。即使某些國家（特別是開發中國家）在實施相對多數決初期，可能是群雄並起，以至於當選者的得票率不高，但只要這個國家在其他方面的議

題上並無重大分歧或對立，則經過幾次選舉後，該國的政黨政治漸漸走向兩黨競爭的型態，應是有較高的可能性的。美國與英國的國會議員選舉，是採用相對多數決制的代表，而兩國長久以來政黨政治的發展，基本上也是兩黨競爭的型態。

　　由以上的探討可得知，相對多數決制與兩黨競爭之間，的確存在著高度的相關性。而在一個兩黨交替執政的政治體制下，許多人相信較有利於維持一個國家的政治穩定，並有助於形成政治責任清楚的單一政黨政府（single-party government）（Norris, 1997: 308）。甚至有學者認為，此種兩黨交替執政的現象，才是民主政治／政黨政治的正軌（薩孟武，1983：513-514），這是相對多數決制經常被人所提及的一項優點。最後，在多數決制下，由於選區明確，又屬「人物的投票制」（雷競旋，1989：132-133），候選人與選民之間易產生直接的聯結，因此許多政治學者相信，採行多數決制國家的民意代表，為了連任的考量，會較重視選民服務的績效及在議會中較積極爭取選區的利益（Norris, 1997: 308）。

　　但是在另外一方面，相對多數決制最常為人所詬病之處則是，這個制度可能會產生嚴重的「比例性偏差」（或稱為「不比例性」）（dispro-portionality）問題。換言之，在相對多數決制下，由於單一選區「勝者全拿」的特性，或是杜弗傑所謂的「機械性因素」，政黨之間可能會出現過度代表（over-representation）或代表性不足（低度代表）（under-repre-sentation）的現象。因此，相對多數決制的比例代表性通常較差。由於在各單一選區中，只有最高票的候選人才會當選，投給其他候選人的選票，可能都浪費掉了，影響所及，除了兩大黨外，許多小黨在國會中所擁有的席次，並不能反映出其應有的民意支持程度。例如1983年的英國國會議員選舉，第二大黨工黨獲得27.6%的選票，拿下當時國會議席650席中的209席（32.2%）；第三大黨自由黨雖然獲得了25.4%的選票，但僅贏得23席（3.5%）（Butler & Kavanagh, 2002: 261）。在該年的選舉中，工黨與自由黨在得票率上僅有2.2%的差距，但在席次率上，差距卻高達28.7%。而在1993年加拿大的國會議員選舉中（當時國會之總席次為295席），

原本執政的進步保守黨（Progressive Conservative Party）雖然仍獲得了16.0%的選票，但該黨在國會中所擁有的席次率卻慘跌至0.7%（由1989年過半數的170席變成1993年的二席，為近代各國選舉史上，執政黨最大的慘敗）；而自由黨（Liberal Party）則在該年的選舉中，獲得了41.3%的選票，但卻拿下了60.0%的議席（Ranney, 1996: 174），因而取代了進步保守黨，一躍而成為加拿大新的執政黨。

我們必須在此特別提醒讀者的是，當吾人在探討選舉制度與政黨制度二者之間的關聯性時，也不應忘記杜弗傑曾經指出：「選舉規則與政黨體系之間的關係，並非機械性的與自動的：某一特定的選舉制度並不必然會產生某一特定的政黨體系：影響一個政黨體系的形成有諸多助力與阻力的因素，而選舉制度僅僅是助力因素之一。」（Duverger, 1986:71）事實上，影響一個國家政黨分化（party fractionalization）的原因除了選舉制度外，許多學者指出，宗教分歧（religious cleavage）、社經分歧（socio-economic cleavage）、種族—文化分歧（cultural/ethnic cleavage）、城鄉差距（urban/rural divergence）（Lijphart, 1984: 128; Taagepera & Shugart, 1989: 92; Rae, 1971: 141; Ranney, 1996: 217-219）、語言分歧（linguistic cleavage）、甚至地域主義（regionalism）（如南韓）等因素，都可能在不同的國家扮演著不同的角色。但是除了這些甚難改變的「先天性」因素之外，選舉方式的制度性抉擇，應是影響一個國家政黨政治發展最重要、也是最容易操控的（manipulable）「後天性」因素。尤其是當一個國家內部的宗教、階級、族群或語言等方面並無重大差異或對立時，選舉制度對於該國政黨體系的形成當具有關鍵性的影響力[4]。

4　有時候選舉制度與政黨體系二者之間，甚至可能是互為因果、相互影響的。選舉制度固然可能會影響政黨體系的形成，而當一個國家已形成某種政黨體系時，這些政黨也必然會在國會中支持或採行對其未來發展有利的選舉制度，而阻止任何對其不利的選舉制度的改革。關於這方面的探討，可參見雷伊（Rae, 1971: 141）、李普塞與羅肯（Lipset & Rokkan, 1967: 1-64）、雷夫與維爾（Reeve & Ware, 1992: 8-12）、鮑依克斯（Boix, 1999: 609-624）、柯羅曼（Colomer, 2005: 1-21）以及王業立與黃豪聖（2000：401-430）等的研究。

第三節　比例代表制的政治影響

　　自從1899年比利時首度實施比例代表制以來，比例代表制設計的目的，就是強調「比例代表性」，亦即希望各政黨在議會中所擁有的席位比例，應儘量符合各政黨在選舉中所得到的選票比例，並且在一般情形下，選區應選名額越多，比例代表性越佳（謝復生，1992：8）。而在另外一方面，由於強調「比例代表性」，通常在實施比例代表制的國家中，一個政黨只要能跨過當選門檻，即可依得票比例，在國會中擁有相當比例的議席。在此情況下，小黨較有機會存活，小黨之間相互聯合的誘因將會減弱，選民將選票集中於大黨此種「策略性投票」的動機也會降低。因此，只要沒有其他特殊的社會狀況妨礙小黨出頭，則在比例代表制下，多黨制就很容易出現了（謝復生，1992：18-19）。所以杜弗傑認為，比例代表制易導致許多相互獨立政黨的形成（Duverger, 1986: 70）。

　　許多學者認為，比例代表制最大的優點，便是較具「比例代表性」、較能反映多元民意的走向（Norris, 1997）。在比例代表制下，各政黨可依得票的比例，來分配當選的議席數目。這種分配方式，容易使得各種不同的政見、意識型態、甚至社會階層與類群團體，都有較大的機會在國會中擁有本身的代言人。另外也由於吸引選票的現實考量，各政黨在比例代表制下決定他們的提名名單時，也較會顧及各類團體在其政黨名單中的代表性。這與單一選區制下，各政黨在各選區中只能提名一位最有機會獲勝的候選人的提名策略，是有很大不同的。例如一項研究便顯示，在比例代表制下，平均而言婦女在國會中所占的比例（15.4%），要比多數決制下（8.5%）來得高（Norris, 2004: 187）[5]。其次，比例代表制也被認為較能凸顯政黨色彩而淡化個人色彩。在比例代表制下的競選活動中，個別候選人的聲望與魅力，對選民而言固然不是全無影響力，但是政黨

5　值得注意的是，這終究只是指平均數而言，我們仍然必須注意到各國之間文化背景的差異。例如使用單一選區相對多數決制的加拿大，其婦女當選國會議員的比例，就遠高於採行比例代表制的以色列（Norris, 1997: 309-310）。

所代表的階級利益、意識型態、與政綱政見，才是選民投票時的主要考慮因素。因此有學者將多數決制稱作「人物的投票制」，而將比例代表制視為「思想的投票制」（雷競璇，1989：132-133）。第三，在比例代表制的多黨競爭下，選民有較多的選擇，並且不會太擔心浪費手中的選票。換言之，「策略性投票」的誘因將會降低，而較容易藉由選票反映出選民內心真實的偏好。可能也因為如此，採行比例代表制國家的投票率（70.0%）平均而言要比使用多數決制的國家（60.4%）來得高（Norris, 2004: 162）[6]（關於台灣歷年各項公職人員選舉的投票率及主要民主國家國會選舉的投票率，請參見附錄二及附錄三）。

　　然而，如前文所述，比例代表制設計的目的，就是強調「比例代表性」，並且「比例代表性」要高的前提是，選區應選名額要足夠多；最好是以全國為一個選區，如此才能使得各政黨在議會中所擁有的席次比例，儘可能的符合各政黨在選舉中所得到的選票比例。但是由於在制度設計時，仍然必須考慮到各國複雜的歷史、地理、文化、種族、宗教、語言等因素，因此事實上在採行比例代表制的國家中，除了以色列、塞爾維亞、哈薩克、蒙特內哥羅等少數國家外，鮮少真的是以全國為一個選區。換言之，即使是採取比例代表制的國家，仍然必須要將全國劃分成若干個至數十個選區來辦理選舉（Mackie & Rose, 1991: 509-510），而各選區中應選名額的多寡，對於「比例代表性」的高低仍舊會有顯著的影響。此外各國所採行不同的計票公式（例如頓特最高平均數法便被認為對於大黨較有利）、當選基數與政黨門檻等，對於大黨與小黨之間，也會造成不同程度的影響（關於這些方面的討論，請參見第二章第三節）。

　　其次，目前使用政黨名單比例代表制的85個國家中，除了真正採行完全封閉式的政黨名單比例代表制外（例如阿根廷、哥斯大黎加、以色列、葡萄牙、西班牙、香港、塞爾維亞、烏拉圭等國），許多國家仍可

6　當然，某些國家實施的強制投票（compulsory voting）（例如阿根廷、澳大利亞、比利時、巴西、智利、盧森堡、新加坡等國），也會影響投票率的高低。關於實施強制投票的國家，可參閱附錄三。

允許選民在同一個政黨的名單中，甚至不同政黨的名單中，挑選一位或數位候選人（例如比利時、丹麥、芬蘭、巴西、智利、希臘、波蘭、斯洛維尼亞、斯里蘭卡、瑞士、盧森堡、列支敦士登、薩爾瓦多、宏都拉斯、厄瓜多等國）（Lakeman, 1970: 255-261; Mackie & Rose, 1991: 510; Norris, 2004: 41）（詳見第二章第三節的探討），因此個別候選人的聲望與魅力，在許多實施比例代表制的國家中（尤其是採開放式政黨名單的國家），其影響力也有逐漸增加的趨勢。然而無論如何，在比例代表制下，選民投票的對象與議席分配的單位，仍是以政黨為主，因此也有人批評，無黨籍人士的參選空間，在比例代表制下被嚴重的忽視。

　　除了上述的優、缺點外，比例代表制最常為人所批評的，是在於它往往有促成多黨林立的傾向。事實上，除了少數例外（如奧地利），歐洲採行比例代表制的國家也幾乎都是走向多黨政治。根據統計，採行多數決制的國家，其國會中平均的政黨數目為5.22；但使用比例代表制的國家，其國會中平均的政黨數目卻高達9.52（Norris, 2004: 85）。如果我們以「國會有效政黨數」（ENPP）來觀察，則採行多數決制的國家，其平均國會有效政黨數為2.42；但使用比例代表制的國家，其平均國會有效政黨數仍高達4.45（Norris, 2004: 87）。

　　而在較高程度的政黨分化（party fractionalization）下，二次大戰以來，歐洲民主國家鮮少出現單一政黨能夠擁有議會過半數的議席，而各種聯合政府（coalition government）的形式反而成為常態。根據雷佛與熊飛德（Michael Laver & Norman Schofield）的研究，自1945年至1987年間，歐洲12個實施議會內閣制的民主國家中，單一政黨在國會中掌握議席超過半數的比例，僅有10%，而組成各種形式聯合政府的比例，則有57%（另外33%則為少數政府）（1990: 70-71），因此聯合政府在歐洲各國實施民主政治的經驗中，並非罕見。當然，聯合政府出現的前提是多黨政治，並且沒有任何政黨在國會中掌握過半數的議席（除非是特殊情形下組成的「大聯合政府」grand coalition government），而一個國家會出現多黨制，則與該國社會的多元性；意識型態的分歧性；階級、族群、宗教、語

言、地域的區隔程度；甚至歷史背景、政治文化等因素，都可能有著密切的關聯。但是除了上述因素外，選舉制度採行比例代表制，當是歐洲議會內閣制國家普遍出現多黨政治的另一項重要因素。

另一方面，我們在此也必須釐清的是，較高的政黨分化或聯合政府不必然就會導致政治不穩（political instability），例如荷蘭、瑞士、挪威等國的行政部門通常都是以聯合政府的方式組成，但是其政府的穩定性並不遜於政黨分化程度較低的國家（Ranney, 1996: 217）。這些國家的政治運作較接近政治學者李帕特所謂的「共識型民主模型」（consensus model of democracy）（Lijphart, 1984）。然而在比例代表制及多黨制下的義大利以及過去的德國威瑪共和、法國第四共和，則是呈現政治不穩、倒閣頻仍的狀態。

許多實施總統制的拉丁美洲各國，其總統選舉方式多半採行兩輪決選制，以保證總統當選人能贏得過半數選民的支持，並確保其統治基礎的穩固（李國雄，1996：16-17）。然而，拉丁美洲各國的國會議員選舉則大多採行比例代表制（例如：阿根廷、巴西、哥倫比亞、哥斯大黎加、多明尼加、祕魯、烏拉圭）（王業立，2000a：7），而形成多黨林立的國會。此種普遍實行於拉丁美洲各國的「總統制—比例代表制」模型（Lijphart, 1991: 74），一方面由於在總統制下，缺乏解散國會等化解政治僵局的機制，而當行政部門與立法部門之間形成政治僵局時，面對多黨林立的國會，政黨之間的協商機制也難以建立，使得法案、政策難以推動；另一方面更容易造成具有強大民意基礎的總統，以直接訴諸民意的方式來對抗國會，甚至使用非常手段來迫使國會就範（如已下台的祕魯前總統藤森），以試圖解決政治僵局。在「共識型民主」無法形成下，拉丁美洲各國的「總統制—比例代表制」模型，許多學者認為或許也是造成該地區過去政局不安定、政治危機頻仍的重要因素之一（王業立，1996a）。

例如曼瓦林等學者（Scott Mainwaring, Alfred Stepan & Cindy Skach）便曾指出，「當總統制與派系林立的政黨體制同時出現時，民主將是比較難以存活的。」（轉引自Przeworski et al., 1997: 480; Stepan & Skach,

1993: 1-22）舒渥斯基等學者（Adam Przeworski, Michael Alyarez, José Antonio Cheibub & Femando Limongi）更強調，「如果總統制與國會中沒有一個政黨能夠取得絕對多數的情況同時出現時，這無疑是自取滅亡。」（Przeworski et al., 1997: 480）拉丁美洲國家在總統和國會選舉制度上的抉擇，的確值得吾人深思（王業立，2000a：8）。

　　無可否認地，相對於兩黨制，多黨制較能反映多元民意的走向，而比例代表制的比例代表性通常較高，選民不會太擔心浪費手中的選票，因此可以做出較有意義的選擇（Norris, 1997: 304-310）。然而，在其他條件不變的情況下，當一個國家採取比例代表制而逐漸走向多黨政治，除非該國的國會具有「共識型民主」的政治文化及其他相關的週邊制度性設計的配合，否則高度的政黨分化往往也可能會導致一個國家的憲政運作陷入政治僵局或不穩定的惡性循環之中。

第四節　兩輪決選制的政治影響

　　根據本書第二章中對於選舉制度的分類，兩輪決選制與相對多數決制都是被歸類為「多數決制」；同屬於「人物的投票制」。尤其是在各級行政首長的選舉中，這兩種選舉制度更是常被人們拿出來互相比較（行政首長選舉不可能採行比例代表制）[7]。例如我國在過去的修憲過程中，當總統選舉方式確定實施「公民直選」後，究竟要採「相對多數」或是「絕對多數」（亦即此處所指的兩輪決選制），也曾經在政界及學界引起廣泛的討論。1994年8月1日公布的憲法增修條文第2條，終於確立了「總統、副總統由中華民國自由地區全體人民直接選舉之……以得票最多之一組為當選」，而1995年8月9日公布的《總統副總統選舉罷免法》第56條也明文

---

[7] 至於絕對多數決制的另外一種著名的方式——選擇投票制——由於只有少數國家使用（如澳大利亞的眾議員選舉，以及愛爾蘭和斯里蘭卡兩國的總統選舉），且對國人而言較為陌生，因此在本書中就不特予以討論。如欲了解此種選舉制度的政治影響，可參閱萊特（Wright, 1986: 124-138）、王業立（1997c）及蘇子喬、王業立（2013）的研究。

規定，「選舉結果以候選人得票最多之一組為當選」，因此中華民國的第九任總統，係採相對多數決，由全體公民直接選舉產生。然而到了1997年第四次修憲時，國民黨以「直選總統應有堅實的民意基礎」為由，再度提出「絕對多數」的修憲主張，但在民進黨的極力反對下，「絕對多數」的修憲提案便遭擱置。而在2000年3月18日的第十屆總統選舉中，由於當選人陳水扁先生僅獲得39.3%的選票，而被稱為「少數總統」，因此總統選制應採絕對多數決制的呼籲再起（蘇永欽，2000）。可以預見的是，總統選舉方式的辯論，依然會成為我國未來憲政改革的重要議題之一，因此吾人對此問題仍應特別予以關注。

回顧過去幾年來國內學者對於總統選舉究竟應採相對多數決制或絕對多數決制（兩輪決選制）的主張，可說是各有其論點（林嘉誠，1994b；林佳龍，1999：48）。一般而言，贊成採取絕對多數決制（兩輪決選制）的主要理由包括：第一，直選後的總統不可能虛位化，實權總統應有較高的民意基礎；第二，如果採取相對多數決制，在參選人眾多的情況下，總統當選人的得票率可能偏低，選出的「少數總統」代表性不足；第三，相對多數決制有利於激情的候選人競選，容易造成政治、社會朝向極化發展；第四，相對多數決制隱含著投機性與個人化的傾向（蘇永欽，1994），絕對多數決制則可「將政黨之間的整合及主流民意的整合訴諸選舉機制」[8]；第五，既然經過幾次修憲，總統的職權已大幅擴增，因此更需要一個絕對多數當選的總統，以加強其統治的正當性。

而支持相對多數決制者則認為：第一，我國各級行政首長選舉均採相對多數決制，總統選舉沒有理由標準不同；第二，採絕對多數決制，可能出現第二輪投票，與選民長期投票習慣不同；第三，舉行兩輪投票增加選務負擔，且將使社會過度動員，有礙政治安定；第四，採絕對多數決制，如果出現第一輪投票的領先者，第二輪投票失利，恐怕會引起極大的爭議；第五，在台灣特殊的政治環境下，如果採取絕對多數決制，第二輪的

8　參見《聯合報》，2000年11月10日，版2。

一對一對決，反而才可能引發族群對立，導致社會不安。

如第二章所述，事實上在實施總統直選的國家中，相對多數決制與兩輪決選制的確都是各國所普遍使用的選舉制度。目前除了我國的總統選舉是使用相對多數決制外，菲律賓、韓國、新加坡、墨西哥、冰島、波士尼亞、委內瑞拉、宏都拉斯、巴拿馬、巴拉圭、喀麥隆、馬拉威、盧安達、尚比亞等國的總統大選，也是採行此種選舉制度（王業立，2000a：4；林佳龍，1999：46）。而在總統直選的國家中，法國是採用兩輪決選制最著名的國家，該國的總統選舉自1965年以來一直是使用此種選舉制度。除了法國外，許多的拉丁美洲國家，如：阿根廷、哥倫比亞、多明尼加、薩爾瓦多、哥斯大黎加、瓜地馬拉、海地、玻利維亞、巴西、智利、厄瓜多、祕魯、烏拉圭，以及共產政權瓦解後的俄羅斯、白俄羅斯、保加利亞、克羅埃西亞、捷克、立陶宛、馬其頓、塞爾維亞、波蘭、羅馬尼亞、斯洛伐克、斯洛溫尼亞、蒙地內哥羅、烏克蘭、烏茲別克、哈薩克、土庫曼、塔吉克、亞塞拜然、吉爾吉斯、外蒙古，非洲的埃及、突尼西亞、阿爾及利亞、蒲隆地、維德角、奈及利亞、納米比亞、塞內加爾、聖多美普林西比、賴比瑞亞、象牙海岸、獅子山、迦納、甘比亞、肯亞、馬利、尼日、蘇丹、幾內亞、幾內亞比索、辛巴威、莫三鼻克、中非共和國、查德、烏干達、馬達加斯加、茅利塔尼亞、布吉那法索，還有奧地利、葡萄牙、芬蘭、塞浦路斯、土耳其、葉門、帛琉、馬爾地夫、印尼、敘利亞、阿富汗等國的總統選舉，也是採行兩輪決選制。

根據統計，在236個國家的國家元首產生方式中，有24國採行相對多數決制（占10%），而有89個國家使用兩輪決選制（占37%）。因此純就統計數目而言，目前使用兩輪決選制直選總統的國家，的確遠多過使用相對多數決制的國家。尤其是在第三波民主化的浪潮下（包括於後冷戰時期走向民主化的前共產主義國家），兩輪決選制更是成為有舉行總統直選的新興民主國家的多數選擇。

為何在第三波民主化的浪潮中，多數的國家在總統選舉方式上會選擇兩輪決選制？一個重要的考量是在民主化的過程中，居於憲政中心的國家

元首應有堅實的民意基礎，以作為政治轉型時改革的後盾。另外雖然有許多學者認為議會內閣制較總統制更有利於新興民主國家的民主鞏固，然而在第三波民主化的浪潮中，因為內、外環境因素的影響，多數國家在憲政選擇上還是傾向選擇總統制或半總統制。而在選擇總統制或半總統制的國家中，為使民選總統的民意基礎具有較高的正當性，兩輪決選制自然就成為這些國家較優先的選項（王業立，2004c：86）。

除了前述因素外，另外常令人感到好奇的是，這兩種選舉制度，真的可能會導致不同的選舉結果嗎？而這兩種選舉制度對於政黨政治的發展與選民的投票行為，又會造成何種不同的影響？我們首先從法國與南韓過去總統大選的資料著手，來進行經驗性的分析：

第五共和的法國總統任期七年（但在2000年經由公民投票，法國已將總統任期縮減為五年，並自2002年的總統選舉開始實施），並未設置副總統。戴高樂（Charles de Gaulle）為了凸顯總統的權威，於1962年透過公民投票的方式，將總統選舉由選舉人團式的間接選舉，改為兩輪決選式的公民直接選舉（張台麟，1995：75-79）。從1965年首度舉行總統直選以來，截至2022年法國已舉行了11次的總統直接選舉（其中1969年因戴高樂辭職；1974年因龐畢度Georges Pompidou逝世而提前舉行），每次選舉都是群雄並起，各政黨紛紛推出候選人參選，人數最多的一次是在2002年，共有16位參選者；最少的一次則是在1965年，候選人亦有六位之多（Mackie & Rose, 1991: 136-138）。歷次總統大選中，從來沒有任何一位候選人能在第一輪投票中即贏得過半數的選票。更值得注意的是，在1974年的選舉中，在第一輪投票中領先的密特朗（François Mitterrand），在第二輪投票中卻敗給了季斯卡（Valéry Giscard d'Estaing）；但在1981年的選舉中，結果卻正好相反，在第一輪投票中領先並尋求連任的季斯卡，在第二輪投票中卻敗給了密特朗；而在1995年的選舉中，在第一輪投票中領先的喬斯潘（Lionel Jospin），在第二輪投票中卻敗給了席哈克（Jacques Chirac）（參見表3-1）。

表 3-1　1974年、1981年與1995年法國總統大選的投票結果

選舉年	第一輪投票 (候選人／得票率)	第二輪投票 (候選人／得票率)
1974年	密特朗　43.3% 季斯卡　32.6%	季斯卡　50.8% 密特朗　49.2%
1981年	季斯卡　28.3% 密特朗　25.8%	密特朗　51.8% 季斯卡　48.2%
1995年	喬斯潘　23.3% 席哈克　20.8%	席哈克　52.6% 喬斯潘　47.4%

資料來源：Thomas Mackie & Richard Rose, 1991, The International Almanac of Electoral History, p. 137. http://en.wikipedia.org/wiki/French_presidential_election%2C_1995.

　　令許多人感到興趣的是，如果法國總統大選是採用與我國總統選舉相同的相對多數決制，那麼1981年密特朗當選的歷史會不會因此而改寫？如果社會黨的密特朗沒有擔任兩任長達十四年（1981年至1995年）的總統，那麼法國的經濟、內政、外交、國防政策會有何不同？對美國的雙邊關係，乃至於歐盟的成立又會造成何種影響？當然，歷史不可能重新來過，上述的問題也無從檢驗，但是值得我們進一步思考的是，在其他條件不變的情況下，如果1981年的法國總統大選真的是採行相對多數決制，那麼還會有多達10位的候選人（Mackie & Rose, 1991: 137）參與角逐嗎？如果沒有兩輪投票的機會，那麼法國選民還會表現出相同的投票行為嗎？在下文中將會針對這些問題做進一步的採討。

　　接下來我們再來看看採取相對多數決制的韓國1987年總統大選的例子：在當年的總統大選中，呈現的是「兩金一盧」僵持不下的局面，特別是首次有機會返國參選的兩位重量級反對派領袖金泳三與金大中均不願意退出的情況下，使得執政黨候選人盧泰愚坐收漁利，有機會脫穎而出，以37%的得票率當選韓國總統，而金泳三與金大中分別得到26.7%及26.2%的選票（倪炎元，1992；林佳龍，1999：46）。如果韓國是採行法國式的兩輪決選制，盧泰愚與金泳三還要進行第二輪的對決，那麼支持金大中的26.2%的選票將流向何處？同樣是代表反對陣營的金泳三是不是有機會

早在1987年就當選了韓國總統[9]？但是如果我們從另外一個角度思考：如果韓國總統大選真的是採行兩輪決選制，會不會因此而鼓勵更多的政治人物在第一輪選舉中都想下場參選，以企圖在一片混沌中爭取前兩名的第二輪參賽權？或者至少爭取擁有一定比例的選票（韓國選舉地域化的現象十分明顯），以作為與前兩名候選人政治交易的籌碼？在另外一套完全不同的遊戲規則下，如果採行兩輪決選制，1987年韓國總統大選領先的前兩名候選人，還一定會是盧泰愚與金泳三嗎？

　　由前述的兩國實例看來，採行不同的選舉制度，的確可能會導致不同的選舉結果。但是如果進行更深入的探討，我們將發現，兩輪決選制對於政黨競爭及選民投票行為的影響，在許多方面是與相對多決制有很大差異的。根據前述杜弗傑的論點，相對多決制傾向產生兩黨對決；比例代表制易導致許多相互獨立政黨的形成；而兩輪決選制則易形成多黨聯盟。在兩輪決選制的第一輪投票中，除非有人有實力能拿下過半數的選票，否則此時主要候選人的首要目標，是希望擠入前兩名的第二輪決選名單中；而次要候選人則希望爭取一定比例的選票，以作為政治利益交易的籌碼。而第二輪投票的結果，往往只是反映出多黨聯盟利益交換後的政治現實而已（王業立，1995b）。在兩輪決選制下，政黨或候選人的數目，不見得會像相對多數決制下般逐漸減少，但為了在第二輪投票中能夠獲勝，政黨或候選人之間的合縱連橫關係將會是十分的複雜（Jones, 1995）。從某個角度而言，這種複雜的結盟關係，將有助於政黨或候選人之間的相互妥協，但從另外一個角度而言，政客之間的「腐敗交易」（corrupt bargain），也將成為兩輪決選制下難以避免的政治現實。1995年的法國總統大選以及1996年的俄羅斯總統大選，正足以說明這種現象：

　　1995年的法國總統大選中，共有九人參選[10]。同屬右派陣營的共和聯

9　類似的情形也出現在2000年台灣所舉行的第十屆總統大選。在此次選舉中，陳水扁的得票率為39.30%，宋楚瑜的得票率為36.84%，而連戰的得票率為23.10%。許多人不禁好奇，如果我國總統選舉改採兩輪決選制，陳水扁是否一定會獲勝？

10　參見《中國時報》，1995年4月25日，版10。

盟（RPR），竟然出現有席哈克與巴拉度（Edouard Balladur）兩人出馬角逐的局面。由於右派陣營力量的分散，致使在第一輪的投票中，社會黨的喬斯潘意外的以23.3%的得票率居於領先的地位，而席哈克與巴拉度則分別以20.8%以及18.6%的得票率分居二、三名。而在兩週後舉行的第二輪的投票中，由於右派陣營整合成功，巴拉度與德維利耶（Philippe de Villiers）等候選人皆表態支持席哈克[11]，才使得席哈克擊敗喬斯潘而當選了法國總統（Goldey & Knapp, 1996: 104-105）。

　　而1996年舉行的俄羅斯總統大選，政治交易更是赤裸裸地呈現在世人眼前。在此次總統大選中，五年前曾以57%的得票率，在第一輪投票中就輕易獲勝的葉爾欽（Boris Yeltsin），遭受到共黨候選人朱格諾夫（Gennady Zyuganov）的嚴重威脅。在6月16日所舉行的第一輪的投票中，群雄並起，競選連任的葉爾欽僅獲得35%的選票，而朱格諾夫卻得到32%的選票。但在這次投票中，最令人意外的黑馬，是得票位居第三（得票率15%）的退休將領列貝德（Aleksandr Lebed）。在第一輪投票後不久，葉爾欽為了爭取列貝德的支持，任命他出任國家安全會議祕書長暨總統國家安全顧問[12]，而在7月3日所舉行的第二輪的投票中，由於得到列貝德的支持，葉爾欽以54%的得票率獲勝[13]，而列貝德也一躍而成為克里姆林宮中炙手可熱的權力新貴。然而，這種只著眼於選舉現實的政治交易與暫時性的結盟關係，彼此之間的互信與共識終究基礎薄弱，在當選總統後，歷經三個多月激烈的權力鬥爭，葉爾欽就將列貝德免職了[14]。

　　而在另外一方面，兩輪決選制對於選民投票行為的影響，也有別於相對多數決制。在相對多數決制下，無論是基於「花車效應」（bandwagon effect）（Ranney, 2001: 122）（台灣媒體常稱之為「西瓜效應」）或是「策略性投票」（台灣一般民眾稱之為「棄保投票」）的考量，選票易集

11　極右派候選人勒朋（Jean-Marie le Pen）例外（Goldey & Knapp, 1996: 104-105）。
12　參見《中國時報》，1996年6月19日，版10。
13　參見《中國時報》，1996年7月5日，版9。
14　參見《中國時報》，1996年10月18日，版1。

中於兩個主要的候選人身上。由於只能投一次票，在理性的抉擇下，許多
選民會把握手中的選票，投給較有可能獲勝的候選人，或是較有可能擊敗
最不希望看到獲勝的候選人。但是在兩輪決選制下，如果多數選民都預期
到會有第二輪的投票機會（如法國總統大選），則選民在第一輪投票中所
表現的投票行為，將會與相對多數決制下的投票行為有明顯的不同。

　　曾經有人形容法國總統大選中許多選民的投票行為是：「第一輪表
達理念、第二輪才做抉擇」，此種說法應是有其根據的。從表3-2中的
資料可得知，在1995年法國總統大選的第一輪投票中，只有不到半數
（45%）的選民表示，投給某候選人是「為了選他當總統」；而有超過兩
成（21%）的選民在第一輪投票中選擇某候選人是為了「表達自己的政治
理念」。此種投票行為對於那些投給次要候選人的選民而言尤其明顯。例
如投給綠黨候選人瓦涅（Dominique Voynet）（在第一輪投票中得到3.3%
的選票）的選民，絕大多數是為了「表達自己的政治理念」（61%）或是
「反對其他的候選人」（25%）的抗議票。但投給主要候選人喬斯潘、席
哈克、或巴拉度的選民，則多半是「為了選他當總統」或是「使其能進入
第二輪投票」。因為有許多的選民在第一輪投票中，並非真正在選擇誰比
較適合擔任總統，因此即使是幾個主要的候選人，在1995年法國總統大
選的第一輪投票中，也只不過分別拿到二成左右的選票。由此可知，選舉
制度的確會對選民的投票行為產生影響，在相對多數決制下經常發生的
「策略性投票」與選票集中現象，在兩輪決選制的第一輪投票中較不明
顯，此種情況當然也會對候選人的參選動機與競選策略，甚至政黨之間的
互動，造成直接的影響（王業立，1996b）。

表 3-2　1995年法國總統大選第一輪投票選民的投票行為（%）

為何投給某候選人？	全部	喬斯潘	席哈克	巴拉度	勒朋	余依	拉吉耶	德維利耶	瓦涅
為了選他當總統	45	50	73	65	27	18	8	17	6
使其能進入第二輪投票	16	30	8	17	17	12	9	14	6
表達自己的政治理念	21	9	7	6	37	53	42	55	61
反對其他的候選人	11	5	7	5	13	11	34	10	25
未回答	7	6	5	7	6	6	7	4	2

資料來源：轉引自D. B. Goldey & A. F. Knapp, 1996, "The French Presidential Election of 23 April-7 May 1995", Electoral Studies, Vol. 15, No. 1, p. 101.

第五節　混合制的政治影響

　　自從德國於1949年開始實施混合式選舉制度以來，朝向兼容多數決制與比例代表制的混合制方向發展，已是近年來許多民主國家或新興民主國家選舉制度改革的重要趨勢（請參見本書第二章第四節的探討）。那麼混合式的選舉制度對於政黨政治的發展與選民的投票行為又會造成何種不同的影響呢？

　　大體上而言，由於混合式選舉制度是兼容多數決制與比例代表制於一體，因此這種選舉制度的比例代表性以及對於政黨分化程度的影響，應是介於多數決制與比例代表制之間的，例如諾芮斯的跨國性研究發現，採行多數決制的國家，其國會中平均的政黨數目為5.22，使用比例代表制的國家，其國會中平均的政黨數目高達9.52，而採行混合制的國家，其國會中平均的政黨數目為8.85（Norris, 2004: 85），的確介於二者之間。如果我們進一步以「國會有效政黨數」（ENPP）來觀察，則採行多數決制的國家，其平均國會有效政黨數為2.42，使用比例代表制的國家，其平均國會

有效政黨數是4.45，而採行混合制的國家，其平均國會有效政黨數為3.54（Norris, 2004: 87），也正好介於二者之間。

在「羅斯比例代表性指標」（Rose's index of proportionality）部分[15]（越接近100代表選舉制度的比例代表性越佳），採行多數決制的國家，其平均「比例代表性指標」為81.9，使用比例代表制的國家，其平均「比例代表性指標」為91.2，而採行混合制的國家，其平均「比例代表性指標」為85.0（Norris, 2004: 91），也是介於二者之間。

但是如果我們對於混合式選舉制度做更進一步的探討，我們將發現由於採取不同的比例代表名額分配方式和比例、不同的政黨門檻、以及不同的比例代表計票公式，採取混合式選舉制度的國家彼此之間，仍然存在著不少的差異，是值得我們做更進一步的深入分析。

例如德國與紐西蘭，其比例代表名額的分配方式係採「聯立制」，是以第二票（政黨得票率）為準來決定各政黨應得的總席次，扣除掉各政黨在單一選區中已當選的席次，再來分配比例代表席次。因此在精神與內涵上，德國與紐西蘭的混合制較接近比例代表制（Lijphart, 1984: 152；謝復生，1992：16；吳東野，1996：72），其比例代表性也較高（Mackie & Rose, 1991: 510）。

而其他採取「並立制」的國家，各政黨依其政黨得票率來分配應以政黨比例代表選出的固定名額，而與各政黨在區域選區中已當選席次的多寡無關。此種分配比例代表席次的方式，當然會降低比例代表性。以「羅斯比例代表性指標」來檢測即可發現，採行「聯立制」的國家，其平均「比例代表性指標」為90.1（接近比例代表制國家的平均值），使用「並立制」的國家，其平均「比例代表性指標」為82.6（接近多數決制國家的平均值）（Norris, 2004: 91），就總體資料層次而言，上述的論點似可得到

---

15 所謂「羅斯比例代表性指標」（Rose's index of proportionality）其公式如下：

$$P = 100 - [(\Sigma|Vi - Si|) \div 2]$$

此處P係指比例代表性指標；Vi係指每一政黨的得票率；Si係指每一政黨的席次率。P值越接近100，代表該國選舉制度的比例代表性越佳。關於此公式的計算，可參見Rose（2000: 357）。

驗證。

　　並且就理論上而言，在兩票制下採取「並立制」可能會出現的一種
情況是，政黨總得票率最高的政黨，可能會因在區域選舉中當選的議席較
少，即使加上依政黨比例分配而來的「補充席次」或「補償席次」後（尤
其是當此種補償性比例代表名額較少時），仍然無法在國會中擁有最多的
議席。如此可能會出現選民認同的多數黨，和總議席上的多數黨不一致，
而發生孰為真正「多數黨」的爭議[16]。例如2003年日本的眾議院選舉，民
主黨雖然獲得最多的政黨得票，但是自民黨依然在眾議院中擁有最多的
議席，並且在當年的選舉中，自民黨在單一選區中僅獲得43.9%的選票，
但卻囊括了57.0%的議席；共產黨獲得8.1%的選票，卻沒有得到任何席次
（Schaap, 2005: 141）。然而在「並立制」下，此種在單一選區中本來就
極容易產生的重大比例性偏差，並不保證能從比例代表議席部分，得到適
當的補償與平衡，顯然與混合制當初設計的初衷，有了相當的差異。

　　其次，比例代表名額的多寡，也會影響到小黨的存活率。例如德國比
例代表的名額高達一半，比例代表名額的分配方式又是使用「聯立制」，
小黨相對而言自然有較大的生存空間。再者，政黨門檻的高低，也會影響
到國會中政黨政治的生態。例如西德在1949年開始實施混合式選舉制度
時，規定只要在任何一個單一選區中當選一席，或是在一邦中獲得5%的
選票，即可分配比例代表的名額（謝復生，1992：111）。而在當年的選
舉過後，共有11個政黨在國會中擁有席位（Mackie & Rose, 1991: 178）。
然而，自1956年政黨門檻提高為全國5%或三席後，在國會中擁有席次的
政黨數目便逐漸減少，例如到了1983年與1987年的選舉，僅有五個政黨
能在國會中擁有席次（Mackie & Rose, 1991: 182）。總之，在混合制下，
單一選區的名額越多，比例代表的名額越少，政黨門檻越高，其政治影響
會較接近多數決制；反之，如果比例代表的名額越多，政黨門檻越低，加
上採取「聯立制」的話，則其政治影響會較類似比例代表制（Shugart &

---

16 參見《聯合報》，1996年6月21日，版2。

Wattenberg, 2001: 13）。

　　而我國自第七屆立法委員選舉開始，全國不分區代表的名額（34席）僅占總議席（113席）的30%，又是使用「並立制」，再加上5%的政黨門檻，因此小黨的生存空間自然會受到相當大的擠壓。2008年1月12日第七屆立委選舉的結果，小黨（國民黨與民進黨以外的政黨及無黨籍）幾乎全軍覆沒（參見表3-3）。73席的單一選區，本來就不利於小黨的競爭；而在2020年全國不分區政黨比例代表部分，親民黨與台灣基進雖然分別得到3.66%及3.16%的選票，但在5%的政黨門檻下，並無法獲得任何全國不分區的議席。小黨席次率的大幅滑落（2001年小黨的席次率為31.11%，2004年小黨的席次率為25.33%，2008年小黨的席次率為4.43%），與立委選制的改變，當然有非常密切的關係。

表 3-3　2008年第七屆立委選舉各政黨議席統計表

政黨別	區域及原住民	全國不分區	總議席	總席次率（%）
中國國民黨	57＋4＝61	20	81	71.68
民主進步黨	13＋0＝13	14	27	23.89
無黨團結聯盟	2＋1＝3	0	3	2.65
親民黨	0＋1＝1	0	1	0.89
無黨籍及其他	1＋0＝1	0	1	0.89
合計	73＋6＝79	34	113	100.00

資料來源：中央選舉委員會，http://210.69.23.140/pdf/B2008006.pdf。

　　另一方面，自第七屆立法委員選舉開始，由於我國所使用的並立式混合制，在單一選區部分即占了64.6%（73席），因此選舉結果的「比例性偏差」（disproportionality）問題，將比過去來得嚴重。如果我們比較表3-4及表3-5的選舉結果，即可印證前述的論點。2004年第六屆立委選舉，由於係採以複數選區單記非讓渡投票制為主的混合制，比例代表性較佳，每一個政黨的得票率和席次率還算接近，大致都在3%以內。但到了2008年第七屆立委選舉，在單一選區的區域立委部分，兩大黨的得票率和席次

率之間的差距明顯擴大，此種狀況似乎在所有採行單一選區相對多數決制
的國家皆難以避免（詳見本章第二節的討論）。

表 3-4　2004年第六屆立委選舉政黨得票率與席次率（%）

政黨別	得票率（1）	席次率（2）	差距（2-1）
民主進步黨	35.72	39.56	3.84
中國國民黨	32.83	35.11	2.28
親民黨	13.90	15.11	1.21
台灣團結聯盟	7.79	5.33	-2.46
無黨團結聯盟	3.63	2.67	-0.96
新黨	0.12	0.44	0.32
無黨籍及其他	6.01	1.78	-4.23

資料來源：中央選舉委員會，http://210.69.23.140/cec/cechead.asp。

表 3-5　2008年第七屆立委選舉兩大黨比較（%）

政黨別	區域立委得票率（1）	區域立委席次率（2）	差距（2-1）	全國不分區得票率（3）	全國不分區席次率（4）	差距（4-3）
中國國民黨	53.48	78.08（57席）	24.60	51.23	58.82（20席）	7.59
民主進步黨	38.65	17.81（13席）	-20.84	36.91	41.18（14席）	4.27
兩黨差距	14.83	60.27（44席）	45.43	14.32	17.64（6席）	3.32

資料來源：中央選舉委員會，http://210.69.23.140/cec/cechead.asp。

採取混合制的國家中，政黨比例代表部分的計票公式也彼此不同，而
這對大黨與小黨之間的議席分配，也有一定程度的影響。德國在1987年
以前，係採頓特最高平均數法來分配議席，而在1987年以後，改採「嘿
爾－尼邁耶」最大餘數法（謝復生，1992：111-112），2008年之後，又

改為聖拉噶最高平均數法[17]。日本於1996年10月，首度採行混合式選舉制度來選舉眾議院議員，200席的比例代表（2000年縮減為180席，2017年再減為176席）要由11個選區產生，並且採用頓特最高平均數法來分配議席。一般而言，最高平均數法對於大黨較有利，而最大餘數法較不會特別對大黨或小黨較有利（Riker, 1982a: 25）。

另外一方面，在混合制下，候選人是否被允許可同時在單一選區中參選，並名列政黨比例代表名單（稱為「重複登記制」或「雙重提名制」，dual candidacy或double candidacy），對於人才不足的小黨的競選布局，以及候選人的參選方式，也會產生一些影響。在德、紐、日、韓等國，候選人可以同時參與區域選舉，並名列政黨比例代表名單，一旦該候選人在單一選區中獲勝，則從政黨名單中剔除，政黨名單的排名順位則依序往前遞補，但在台灣的立委選舉，候選人是不得同時在區域選舉中參選，並名列政黨全國不分區代表。

在日本，不但允許政黨把區域選區的候選人重複列為政黨比例代表的候選人，而且還可以將候選人的排名列為同一順位（例如同列為第一順位）。列為相同順位的候選人，如果未能在單一選區中獲勝，則他們之間在政黨比例代表名單中的排名順位，將由各候選人在單一選區中獲得的票數，除以該選區當選者的票數為準計算出所謂的「惜敗率」（first loser margin）（吳東野，1996：78），「惜敗率」高的將優先當選。此種特殊的設計，一方面具有可以保障政黨（特別是小黨）領袖進入眾議院的功能（列名比例代表名單的高順位），另一方面也有鼓勵候選人踴躍下鄉參選，為政黨拉高當選議席的作用（即使落敗，也有機會在政黨比例代表名單中以高「惜敗率」而當選）[18]。但是另一方面，也有人批評這是政黨內部擺不平提名順序或是讓候選人得以「腳踏兩條船」、買「雙重保險」的權宜措施。

---

17 關於這些計票公式的介紹，請參見第二章第三節。
18 參見《中時晚報》，1996年10月13日，版11。有關惜敗率進一步的探討，可參見郭明峰（2011）。

最後，混合式選舉制度對於選民的投票行為，也會產生相當程度的影響，其中最顯著的影響，便是提高「分裂投票」的誘因。由於混合制將「人物的投票制」的多數決制，與「思想的投票制」的比例代表制融為一體，無論是基於制衡理念、策略性投票，或是「同情效應」（sympathy effect）（Ranney, 2001: 122），選民在第一票單一選區中所圈選的候選人的黨籍，與選民在第二票政黨投票中所支持的政黨，不屬於同一個政黨也就不足為奇了。如本章第一節中所述，費雪在一項對於西德兩票制下選民投票行為的研究中發現，在政黨名單選票部分支持次要政黨自由民主黨（Free Democrats）的選民，有13%到38%在區域選舉的單一選區中將選票投給其他大黨（Fisher, 1973: 293-299; Taagepera & Shugart, 1989: 52）。而西德在1953年將一票制改成現行的兩票制，也就是考慮到部分選民可能會有此種「分裂投票」的傾向（Mackie & Rose, 1991: 158-159）。當然，從另外一個角度而言，兩票制的採行，相對的也就更容易促成「分裂投票」比例的上升。根據一項研究顯示，在西德「分裂投票」的比例，在1953年是4.3%，而到了1987年，已上升至13.7%（Mackie & Rose, 1991: 159）。而在兩德統一後的1990年選舉中，「分裂投票」的比例更攀升至16.2%（Schoen, 1999: 474）。

紐西蘭在改採聯立式的混合式選舉制度後，其1996年的選舉中，選民「分裂投票」的比例更高達37%（Schoen, 1999: 474）。而1996年日本首度採行並立式的混合式選舉制度時，選民「分裂投票」的比例有23%；到了2000年選舉時，「分裂投票」的比例更高達45%（Thies, 2002: 151）[19]。特別是在政黨名單選票部分支持小黨的選民，由於許多人在單一選區中會策略性的將選票投給較可能獲勝的大黨候選人，他們的「分裂投票」傾向尤其顯著（Mackie & Rose, 1991: 159）。

台灣自2008年1月12日所舉行的第七屆立委選舉，開始使用一般稱為

19　同註3。有關1996年日本眾議院選舉選民一致與分裂投票進一步的探討，可參見黃紀、王鼎銘、郭明峰（2008）。

「單一選區兩票制」的並立式混合制。新選制的實施，對於國內未來的政黨體系、政府組成、國會運作、席位分配與選區重劃、地方政治生態，乃至於候選人的競選策略與選區經營、政黨的提名方式與組織動員、選民的投票行為等不同的層面上，造成深遠的影響（王業立，2004e、2005b、2007a；吳重禮，2008b；黃紀、游清鑫，2008）。這一方面的議題，的確值得學術界持續的觀察並進行更廣泛而深入的研究。在本書的第五章及第六章中，也將會對相關議題有更多的探討。

第六節　連記投票制的政治影響

　　目前在主要民主國家的正式選舉中已極為罕見的複數選區全額連記投票與限制連記投票，過去曾經在許多國家中使用過（詳見第二章第二節的討論）。然而在台灣，全額連記投票或限制連記投票對國人而言卻並不陌生[20]。例如1987年的增額監察委員，即是由省、市議員間接選舉，採三分之一限制連記投票產生。

　　另外根據我國《人民團體選舉罷免辦法》第4條的規定，人民團體選舉時，如應選名額為二名或二名以上時，以採用無記名全額連記投票為原則；但如改用無記名限制連記投票，須經出席會議人數三分之一以上之同意，其限制連記額數於圈選時不得超過應選出名額之二分之一。因此在我國，各種人民團體的選舉，凡是應選名額為二名或二名以上者，都要使用連記投票。

　　如第二章第二節所示，中國國民黨在第十三次全國代表大會以前，其中央委員的選舉照慣例均採行全額連記投票，到了十四全以後，則改採二分之一限制連記投票[21]。另外對於地方政治生態影響甚深的農、漁會理、監事選舉，過去亦是使用全額或是限制連記投票。2001年1月29日，民進

---

20 事實上，我國各級民意代表選舉所使用的單記非讓渡投票制，亦可視為限制連記投票的一種特殊形式。參見第二章第二節的討論。
21 在2017年《政黨法》通過以前，政黨亦屬於《人民團體法》所規範。

黨執政後，行政院核定農委會所提《農會選舉罷免辦法》修正條文，規定
今後農會會員代表選舉理、監事時，不再使用全額連記投票，而僅能使用
二分之一限制連記投票，並自2001年2月的農會改選開始實施[22]。而2008
年國民黨重新執政後，於2009年1月5日農會改選前，又將農會會員代表
選舉理、監事的方式，改回全額連記投票。既然全額連記投票或限制連記
投票在我國仍然是普遍使用的投票方式，並且不同連記投票之間的選擇，
似乎可能會造成不同的政治後果，因此在本節中，將特別針對此類投票方
式的政治影響進行探討。

　　在一般人民團體的選舉中，與正式選舉相比較，由於成員數目相對較
少，操控相對更加容易，因此全額連記投票出現最大的問題便是，任何一
方只要能夠掌握過半數的選票，理論上便可「勝者全拿」而取得全部的當
選議席，因此極容易造成當權派或較占優勢的一方壟斷全局的局面，讓少
數派完全沒有存在的空間，而形成極為嚴重的比例性偏差問題。而限制連
記投票基本上即是針對全額連投票上述的缺失所做的改良設計，其目的即
在於保障少數，使少數派在相當程度上也有生存的空間[23]，但效果如何，
仍須視限制連記比例的高低而定。

　　理論上，若限制連記比例為1/N，全體選民或投票者數目為V，則多
數派只要爭取到$V(N/N + 1) + 1$張選票，即可掌控全局，包辦所有的應選
名額。因此在全額連記投票下（N = 1），任何一方只要有辦法掌握到全
體的二分之一加一張選票，即可取得所有的應選席次；若採二分之一限制
連記，則多數派須掌握三分之二加一席，並在配票（vote equalization）
平均下，方可掌握全局；若採三分之一限制連記，則多數派須掌握四分之
三加一席，並在配票平均下，方可掌握全局，而將少數派完全封殺。換言
之，限制連記的比例越低，越不利於多數派掌控全局；少數派越有可能獲

22　參見《聯合報》，2001年1月30日，版4。
23　另一種方式就是採用「累積投票制」（cumulative vote），可參閱本書第二章第二節的介
　　紹。但是根據我國《人民團體選舉罷免辦法》第19條的規定，在同一選票上，對同一被選舉
　　人書寫二次以上者，以一票計算，因此在我國各種人民團體的選舉中，並不能使用累積投票
　　法。

得席次。而在全額連記投票下，任何一方只要能掌握全體的二分之一加一張選票，即可取得所有的應選席次，對多數派而言是最有利的，但也是比例性偏差問題最嚴重的情況（王業立，1993、1997a、2004b；江欣彥、莊姿鈴與王業立，2006）。反之，從另外一個角度而言，在限制連記投票下，少數派只要掌握V(1/N + 1) + 1張以上的選票（亦即族普基數），在配票平均下，即可有機會獲得1/N + 1的席位；而在單記法下，則只要掌握V(1/N + 1) + 1張選票，便篤定當選一席（王業立，1993）。2001年1月29日，民進黨執政後，行政院之所以會修改《農會選舉罷免辦法》第18條，規定今後農會會員代表選舉理、監事時，不再使用全額連記投票，而僅能使用二分之一限制連記投票，便是希望「摒除過去整個派系控制理事會的弊端」（王業立，2003）[24]。

　　如前文所述，限制連記投票基本上是一種保障少數的設計。理論上，限制連記比例越低，少數越有獲得席位之機會（單記法為保障少數最徹底之方式）；但相對而言，也使選舉易陷入小團體運作並加深派系或次級團體之間的對壘色彩。另一方面，限制連記比例太低甚至採用單記法，也將使賄選更易於產生。過去省、市議會選舉監察委員時，即曾因單記投票與限制連記投票之間的取捨，而引起極大的爭議。但是另外一方面，如果限制連記比例過高，則小團體的獨立運作空間將相對縮緊，不同次級團體之間換票的重要性增加，多數派欲掌控全局所需的人數下降；少數派欲當選所需掌握的票數也相對增加，自然對少數派較為不利（王業立，1993、2004b；江欣彥、莊姿鈴、王業立，2006）。

　　在連記投票制下，可能影響選舉結果的另外一個重要因素則為配票作業。以過去國民黨舉行的十三全會為例，當時採取全額連記投票選舉180位中央委員，但實際平均每位出席的黨代表只圈選了120.5人，多數人並未圈滿180人（王業立，1993）。則在此情況下，任何內聚力強、有組織的一方，如能精確配票，將跑票情況減到最低，並把選票平均分散，而避

---

24 參見《聯合報》，2001年1月30日，版4。

免選票過度集中於少數「明星」身上，則往往可以將力量發揮到極致，甚至拿下超出本身實力所應擁有的席次，而出現「超額當選」的情形。在國民黨十三全的中央委員選舉中，由黨主席所提名的候選人的當選比率遠較自行連署成為候選人的當選比率為高，可見黨中央的規劃配票能力（亦即利用所謂的「參考名單」進行配票）在十三全會中足以左右選情。以有組織的運作進行精確的配票，自然使得黨中央在十三全會中可輕易地掌握全局（王業立，1993）。

　　但到了國民黨十四全會時，因有部分出席的黨代表批評全額連記投票易造成當權派壟斷全局的局面，為了黨內的和諧與團結，所以中央委員的選舉改採二分之一限制連記投票（當時所謂的「非主流」派原本主張採取三分之一、甚至十分之一限制連記投票，但表決未能通過）。在限制連記投票下，如果當時非主流派亦能發揮精確的配票功能，則整個情勢與十三全會時就可能會大不相同了。在限制連記投票下，主流與非主流或其他任何次級團體，如果錯估本身的實力，配票過於寬鬆或跑票太多，將會嚴重影響到中央委員的當選率。更何況執政黨內各派系或次級團體間成員重疊性很高，任何一方在估算選票及動員時自然不敢也不應太過於樂觀。而不同次級團體間換票的誠信度也將會對選舉結果產生關鍵性的影響。而配票、換票能力之高低也將會直接影響到各方人士對於限制連記比例高低之期望（王業立，1993）。在此限制連記比例下，如果各派系能做精確的配票與換票，理論上都能在中央委員的當選席次上，反映出其應有的實力。但如果任何一方發生錯估本身實力、配票失誤或換票失敗的情況，則將使其他派系坐收其利。此種情形不僅出現在國民黨內選舉中央委員及中常委時，即使在過去民進黨內部的各項黨幹部選舉，以及一般人民團體選舉理、監事時，也到處可見各種「參考名單」、「配票名單」滿天飛舞的狀況，而這些選舉使用全額連記投票或限制連記投票，當為造成這種情形出現最主要的原因。

　　在改用限制連記投票的情況下，國民黨的十四全中央委員選舉，由黨中央提名者的當選率為72.4%；而自行連署參選者的當選率為36.5%。到

了十五全的中央委員選舉時，由黨中央提名者的當選率為71.7%；而自行
連署參選者的當選率則提升為42.5%（王業立，1997a）。但在十五全的
中央委員得票排名順序上，地方系統排名超前，黨中央原先的規劃名單大
亂。而從十五全中央委員整體得票排名順序也顯示，黨中央主控全局的能
力已漸趨式微，各種自主性的換票聯盟彼此之間的配票與換票，才是國民
黨十五全的中央委員選舉中，決定上榜與落榜關鍵性的因素。

第四章　相對多數決制的政治影響：我國縣市長選舉的觀察

第一節　前言

　　我國各級行政首長的選舉，目前都是使用相對多數決制。除了只舉行過一次的省長選舉，以及舉行過七次的總統選舉外，四年定期舉行的縣市長選舉，應是檢驗實施相對多數決制在台灣可產生何種政治影響的最佳案例。在本章中，即要以我國的縣市長選舉為研究對象，與第三章第一節中所探討的相對多數決制的政治影響相互做一檢證。

　　至2018年為止，我國共舉行過18屆的縣市長選舉。除了1950年至1951年所舉辦的第一屆縣市長選舉，曾使用過一次兩輪決選制外，其餘的17屆縣市長選舉，皆是使用相對多數決制。根據現行的《公職人員選舉罷免法》第67條及第70條的規定，縣市長選舉的當選人，為眾多候選人中得票較多者，不一定要超過有效票數之半數；如係同額競選，則當選人所得之票數，應超過該選舉區選舉人總數的20%。在此種相對多數決的選舉制度下，根據第三章第一節的探討，易導致兩大黨的對抗，而第三黨幾無生存的空間，以最近一次（2018年）的選舉結果來看，似乎也驗證了此種說法。在2018年的16個縣市長的選舉中（包括金門縣與連江縣），國民黨贏得了12個縣市，民進黨拿下四席。至於在政黨得票率方面，國民黨共獲得48.80%的選票，民進黨得到38.07%的選票，而其他政黨及無黨籍則得到13.13%的選票[1]。在大多數的縣市都是兩大黨（或者廣泛一點說，兩位主要的候選人）對決的局面（儘管參選者不一定只有兩位），而

---

[1] 以上各項統計數據，均可參見中央選舉委員會的選舉資料庫網站。

選舉的結果，也是由兩大黨包辦了所有的席次，兩大黨的得票率合計接近九成。

　　然而除了從兩大黨所取得的席次觀察外，「兩黨對決」的涵意似乎還應包括兩黨候選人在得票率前兩名的比重上所占的優勢地位，以及兩位主要候選人之間的競爭激烈程度。例如，如果第一高票當選者與第二高票候選人得票率的總和，僅占總得票率的60%，則是否可算是「兩黨對決」？又如果儘管候選人只有兩人，但第一高票的當選者囊括了70%的選票，被稱為「兩黨對決」是否合適？而上述這些現象究竟該如何區分？有無區分的標準？又如果2018年的縣市長選舉可被視為兩大黨之間的對抗，那麼在同樣的選舉制度下，過去幾次的縣市長選舉（特別是在反對勢力興起後），是否也存在著兩個主要候選人之間對決的現象？儘管影響「主要競爭者」數目多寡的因素可能不只一個，但本章希望從選舉制度的角度切入探討，以解釋並檢驗選舉制度與政黨競爭之間的關聯性。

　　其次，我國在單一選區下進行的縣市長選舉所採行的相對多數決制，顯然與各級民意代表選舉所採行的複數選區單記非讓渡投票制有很大的不同（立委選舉制度自2008年第七屆起已改為「單一選區兩票制」）[2]。而在不同的選舉制度下，政黨及候選人的競爭策略與文宣訴求可能也會有很大的差異（牛銘實、王業立，1990；王業立，1994、1995a）。在本章中也試圖從選舉制度與競爭策略的關聯性來對此問題提出探討。

第二節　選舉制度、政黨競爭、與競選策略

　　由第三章第一節的探討中可得知，根據「杜弗傑法則」（Duverger's law），相對多數決制與兩黨競爭之間有著密切的關聯性（Duverger, 1986: 70）。由於選舉規則的「機械性因素」（mechanical factor）與「心

---

[2]　關於複數選區單記非讓渡投票制的探討，請參見本書的第五章與第六章。

理性因素」（psychological factor）的影響，除非是具有地區性的強大基礎或全國性的有力組織，否則第三黨在相對多數決制下不易立足（Duverger, 1966: 226-227）。

　　而在相對多數決制下，依據「中位數選民理論」（或稱為「中間選民理論」）（the median voter theorem），兩個主要的候選人或政黨如欲獲勝，則他們的政見絕不能太激進或太保守。因為在只選出一席的情況下，如要獲勝就必須要吸引多數而非少數特殊選民的認同與支持。換言之，在單一選區兩黨競爭的狀況下，候選人競選的最佳策略便是儘量向中心逼近（centripetal），以期吸引多數選民的支持與認同（Black, 1948; Downs, 1957: 115-117; Enelow & Hinich, 1984: 8-13; Ordeshook, 1986: 160-175；王業立，2004a）。因此在相對多數決制下，兩大黨的候選人為了要爭取多數選民的支持，在政見訴求上自然不會標榜太強烈的意識型態色彩或太激進的言論，而是以多數選民較關切的事務及公共政策、福利政策等作為選舉時的主要訴求（Downs, 1957: 135-141；王業立，1994：17）。

　　所謂的「兩黨制」，如果依照雷伊的定義，係指沒有一個政黨的得票率超過70%，且最大兩個政黨的得票率的總和超過90%（Rae, 1971: 52；謝復生，1992: 17）。這是一個非常簡單，且廣為人所採行的定義。但除了兩黨制外，我們該如何計算各國形形色色的政黨制度中的有效政黨數目？假設有二個大黨與三個小黨，則究竟該稱作兩黨制或是五黨制？例如2001年台南市的市長選舉共有六人參選，他們的得票率分別是43.23%、37.4%、14.36%、2.9%、1.86%以及0.25%，則此種狀況應稱作兩雄相爭、三足鼎立或是六強爭霸？我們似乎不應光憑直覺式的判斷，因此較嚴謹的學術性定義應是有其必要性的。

　　依照拉克索與塔格培拉（Markku Laakso & Rein Taagepera）的定義，「有效政黨」（effective number of parties）的一般化公式可表示如下（Laakso & Taagepera, 1979: 3-27）[3]：

3　關於此公式的探討，可參閱塔格培拉與蘇加（Taagepera & Shugart, 1989: 77-81, 259-260）以及李帕特（Lijphart, 1984: 116-123）等的著作。

$$N = 1/\Sigma P^2_i$$

此處N為有效政黨數；P_i則為各別政黨（候選人）的得票率。以上述2001年台南市長選舉各個候選人的得票率為例計算，則$N = 2.87$，亦即是較接近三個主要的政黨（競爭者）競爭的局面。因此儘管候選人有六位，但基本上我們可將其視為三者競爭的格局。

在縣市長選舉單一選區制下的競選策略，和我國各級民代選舉（包括第六屆以前的立委選舉）所使用的複數選區制下的競選策略本質上有很大的不同。在複數選區的民意代表選舉中，同一個政黨也要推出若干個候選人角逐，在此情形下，由於同黨候選人彼此之間的票源類似，因此黨內的競爭（intraparty competition）往往比黨際的競爭（interparty competition）來得激烈（Cox & Rosenbluth, 1993: 579）。除此之外，在複數選區中，候選人所要努力爭取的，並非多數選民的認同，而是少數特定足以使其當選的選民的衷心支持。事實上在複數選區中，由於參選者眾多，候選人不必也不須奢望能獲得多數選民的選票，因此鮮明的旗幟是必要的手段，而強調意識型態的差異也就成為政見訴求的主要取向。即使是同黨的候選人，為避免彼此之間同質性太高而造成票源重疊，也會儘量想辦法打出鮮明獨特的旗幟（如統獨訴求、派系標籤、地域宗親或弱勢團體），以爭取特定類群團體的選票（王業立，1991a：143-145），此時候選人不會都向中心點靠近，而會在意識型態光譜上分散開來（centrifugal）（Cox, 1990），以做好選票區隔，並鞏固特定少數選民的認同與支持。以1995年的第三屆立委選舉為例，台北縣應選的17席中，獲得最低票當選者僅獲得3.08%的選票。主張急統或急獨的候選人都因有其固定的市場，還可能高票、甚至擠入前幾名當選。此時若候選人刻意將角色定位、文宣訴求模糊化，反而不易獲得選民的青睞。因此在此種複數選區下的競選策略，和單一選區下的競選策略，是完全不同的。1989年的台中市長選舉，候選人只有二位，民進黨籍候選人許榮淑一改過去競選民意代表時的「鐵娘子」形象，轉而以「熊媽媽」的溫馨形象「向台中市民問好」，但是到了

1991年在台中市競選二屆國大時，她又搖身一變再度以「鐵娘子」形象出擊，此種戲劇化的轉變，實與選舉制度有密切的關係。

　　而在縣市長的單一選區相對多數決制下，為了使本黨的候選人能順利當選，兩大黨除了在極少數的特定情形下，自然會儘量避免同黨候選人多於一的情況出現。因此，如何在參選爆炸的情況下擺平黨內各方勢力，使力量集中一致對外，便成為各政黨在提名前後的重要課題了（謝復生，1993）。而在解嚴後台灣民主化的過程中，由於各政黨提名制度的公平性與權威性尚未完全建立，勸退工作、退黨競選與黨紀處分便成為選舉前的常見現象。然而除了各政黨會積極勸退黨內其他的參選者外，事實上，參選者及其背後的抬轎者也會理性評估其是否具有強而有力的參選條件，以及合理的選舉勝算以作為進退之依據。換言之，除了兩大黨提名的候選人外，其他的參選者在決定競選到底時，所須理性考慮的因素，說穿了，便是在單一選區相對多數決制下，能否具有其他更有利的條件，以克服杜弗傑所提出的「機械性因素」與「心理性因素」。因此除非有特殊理由、另有所圖、或是錯估情勢，否則在單一選區下，儘管在開始競選時可能有眾多人欲投入選戰，但往往到最後實際決定參選到底的候選人的數目應不致太多。而對於兩大黨外的其他政黨的候選人而言，在單一選區的有限空間下本就不易存活，因此除非具有地域性的特殊理由，否則除了強調不應缺席的「義務」外，一般而言，能異軍突起的機會理論上相當有限（王業立，1994：17-19）。

第三節　第九屆至第十八屆縣市長選舉結果的分析

　　在單一選區相對多數決制下所舉行的台灣縣市長選舉，是否也具有兩黨對決的傾向？在本節中將以過去10屆（第九屆至第十八屆）縣市長選舉的投票結果進行探討[4]。但必須事先強調的是，雖然民主進步黨已於1986

4　1981年因高雄市升格為直轄市，故第九屆縣市長選舉席次只有19席；1985年因新竹市、嘉義

年9月成立，然而直到蔣經國總統於1987年7月宣布解除台灣地區戒嚴的規定後，黨禁才算正式解除。因此，當時的在野人士正式以「民進黨」的名稱投入縣市長選舉應始自1989年的第十一屆縣市長選舉，而1989年以前的第九屆（1981年）及第十屆（1985年）縣市長選舉，在野人士是以「黨外後援會」等名稱；或是以「無黨籍人士」的身分參選。為了避免黨籍認定上的困擾，在本節中將歷屆選舉時的「兩黨對決」解釋為更具有彈性的「兩個主要候選人之間的競爭」，並使用雷伊對於兩黨制的定義，來檢驗過去10屆的縣市長選舉中，領先兩位候選人得票率的總和超過90%；且當選者得票率低於70%的情形是否普遍？並且為了探討歷屆縣市長選舉中，各候選人得票的分化（fractionalization）程度，在本節中也將使用拉克索與塔格培拉的「有效政黨數」（N）公式，來分析各選區參與選舉的候選人中，實際具有影響力的「有效候選人數」為何？來觀察在單一選區相對多數決制下的縣市長選舉，是否具有「一對一競爭」的傾向。

　　有人可能會質疑在第三章第一節中所探討的，乃是西方學者對於選舉制度與兩黨制之間關聯性的理論，在本節中卻將「兩黨對決」彈性解釋為「兩位主要候選人之間的競爭」，此種方法是否適宜？但筆者以為，儘管台灣政黨政治的健全發展時間尚短，但我們的縣市長選舉除了第一屆外，一直使用相對多數決制。尤其是最近10屆的縣市長選舉，國民黨所提名的候選人與民進黨（包括其前身「黨外」）所推薦的候選人在多數選區都至少會被視為主要的競爭者之一。當然筆者必須承認，1981年與1985年的選舉，由於缺乏真正的政黨標籤，幾位「主要候選人之間的競爭」到底不完全等同於「政黨競爭」。但不論政黨形式是否已完全具備，筆者以為，杜弗傑所提的相對多數決制下所產生的「機械性因素」與「心理性因素」如果成立的話，應不僅僅只是對政黨而言，對候選人之間的競爭，也應發

市升格為省轄市，從此之後的縣市長選舉在台灣省共有21席。2009年因台北縣升格為直轄市（改名為新北市），台中縣、市及台南縣、市合併升格，高雄縣亦和高雄市合併，因此第十六屆縣市長選舉席次在台灣省只有15席。2014年因桃園縣升格為直轄市，因此第十八屆縣市長選舉席次在台灣省只有14席（以下之討論均不計入金門縣和連江縣）。

生效應，換言之，此種效應在使用單一選區相對多數決制的我國縣市長選舉中至少在理論上也應會出現才對。

另外有人也可能質疑，「杜弗傑法則」等所探討的對象，主要是國會議員選舉；如果用來探討縣市長選舉，是否合適？但是筆者以為，上述理論主要是探討選舉制度與政黨（候選人）競爭之間的關聯性，與被選舉人所要擔任的職務應無直接的關係。我們很難相信，如果國會議員選舉採取單一選區相對多數制有利於兩黨競爭的話，縣市長選舉（當然必為單一選區）採用相對多數決卻會導致不同的發展。1981年到2018年10次縣市長選舉的結果，如表4-1到表4-10所示。

由表4-1及表4-2的統計資料可得知，解嚴前的兩次縣市長選舉，雖然黨外勢力已漸漸興起，但是仍然有近半數的縣市不符合雷伊「兩黨競爭」的定義。在1981年19個縣市的選舉中，只有10個縣市其排名前兩位的候選人得票率之和超過90%且無人得票率超過70%；而在九個不符合「兩黨競爭」要件的縣市中，有六個是屬於當選人得票率超過70%以上的「一黨獨大」情形。而在1985年的選舉中，在全省21個縣市中有10個縣市不符合雷伊「兩黨競爭」的定義，其中有七個縣市是屬於「一黨獨大」型態（其中彰化縣係屬於無黨籍「一黨獨大」）。但在解嚴前的兩次縣市長選舉，已有半數以上的縣市呈現兩個主要候選人之間一對一的競爭，而不符合一對一要件的，又多屬一黨獨大的情況，這與當時的威權體制與黨禁尚未解除，當有密切的關聯。

由表4-3至表4-10的統計資料可得知，在民進黨正式成立及解嚴後的八次選舉中，所呈現與以前選舉最大的不同是，各選區一黨獨大的情形幾乎消失（僅僅是1989年澎湖縣是同額競選），而至少仍有一半以上的縣市是出現二個候選人之間一對一的競爭，甚或是更多候選人競逐的局面。參選競爭激烈程度的鮮明對比，應是解嚴、開放黨禁前後最大的差異。

儘管候選人的數目，除了少數特例外，普遍介於二人到五人之間，但兩黨對決的傾向卻十分濃厚。當然，我們必須強調的是，在各選區中若呈現兩黨對決的狀況並不見得一定就是國民黨對民進黨（例如1989年的

南投縣與1993年的嘉義市，皆因民進黨的「禮讓」，而出現國民黨與無黨籍的「兩黨對決」；2001年的台北縣，則是國民黨與新黨共推王建煊參選，而形成新黨與民進黨的「兩黨對決」），但在多數的選區中所謂的兩黨對決，即是意味著國民黨與民進黨之間的競爭（近年來更是形成所謂的「藍綠對決」）。

表4-1　1981年第九屆縣市長選舉結果

地區	參選人數	兩大候選人得票率	當選人得票率	有效候選人數（N）
台北縣	4	.92	.70	1.86
宜蘭縣	3	.98	.52	2.06
基隆市	3	.93	.59	2.15
桃園縣	3	.98	.60	1.98
花蓮縣	1	1.00	1.00	1.00
新竹縣	4	.89	.56	2.33
苗栗縣	5	.78	.42	3.08
南投縣	2	1.00	.61	1.91
雲林縣	2	1.00	.57	1.96
嘉義縣	3	.94	.70	1.81
台中市	4	.82	.56	2.46
台中縣	3	.98	.47	2.06
彰化縣	2	1.00	.54	1.99
屏東縣	5	.93	.49	2.27
高雄縣	3	.99	.50	2.04
台南市	4	.91	.77	1.62
台南縣	2	1.00	.54	1.99
台東縣	2	1.00	.75	1.59
澎湖縣	1	1.00	1.00	1.00

資料來源：中央選舉委員會，〈民國七十年縣市長選舉概況〉，統計數據由作者自行整理。

表 4-2　1985年第十屆縣市長選舉結果

地 區	參選人數	兩大候選人得票率	當選人得票率	有效候選人數（N）
台北縣	4	.92	.60	2.13
宜蘭縣	2	1.00	.70	1.72
基隆市	4	.88	.53	2.42
桃園縣	1	1.00	1.00	1.00
花蓮縣	5	.90	.48	2.42
新竹市	2	1.00	.52	2.00
新竹縣	2	1.00	.57	1.97
苗栗縣	2	1.00	.67	1.79
南投縣	1	1.00	1.00	1.00
雲林縣	1	1.00	1.00	1.00
嘉義市	2	1.00	.61	1.90
嘉義縣	2	1.00	.52	2.00
台中市	5	.86	.55	2.44
台中縣	3	.87	.70	1.86
彰化縣	2	1.00	.89	1.25
屏東縣	2	1.00	.58	1.95
高雄縣	3	.99	.52	2.05
台南市	3	.91	.48	2.36
台南縣	4	.70	.37	3.09
台東縣	2	1.00	.70	1.72
澎湖縣	2	1.00	.56	1.97

資料來源：中央選舉委員會，〈民國七十四年縣市長選舉概況〉，統計數據由作者自行整理。

表 4-3　1989年第十一屆縣市長選舉結果

地區	參選人數	兩大候選人得票率	當選人得票率	有效候選人數（N）
台北縣	6	.97	.49	2.12
宜蘭縣	3	.98	.54	2.04

表 4-3　1989年第十一屆縣市長選舉結果（續）

地區	參選人數	兩大候選人得票率	當選人得票率	有效候選人數（N）
基隆市	3	.98	.56	2.02
桃園縣	4	.95	.53	2.18
花蓮縣	2	1.00	.63	1.87
新竹市	4	.88	.57	2.32
新竹縣	2	1.00	.51	2.00
苗栗縣	3	.94	.59	2.10
南投縣	3	.99	.50	2.03
雲林縣	4	.90	.63	2.12
嘉義市	7	.88	.51	2.44
嘉義縣	3	.78	.41	2.83
台中市	2	1.00	.61	1.90
台中縣	2	1.00	.60	1.93
彰化縣	3	.97	.49	2.13
屏東縣	2	1.00	.54	1.99
高雄縣	3	.96	.56	2.10
台南市	4	.84	.57	2.43
台南縣	3	.97	.49	2.14
台東縣	5	.86	.61	2.23
澎湖縣	1	1.00	1.00	1.00

資料來源：中央選舉委員會，〈民國七十八年縣市長選舉概況〉，統計數據由作者自行整
理。

表 4-4　1993年第十二屆縣市長選舉結果

地區	參選人數	兩大候選人得票率	當選人得票率	有效候選人數（N）
台北縣	5	.82	.46	2.69
宜蘭縣	3	.98	.57	2.02
基隆市	2	1.00	.55	1.98

表 4-4　1993年第十二屆縣市長選舉結果（續）

地區	參選人數	兩大候選人得票率	當選人得票率	有效候選人數（N）
桃園縣	4	.76	.39	2.99
花蓮縣	3	.91	.60	2.15
新竹市	4	.82	.55	2.55
新竹縣	3	.93	.50	2.26
苗栗縣	6	.72	.38	3.09
南投縣	3	.79	.50	2.66
雲林縣	3	.97	.50	2.14
嘉義市	3	1.00	.56	1.98
嘉義縣	5	.69	.37	3.07
台中市	2	1.00	.58	1.95
台中縣	2	1.00	.59	1.94
彰化縣	4	.94	.53	2.23
屏東縣	4	.99	.51	2.04
高雄縣	4	.98	.51	2.06
台南市	5	.76	.46	2.98
台南縣	3	.97	.54	2.10
台東縣	3	.99	.69	1.77
澎湖縣	2	1.00	.58	1.96

資料來源：台灣省選舉委員會，〈八十二年公職人員選舉台灣省選務實錄〉，統計數據由作者自行整理。

表 4-5　1997年第十三屆縣市長選舉結果

地區	參選人數	兩大候選人得票率	當選人得票率	有效候選人數（N）
台北縣	6	.79	.41	2.97
宜蘭縣	2	1.00	.54	1.99
基隆市	3	.81	.43	2.75
桃園縣	3	.99	.56	2.00

表 4-5　1997年第十三屆縣市長選舉結果（續）

地區	參選人數	兩大候選人得票率	當選人得票率	有效候選人數（N）
花蓮縣	2	1.00	.57	1.96
新竹市	3	.99	.56	2.01
新竹縣	4	.69	.36	3.01
苗栗縣	4	.90	.55	2.32
南投縣	5	.62	.32	3.44
雲林縣	4	.69	.35	3.10
嘉義市	4	.93	.50	2.29
嘉義縣	2	1.00	.53	1.99
台中市	4	.91	.50	2.37
台中縣	6	.67	.38	3.45
彰化縣	3	.98	.50	2.07
屏東縣	3	.97	.55	2.08
高雄縣	4	.96	.52	2.14
台南市	7	.57	.36	4.10
台南縣	2	1.00	.66	1.82
台東縣	3	.94	.48	2.23
澎湖縣	2	1.00	.58	1.96

資料來源：中央選舉委員會，〈民國八十六年縣市長選舉概況〉，統計數據由作者自行整理。

表 4-6　2001年第十四屆縣市長選舉結果

地區	參選人數	兩大候選人得票率	當選人得票率	有效候選人數（N）
台北縣	4	1.00	.51	2.02
宜蘭縣	4	.98	.51	2.08
基隆市	2	1.00	.58	1.95
桃園縣	3	.99	.55	2.00
花蓮縣	5	.71	.39	3.04

表 4-6　2001年第十四屆縣市長選舉結果（續）

地區	參選人數	兩大候選人得票率	當選人得票率	有效候選人數（N）
新竹市	4	.99	.56	2.01
新竹縣	2	1.00	.54	2.00
苗栗縣	4	.76	.52	2.63
南投縣	7	.61	.37	3.90
雲林縣	2	1.00	.62	1.90
嘉義市	5	.80	.45	2.93
嘉義縣	5	.91	.47	2.37
台中市	3	.90	.49	2.40
台中縣	3	.91	.50	2.37
彰化縣	5	.91	.49	2.37
屏東縣	3	.96	.55	2.11
高雄縣	3	.84	.55	2.43
台南市	6	.81	.43	2.87
台南縣	3	.96	.52	2.20
台東縣	4	.81	.44	2.76
澎湖縣	3	.92	.55	2.25

資料來源：中央選舉委員會，〈民國九十年縣市長選舉概況〉，統計數據由作者自行整理。

表 4-7　2005年第十五屆縣市長選舉結果

地區	參選人數	兩大候選人得票率	當選人得票率	有效候選人數（N）
台北縣	6	.99	.55	2.01
宜蘭縣	3	.99	.51	2.03
基隆市	4	.73	.41	2.98
桃園縣	3	.99	.61	1.93
花蓮縣	4	.67	.43	3.35
新竹市	2	1.00	.69	1.74

表 4-7　2005年第十五屆縣市長選舉結果（續）

地區	參選人數	兩大候選人得票率	當選人得票率	有效候選人數（N）
新竹縣	2	1.00	.67	1.79
苗栗縣	6	.78	.48	2.86
南投縣	4	.76	.45	2.88
雲林縣	3	.98	.53	2.07
嘉義市	2	1.00	.55	1.98
嘉義縣	2	1.00	.63	1.88
台中市	4	.97	.58	2.03
台中縣	3	.99	.59	1.97
彰化縣	3	.96	.55	2.11
屏東縣	4	.88	.46	2.51
高雄縣	2	1.00	.59	1.94
台南市	3	.87	.46	2.52
台南縣	4	.97	.50	2.10
台東縣	3	.97	.59	2.01
澎湖縣	3	.99	.51	2.04

資料來源：中央選舉委員會，http://210.69.23.140/vote3.asp?pass1=F2005A0000000000aaa。

表 4-8　2009年第十六屆縣市長選舉結果

地區	參選人數	兩大候選人得票率	當選人得票率	有效候選人數（N）
宜蘭縣	2	1.00	.54	1.99
基隆市	3	.97	.55	2.08
桃園縣	3	.98	.52	2.08
花蓮縣	3	.82	.56	2.41
新竹市	3	.97	.56	2.08
新竹縣	4	.69	.38	3.00
苗栗縣	3	.97	.64	1.92
南投縣	4	.91	.51	2.36

表 4-8　2009年第十六屆縣市長選舉結果（續）

地區	參選人數	兩大候選人得票率	當選人得票率	有效候選人數（N）
雲林縣	2	1.00	.65	1.83
嘉義市	3	.98	.52	2.08
嘉義縣	4	.97	.56	2.09
彰化縣	3	.99	.55	2.03
屏東縣	2	1.00	.59	1.93
台東縣	2	1.00	.53	1.99
澎湖縣	3	.97	.49	2.10

資料來源：中央選舉委員會，http://117.56.211.222/vote3.asp?pass1=F2009A0000000000aaa。

表 4-9　2014年第十七屆縣市長選舉結果

地區	參選人數	兩大候選人得票率	當選人得票率	有效候選人數（N）
宜蘭縣	2	1.00	.64	1.86
基隆市	6	.81	.53	2.60
花蓮縣	6	.84	.57	2.46
新竹市	5	.76	.38	3.00
新竹縣	4	.92	.47	2.35
苗栗縣	6	.75	.47	2.97
南投縣	2	1.00	.51	2.00
雲林縣	2	1.00	.57	1.96
嘉義市	6	.97	.51	2.12
嘉義縣	3	.97	.63	1.94
彰化縣	4	.93	.54	2.23
屏東縣	2	1.00	.63	1.88
台東縣	2	1.00	.54	1.98
澎湖縣	2	1.00	.55	1.98

資料來源：中央選舉委員會，http://db.cec.gov.tw/histQuery.jsp?voteCode=20141101C1C1&qr
yType=ctks。

表 4-10　2018年第十八屆縣市長選舉結果

地區	參選人數	兩大候選人得票率	當選人得票率	有效候選人數（N）
宜蘭縣	5	.88	.49	2.48
基隆市	2	1.00	.54	1.99
花蓮縣	3	.97	.72	1.73
新竹市	6	.77	.50	2.74
新竹縣	4	.70	.38	3.06
苗栗縣	4	.95	.58	2.12
南投縣	2	1.00	.67	1.80
雲林縣	4	.96	.54	2.15
嘉義市	4	.81	.41	2.79
嘉義縣	4	.80	.51	2.64
彰化縣	5	.93	.53	2.25
屏東縣	3	.98	.56	2.04
台東縣	5	.96	.59	2.06
澎湖縣	7	.71	.39	3.56

資料來源：中央選舉委員會，https://db.cec.gov.tw/histQuery.jsp?voteCode=20181101C1C1&qryType=ctks。

　　如果我們再以第九屆至第十八屆縣市長選舉有效候選人數（N）進行分析，則可發現無論參選人數為若干，各選區中有效候選人數最多為四名。如表4-11所示[5]，有效候選人數為1即表示是同額競選；有效候選人數為1.5（介於1.25與1.75間），即代表雖非同額競選，但雙方實力懸殊，此兩種情況在解嚴後的最近八次縣市長選舉（第十一屆以後）中已經相當罕見（僅在2005年的新竹市，以及2018年的花蓮縣，出現單一候選人實力堅強的局面）。而有效候選人數為2（介於1.75與2.25間）則代表選區中呈現兩個主要候選人對決的局面，根據第三章第一節的探討，這應是單一選區相對多數決制下的常態，而我國近年來縣市長選舉的結果，似乎也印

5　表4-11係根據表4-1至表4-10最後一欄「有效候選人數」之數據統計而成。

表 4-11　第九屆至第十八屆縣市長選舉有效候選人數

有效人數和年別	1981年(第九屆)	1985年(第十屆)	1989年(第十一屆)	1993年(第十二屆)	1997年(第十三屆)	2001年(第十四屆)	2005年(第十五屆)	2009年(第十六屆)	2014年(第十七屆)	2018年(第十八屆)
1	2	3	1	0	0	0	0	0	0	0
1.5	2	2	0	0	0	0	1	0	0	1
2	11	11	16	13	11	10	14	12	9	7
2.5	3	4	3	4	4	6	2	2	3	3
3	1	1	1	4	3	4	3	1	2	2
3.5	0	0	0	0	2	0	1	0	0	1
4	0	0	0	0	1	1	0	0	0	0

證了此種趨勢。至於有效候選人數為2.5（介於2.25與2.75間），則代表著選區內的候選人實力呈現二大一小的情況。

　　而有效候選人數為3以上（2.75以上）則代表著三分天下或更多人角逐的局面。例如1997年第十三屆的縣市長選舉，在台北縣、新竹縣、台中縣及雲林縣，國民黨皆因地方派系及政黨內部整合等地域性因素，而出現違紀參選的狀況，結果除了雲林縣外，都讓民進黨坐收漁利。而在南投縣，則出現民進黨自家人內鬨的狀況，結果脫黨參選的彭百顯僅以2,000票險勝。較為特殊的則是在台南市，國民黨與民進黨各有兩組人馬出馬角逐，形成四方爭霸的局面。同樣的狀況也於2001年的第十四屆縣市長選舉在南投縣再度重現，「藍軍」與「綠軍」各有兩組人馬出馬角逐，而又一次形成四強爭霸的罕見局面。而在2005年的第十五屆縣市長選舉，基隆市、花蓮縣與苗栗縣是屬於藍軍（主要是國民黨與親民黨之間）整合失敗所造成三分天下的局面，而南投縣則又是再度重演民進黨兩組人馬僵持不下而讓國民黨漁翁得利的戲碼。而在2009年的第十六屆縣市長選舉中，南投縣及花蓮縣又因藍軍分裂，形成二大一小；新竹縣則因地方派系對峙，而和民進黨三分天下外，其餘12個縣市，幾乎都是呈現出標準的兩黨對決的狀態。在2014年的第十七屆縣市長選舉中，新竹市的民進黨籍前市長蔡仁堅以無黨籍身分參選，而苗栗縣的前立委康世儒也以無黨籍身分參選，皆造成此二縣市呈現出較少見的三強鼎立的局面。而在2018年的第十八屆縣市長選舉中，在新竹縣，除了傳統的國民黨和民進黨的候選人外，代表民國黨的徐欣瑩也實力堅強；而在宜蘭縣、新竹市、嘉義市和嘉義縣，則是各因國民黨與民進黨的內部分裂，而造成三強鼎立或二大一小的局面。

　　我國由於解嚴後才正式走向民主化，真正的政黨競爭至今不過三十餘年，早期政黨體系尚不穩定，而政黨內部提名制度的權威性也尚不足以阻擋參選爆炸以及地方派系實際政治利益的考量，因此部分的縣市出現有效候選人數較多的狀況，應是可以理解的。但是無論如何，除了少數特殊的案例外，大多數選區逐漸呈現兩個主要候選人對決的局面，應可在台灣歷年縣市長選舉中得到相當程度的印證。

第五章　單記非讓渡投票制的政治影響：我國民意代表選舉制度的探討

第一節　前言

　　如本書第三章中所介紹的，由於西方民主國家的選舉制度大多採行比例代表制（proportional representation systems; PR），或是單一選區多數決制（plurality or majority with single-member-district systems）（Lijphart, 1984: 150-154; Mackie & Rose, 1991: 503-511），因此西方政治學界傳統上對於選舉制度的研究，也幾乎集中於此兩類的選舉制度之上。我國各級民意代表選舉長久以來皆是在複數選區下採行單記非讓渡投票制（single non-transferable vote with multi-member-district system; SNTV-MMD），此種選舉制度過去僅有日本及台灣長期使用過[1]，因此這種選舉制度對於多數西方政治學者而言相當陌生，僅有少數幾位學者曾經針對日本過去的選舉制度做過較多的研究（例如：Lijphart, Pintor & Sone, 1986; Reed, 1990, 1996; Cox & Rosenbluth, 1993, 1994, 1996; Cox, 1991, 1994, 1996; Cox, Rosenbluth & Thies, 1999, 2000; Baker & Scheiner, 2004），而對台灣選舉制度的學術性研究則是更為稀少（例如：Cox & Niou, 1994; Cox, 1996; Wang, 1996）。直到1999年，才有探討日本、南韓及台灣使用單記

---

[1]　1881年的巴西憲法曾規定採行「大選區單記非讓渡投票制」，美國的一些地方議會（如Alabama）也採用「複數選區單記非讓渡投票制」（Grofman, 1999: 403-404；林繼文，1997：67），此外南韓亦曾於1973年至1988年間部分國會議席採行「二人選區單記非讓渡投票制」（Grofman et al., 1999: 8）。日本及南韓分別在1994年及1988年廢除此一選舉制度，改採單一選區相對多數決制與比例代表制的混合制，詳見第二章第四節的探討。目前阿富汗、萬那杜等少數國家的國會選舉，以及日本的參議院（區域選區部分）選舉，仍是使用此種選舉制度（https://aceproject.org/epic-en/CDTable?view=country&question=ES005）。

非讓渡投票制的專書出版（Grofman, Lee, Winckler & Woodall, 1999）。

在台灣民主化的歷程中，定期舉行的各項公職人員選舉無疑地扮演著重要的角色。而從1986年民主進步黨成立；1987年解嚴、開放黨禁；1991年中央民意代表全面改選以來，政黨之間的競爭日趨激烈，政黨輪替執政無論在中央或地方層級皆已成為常態。然而特別值得吾人關切的是，由於選舉制度設計上的差異，我國各級區域民意代表選舉長期以來所採用的複數選區單記非讓渡投票制對於政黨政治的影響，並不同於單一選區多數決制或是比例代表制。而此種選舉制度在台灣實施多年的經驗，也產生了許多不同於歐美各國選舉制度的重要特徵（例如複數選區下政黨的提名策略與配票作業）。這些特徵與差異，都是非常值得吾人做更進一步的研究。我國自2008年1月12日的第七屆立委選舉後，雖然在區域選區部分已改採單一選區多數決制，但原住民立委及其他各層級的地方民意代表選舉仍然維持複數選區單記非讓渡投票制，因此這種特殊的選舉制度在過去及未來所造成的政治影響，仍然具有重要的學術研究價值。

在本章中，首先要探討我國所採行的複數選區單記非讓渡投票制的來源，其次要討論此種選舉制度對於我國政黨政治的發展所造成多方面的影響，最後並介紹立委選制改革的歷程及內容與縣市議員選制改革的建議。至於在單記非讓渡投票制下，政黨的提名策略與配票作業等問題，則留待下一章再來繼續探討。

第二節　台灣選舉制度的演進

台灣各級區域民意代表選舉長久以來所採用的複數選區單記非讓渡投票制係源自於日本（王業立，1995a：149-150；陳明通與林繼文，1998：30-32），因此欲了解採行此種選舉制度的理由與演進過程，則首先必須探討日本使用複數選區單記非讓渡投票制的歷史背景。

所謂單記非讓渡投票制係指在複數選區中，不論應選名額為若干，每

位選民均只能投一票的選舉制度。之所以被稱為「非讓渡投票」，主要係指不管候選人得到多少選票，均不能將多餘的選票移轉或讓渡給其他的候選人，以有別於愛爾蘭、馬爾它及澳大利亞（上議院選舉）等國所實施的「單記可讓渡投票制」（single transferable vote; STV）（Mackie & Rose, 1991: 508）[2]。

　　日本自從1889年明治憲法公布以後國會即採兩院制，其中眾議院是由人民直接選舉產生。1889的選舉法將全國分為214個單一選區以及43個兩人選區（Mackie & Rose, 1991: 276）。在兩人選區中投票係採全額連記投票（block vote），亦即應選名額為二名，每位選民可投二票，以得票較多之二位當選[3]。1900年時，單記非讓渡投票制首度被採行，唯當時是以51個縣市作為選區劃分，係屬大選區制。從此以後（除了1946年的選舉採大選區限制連記投票）（田中宗孝，1993：16），日本的選舉便一直使用單記投票。1919年時，日本的選舉制度又改成295個單一選區、68個兩人選區、以及11個三人選區（Mackie & Rose, 1991: 276）。而從1925年以後，日本改採中選區制（medium-size election district system），絕大多數選區的應選名額皆為三人至五人（Curtis, 1992: 223；楊泰順，1991：32；田中宗孝，1993：16）[4]。自此以後，日本眾議院選舉即持續使用中選區單記非讓渡投票制直到1996年。

　　日本在1925年之所以採用中選區單記非讓渡投票制主要是因應選舉權的擴大（Grofman et al., 1999: 7）。從1925年開始，所有成年男性都擁有投票權，當時眾議院中兩個主要的保守派政黨為確保當面對勞工階級政黨候選人強大挑戰時，仍能在選區中占有優勢，而設計出此一選舉制度（Curtis, 1992: 223）。因此中選區單記非讓渡投票制的採行，在當時主要的考量，就是為了要維護眾議院中主要政黨的既得利益。

2　詳見本書第二章的介紹。
3　關於全額連記投票的介紹及其政治影響，請參見本書第二章第二節和第三章第六節的探討。
4　以1986年（昭和61年）修法後的選舉區數為例，除了一個單一選區、四個兩人選區、一個六人選區外，其餘124個選舉區都是三人至五人的中選區（田中宗孝，1993：35-36）。

　　台灣自1895年割讓予日本後，即受到日本的殖民統治。然而自1920年代以後，「台灣議會設置請願運動」以及「地方自治改革運動」等政治運動即在全島各地陸續展開，而「台灣文化協會」、「台灣民眾黨」、以及「台灣地方自治聯盟」等則為其中重要的主導團體（鄭牧心，1988：39-46）。到了1930年代，日本當局一方面為了加緊鎮壓民族主義者以及左傾的激進團體，另一方面為了因應時代趨勢，緩和台人爭民權、求自治的聲浪，終於做了有限的讓步（鄭牧心，1988：46）。

　　1935年（民國24年、昭和10年）4月，日本殖民政府修改台灣地方制度，公布新的「台灣州制」、「台灣市制」、「台灣街庄制」，開始實施所謂的「地方自治」。根據這些法令，台灣之州（廳）、市、街庄為法人團體，享有部分之自治權，並得設置作為意見機關之州（廳）會、市會、及街庄協議會，這些意見機關組成分子之半數由選舉產生（另外半數由官選）：其中市會議員及街庄協議會員之半數由具有選舉權之選民直接投票選出[5]；而州會議員之半數則採間接選舉，由市會議員及街庄協議會員選舉之（吳密察，1989：1-36）。在這種新制度之下，1935年11月22日，同時舉行了市會議員及街庄協議會員之選舉，此為台灣史上第一次的自治團體選舉。翌年11月20日，舉行州會議員之間接選舉（吳密察，1989：1；鄭牧心，1988：47）。而1935年在台灣首次舉行的市會議員及街庄協議會員選舉，便是採用大選區（各選區應選名額大多數皆在五名以上）單記非讓渡投票制[6]。

　　而在另外一方面，中華民國憲法於1947年正式實施後，依照憲法的相關規定，我國於1947年、1948年在全國各地區所選出的第一屆中央民意代表，也是採用單記非讓渡投票制。台灣光復後，除了間接選舉外（如

5　當時之選舉，並非採取全民普選，依相關法令規定，必須年滿25歲以上，營獨立生計之男子，在當地居住六個月以上，並且在當地繳納稅金年額5圓以上者，始擁有選舉權與被選舉權。參見〈台灣市制〉第10條和第11條，以及〈台灣街庄制〉第10條和第12條之規定。轉引自台中縣政府編印，《台中縣志》，卷六，〈選舉志〉，第一冊。

6　見〈台灣市制施行令〉（昭和10年，府令第十一號）第15條、〈台灣街庄制施行令〉（昭和10年，府令第十二號）第15條，以及〈市會議員及街庄協議會員選舉規程〉第七號樣式（選舉錄）的相關規定。轉引自台中縣政府編印，《台中縣志》，卷六，選舉志，第一冊。

1946年第一屆縣參議員選舉、省參議員選舉；1951年臨時省議會第一屆議員選舉）[7]，台灣各級民意代表選舉也是依循往例採行單記非讓渡投票制。從1991年第二屆國大選舉以後，雖然在中央民意代表（國民大會代表及立法委員）選舉部分，廢除了職業代表而改以政黨名單比例代表制（採一票制及5%的政黨門檻）產生全國不分區代表及僑選代表，但在區域選舉部分，仍然照舊制採行單記非讓渡投票制（國民大會代表於2000年的第六次修憲後，全部改採比例代表制產生；2005年5月14日的「任務型」國大選舉，即是以比例代表制方式選出300名國大）。

根據2005年6月7日國民大會複決通過的第七次修憲增修條文第4條的規定，立法委員自第七屆起名額減為113席；其中由區域選區部分選出的73席將改採單一選區多數決制，因此自第七屆立委選舉開始，在區域立委選舉部分已停止使用複數選區單記非讓渡投票制，但原住民立委及其他各層級的地方民意代表選舉仍將繼續使用此一特殊的選舉制度[8]。

第三節　單記非讓渡投票制對於政黨政治的影響

單記非讓渡投票制過去在台灣、日本、南韓三國都使用過（Grofman et al., 1999；王業立、蘇子喬、石鵬翔，2018）。南韓在盧泰愚上台（1987年）後實施第六共和憲法並進行政治改革，其選舉制度自1988年起改採混合制。日本自1988年竹下登內閣時期，由於政府醜聞不斷，國會便開始進行政治改革，海部俊樹首相時期正式提出政治改革方案，前後六年歷經七任首相，政治改革方案終於在1994年11月獲得國會通過[9]。

7　參見1944年國民政府公布之〈省參議員選舉條例〉、〈縣參議員選舉條例〉，以及1951年行政院頒布之〈台灣省臨時省議會議員選舉罷免規程〉。轉引自台中縣政府編印，《台中縣志》，卷六，〈選舉志〉，第一冊及第二冊。

8　參見〈中華民國憲法增修條文〉第4條，以及〈公職人員選舉罷免法〉第67條的相關規定。

9　政改方案於1994年11月2日先在眾議院中獲得通過，後於11月21日於參議院中亦獲得通過，並於11月25日公布，12月25日實施。參見《聯合報》，1994年11月3日，版9；《中國時報》，1994年11月23日，版17；《中央日報》，1994年11月23日，版7。

政改方案中最大的變革，便是將實施了近一世紀之久的眾議院選舉所使用的單記非讓渡投票制，改成五分之三單一選區相對多數決（300席）與五分之二比例代表（200席）的混合制，並於1996年10月20日所舉行的眾議員選舉中首度實施。2000年6月25日的眾議員改選，比例代表席次部分減為180席，區域選舉部分則仍維持300席不變。2015年6月19日的眾議員改選，區域選舉部分再減為295席，比例代表席次部分維持180席，眾議院共有475席。2017年10月22日的眾議員改選，區域選舉部分又減為289席，比例代表席次部分則減為176席，目前眾議院共有465席。

　　由第三章的討論中可得知，在其他條件不變的情況下，選舉制度對於一個國家政黨政治的發展會有重要的影響，而單記非讓渡投票制當然也不例外。一般而論，除非有區域性的強大第三黨存在，否則小黨在單一選區相對多數決制下較不易存活，而比例代表制的比例代表性通常較高（Mackie & Rose, 1991: 508-511; Norris, 1997: 307）。單記非讓渡投票制由於是在複數選區制下施行，其比例代表性理論上應是介於單一選區相對多數決制與比例代表制之間，且選區越大，比例代表性會越彰顯（謝復生，1992：19）。由日本及台灣歷次的選舉結果即可印證此一論點（可參見表6-6），故也有學者將單記非讓渡投票制稱為半比例制（semi-proportional system）（Lijphart, 1984: 154; Taagepera & Shugart, 1989: 28；楊泰順，1991：16）。

　　而在另外一方面，在單記非讓渡投票制下，小黨的生存空間理論上也比在單一選區相對多數決制下來得大；並且也是選區越大，小黨的生存空間也會越大（Hsieh & Niemi, 1999: 101-116；楊泰順，1991：32-36；謝復生，1992：19）。理論上，在應選N席的複數選區中，任何政黨只要能獲得[V/(N + 1)] + 1張以上的「安全票數」（此處V係指選區中的有效選票數），即至少可獲得一席[10]。而在選戰中如果有某一、兩位候選人得票

---

10 [V/(N + 1)] + 1事實上即是比例代表制中所使用的「族普基數」（Droop quota）（Mackie & Rose, 1991: 504）（參見第二章第三節的介紹）。在應選席次為一席時，候選人如能獲得有效票數的二分之一加一票，一定保證當選；在應選席次為二席時，候選人如能獲得有效票數

超高，或是在參選爆炸的情況下，在當選邊緣的候選人有若干位的話，則候選人實際所需的最低當選票數會比「安全票數」來得更低。例如1992年第二屆立委選舉，台北縣應選16席，任何候選人只要能獲得十七分之一（5.9%）以上的選票即保證當選。但當時由於辭官參選的趙少康得票超高，後來最低票當選者實際上僅獲得2.65%的選票。又如在1998年第四屆立委選舉，台北市南區應選10席，任何候選人理論上只要能獲得十一分之一（9.09%）以上的選票即可保證當選，但在30位參選人的激烈競爭下，事實上最低票當選者僅獲得4.22%的選票。因此在複數選區制下，小黨的生存空間理論上是存在的。

以2004年第六屆立委選舉為例，在總額225席中，儘管有5%的政黨門檻，但獲得席次的政黨仍有六個之多（參見表5-1）。雖然兩個最大的政黨（民進黨與國民黨）掌握了75%的席次，但各小黨、甚至無黨籍人士仍不乏生存的空間，而能在立法院中占有一席之地。

表 5-1　2004年第六屆立法委員選舉結果

政黨別 ＼ 區分	區域選舉得票率%	區域選舉當選席次	區域選舉當選比率%	不分區當選席次	僑選代表當選席次	總席次	總席次率%
民進黨	35.72	70	39.77	16	3	89	39.56
國民黨	32.83	61	34.66	15	3	79	35.11
親民黨	13.90	27	15.34	6	1	34	15.11
台灣團結聯盟	7.79	7	3.98	4	1	12	5.33
無黨團結聯盟	3.63	6	3.41	0	0	6	2.67
新黨	0.12	1	0.57	0	0	1	0.44
無黨籍及其他	6.01	4	2.27	0	0	4	1.78
合計	100.00	176	100.00	41	8	225	100.00

資料來源：中央選舉委員會選舉資料庫網站，http://210.69.23.140/cec/cechead.asp。

的三分之一加一票的話，則至少可排名第二，因為不可能還會同時存在有另外兩位候選人得票數都超過他，餘類推。

　　如果我們依照第三章第二節以及第四章第二節中所提之國會中的「有效政黨數」（effective number of parliamentary parties; ENPP）指標（Laakso & Taagepera, 1979: 3-27）（以各政黨在國會中所擁有的席次率為計算標準）來檢視自解嚴以來的歷次立委選舉結果所造成立法院中的政黨分化（party fractionalization）程度，則可發現立法院中的「有效政黨數」，已由國會全面改選前的1.92，漸漸增加至第六屆立委的3.26（參見表5-2）。政黨分化程度的逐漸擴大，至少意味著此選舉制度不會刻意的封殺小黨的生存空間，第三黨及無黨籍人士在複數選區單記非讓渡投票制下，仍有一定的當選空間（Hsieh & Niemi, 1999: 101-116；王業立，1999b：146）。但在2008年第七屆立委選舉，區域選區部分改採單一選區相對多數決制後，立法院中的「有效政黨數」即明顯減少（參見表5-2及表3-3）。

表 5-2　1989年至2020年立委選舉結果「有效政黨數」指標*

選舉類別	1989年增額立委	1992年二屆立委	1995年三屆立委	1998年四屆立委	2001年五屆立委	2004年六屆立委	2008年七屆立委	2012年八屆立委	2016年九屆立委	2020年十屆立委
有效政黨數	1.92	2.28	2.54	2.48	3.47	3.26	1.75	2.23	2.17	2.44

說明：*以各政黨選後在立法院中所擁有的席次率作為計算標準，此處將無黨籍視為一個單位。

資料來源：中央選舉委員會歷年立委選舉實錄。統計數據由作者自行整理。

　　而在另外一方面，在應選席次為N席的複數選區中，使用單記非讓渡投票制也容易形成N + 1位主要的競爭者（Reed, 1990: 335-356; Cox, 1994: 608-621; Cox, 1997: 99-108; Jesse, 1999: 323-340; Hsieh & Niemi, 1999: 101-116）。換言之，無論是基於選民的策略性投票（strategic voting）因素（選民不願意浪費選票投給不可能獲勝的候選人，或就支持的候選人間進行自動配票）（黃秀端，2002），或是小黨的結盟策略（小黨有形成聯盟的動機，以期能掌握足夠的選票來贏得席位），在應選席次為N席

的複數選區中，經過幾次選舉後，真正主要的競爭者往往會趨近於N＋1位；而任何政黨只要能獲得[V/(N＋1)]＋1張選票，即可保證獲得席位。但在同樣的邏輯下，任何政黨內的地方派系或山頭勢力，在應選席次為N席的複數選區中，只要有把握能獲得[V/(N＋1)]＋1張選票，即可不畏黨紀的約束，並具備分裂的誘因與實力（Reed, 1990: 336）。

　　根據塔格培拉與蘇加的研究指出，單一選區與兩席選區皆有利於既存之兩黨制的繼續存在，而三席選區則較為複雜：一方面某一大黨可能會出現「過度代表」（over-representation）（意即所獲得的席次率高於得票率）的現象（例如第三黨的得票率不到最大黨的一半即可能會產生此種現象）；而第三大黨在某些情況下相對而言也可能會存在較大的空間（例如第三黨的得票率超過最大黨的一半時）（Taagepera & Shugart, 1989: 114-116）。但一般而論，選區應選席次越多時，各政黨的得票率與席次率會越為接近（亦即比例代表性越高），而在另外一方面，在中選區中，主要政黨也有可能會出現「過度代表」的現象。台灣各級民意代表選舉的選舉區多數皆屬於中選區（應選名額為二人至五人者）或大選區（應選名額為六人或六人以上者），例如第六屆立委選舉，31個區域選區中有25個是三人以上的選區（參見表5-3），因此理論上第三黨不但有生存的空間，甚至還可能在某些情況下（例如兩大黨提名失誤或票源分配不均），出現「過度代表」的現象。從某個角度而言，具有相當程度的比例代表性、小黨也有一定的生存空間（Hsieh & Niemi, 1999: 115），應是單記非讓渡投票制兩項重要的「優點」，也是過去國內部分人士支持繼續維持單記非讓渡投票制的主要理由。

　　再就政治現實面而言，對一個基層組織穩固、配票（vote equaliza-tion）能力堅強的大黨而言，實施複數選區單記非讓渡投票制將有助於其維持穩定的多數（王業立，1991b：307-309；楊泰順，1991：36-39），但其前提是政黨配票能力精準且公正、黨紀嚴明、且候選人配合度高，如此才可能使當選席位極大化。過去國民黨因具備前述條件，故實施複數選區單記非讓渡投票制對其相當有利。並且在複數選區下，也有利於地方派

系的席位分配與組織動員，因此國民黨過去並無強烈動機想要改變選舉制度。而對於反對人士而言，由過去「黨外」時期的山頭結盟，到民進黨成立初期的羽翼未豐，複數選區單記非讓渡投票制也讓他們有機會能獲得足夠的選票而在許多選區中至少可當選一席。在民進黨的實力還不夠壯大時，實施單記非讓渡投票制也是對其較有利的。如果當時有人建議要改採行單一選區制，民進黨必然是強烈反對的，除了指控選區縮小後賄選可能更形惡化外，民進黨更擔心若實施單一選區制，在多數選區將無法與國民黨競爭而造成席位的大量喪失。而當民進黨的實力壯大後，該黨在各選區提名時，也多少面臨與國民黨相同的派系平衡與席次分配問題，而複數選區制卻可在相當程度上兼顧各派系的利益，而降低黨內因提名問題而導致派系間衝突的可能性。在此情形下，在1990年代，在台灣要談選舉制度的改革，兩大政黨內部事實上皆興趣缺缺（王業立，1995a：153）。

　　然而隨著政黨競爭日趨激烈，國民黨的組織配票能力已大不如前，而民進黨在都會選區的配票能力反而有所提升（詳見第六章的探討），再加上單記非讓渡投票制的種種缺失逐漸浮出檯面（詳見下一節的討論），以及日本選舉制度改革的影響，使得國內政壇亦逐漸出現選舉制度改革的呼聲（國內學術界早在1980年代末期便開始有許多選制改革的探討，例如：王業立，1989；牛銘實、王業立，1990）。前行政院長連戰在1995年第三屆立法委員選舉後不久，即代表政府立場首度公開表示，未來選舉制度的改革，可朝向「單一選區」、「兩票制」方向思考。而當時民進黨與新黨除了懷疑國民黨提出選舉制度改革的動機，是因為單一選區對國民黨可能更有利外，為了國內政黨政治的健全發展，兩黨在原則上倒也不反對選舉制度的改革是有其必要性。在此情形下，我國選舉制度的改革，才逐漸受到朝野各方面的重視。關於這方面的問題，在第五節中，再來做更進一步的探討。

第四節　單記非讓渡投票制的缺失

　　如前文所述，我國長久以來所使用的單記非讓渡投票制的比例代表性是介於單一選區相對多數決制與比例代表制之間；而小黨在此種選舉制度下，也有一定的生存空間。那麼為何歐美各民主先進國家都不採行此種選舉制度？而曾經使用此種選舉制度的日本、南韓後來也改變其選舉制度？實乃因此種選舉制度的弊遠多於其利。

　　台灣過去實施單記非讓渡投票制的經驗顯示，複數選區下的提名過程雖然有利於各政黨內部派系的席位分配，但也使得各政黨藉由選舉甄拔政治人材的管道漸為派系所壟斷。過去在各級區域民意代表選舉中，我們看到國內兩大政黨被提名人中，不屬於任何派系支持者如鳳毛麟角。政黨提名派系化的傾向，與選舉制度這個結構性因素有非常密切的關係，過去實施單記非讓渡投票制的日本，其國內政黨派閥政治的狀況亦十分嚴重（王業立，1996a）。

　　進一步而言，單記非讓渡投票制雖然可能較有利於各政黨內部派系的席位分配，但此種選舉制度往往也容易造成在競選過程中的黨內競爭（intraparty competition）可能比黨際競爭（interparty competition）更為激烈（Cox & Rosenbluth, 1993: 579；Cox & Thies, 1998）。候選人不但要面對其他政黨候選人的挑戰，更要防範同黨候選人前來分食票源甚至「拔樁」。事實上在競選期間，爭取相同票源的往往是同黨的候選人。每位候選人都必須努力做好市場區隔，堅壁清野，加強釘樁，鞏固死忠鐵票，以防止跑票倒戈。另一方面卻又為求自保以順利上榜，總是想挖同志牆腳（因票源類似），犧牲同志以成全自己（王業立，1995a：155）。此種因選舉而產生的政治恩怨或利益衝突，往往也是台灣地方派系產生的另一個重要因素之一。而單記非讓渡投票制對於地方派系的形成與強化，至少具有推波助瀾之效。如前文所述，一個選區要選出若干個席次本就有助於派系的分配，而同一政黨所提名的諸多候選人為爭取選票，凸顯派系色彩（無論是紅派或黑派、正國會或新潮流）即成為許多候選人競選的必要

手段。因此候選人向派系靠攏，派系也因選舉的成敗而壯大、式微、或重組。透過複雜的人際關係網絡與樁腳系統，派系遂成為單記非讓渡投票制下必然的產物（王業立，1995a：155）。

在單記非讓渡投票制下，除非政黨只提名一位候選人，否則政黨的標籤便不是那麼重要。在一個政黨提名若干候選人的情況下，即使選民認同某個政黨，他們仍然必須在此政黨中進一步再挑選一位候選人，因為光憑「政黨認同」（party identification），尚不足以讓選民就能決定最後的投票對象。因此在此種選舉制度下，選人的因素勢必重於選黨的因素，這也是過去台灣選民「政黨認同」的比例始終偏低的重要因素之一（王業立，1995c：61）[11]。

在一般情形下，對於大多數的候選人而言，他們如何在同黨的諸多候選人中凸顯自己，以爭取選票，便成為選舉過程中極為重要的競選策略。除了前述的派系色彩外，極力凸顯個人色彩或高舉鮮明旗幟，似乎也成為許多候選人鞏固死忠鐵票或爭取游離選票的重要手段。在複數選區下，候選人只須爭取$[V/(N + 1)] + 1$張以上的選票即篤定當選（並且實際當選最低票數可能更低，例如在2004年的第六屆立委選舉中，台北市南區的「安全票數」是9.09%，但實際上候選人只須獲得5.77%的選票即可當選），他不必也不需奢望能獲得選區中「多數」選民的選票。對於候選人而言，他所欲努力爭取的，往往只需要是足以使其當選的一小比例（例如6%至8%）特殊選民的衷心支持即可。因此走偏鋒、甚至買票賄選便成為單記非讓渡投票制下常見的競選手段了（謝復生，1992：21）。根據「中位數選民理論」（the median voter theorem），在單一選區下，

---

11 但是此種「選人重於選黨」的投票行為，有些人懷疑，在1990年代中期以後似乎有所鬆動。例如，在1994年的台北市議員選舉中，新黨靠著選民的「自動配票」，以及趙少康「母雞帶小雞」的效應，提名14席當選11席，開創了國民黨組織配票模式以外，選民自動配票的新典範。而在1995年的第三屆立委選舉中，新黨更進一步發動支持者在該黨提名兩席以上的選區進行強制配票。而民進黨在北市南區所提名的四位候選人強力動員配票計畫（四季紅配票），事後證明也完全成功。這種強制配票的競選策略，似乎是向台灣過去選舉中，多數選民傳統的「選人重於選黨」的投票行為進行挑戰（王業立，1995a：155-156）。關於這個問題，在第六章中會有更進一步的探討。

候選人為求獲勝，會儘量向中間靠攏，以期吸引多數選民的認同（Black, 1948; Downs, 1957: 115-117; Enelow & Hinich, 1984: 8-13; Ordeshook, 1986: 160-175；牛銘實、王業立，1990：46-47；王業立，2004a），但在複數選區制下，由於候選人所爭取的是「特定少數」而非「多數」的選票，因此他們不會都向中間靠攏（Cox, 1990）。在同一個選區中，形象、政見或意識型態差異極大的候選人，可能會來自於同一個政黨的提名；一個或許有90%絕大多數的選民都極度厭惡的某候選人，在此選舉制度下，依然有可能高票當選，並且當選後還可能處處以代表選區「多數民意」自居。

　　以2004年第六屆立委選舉為例，在全部31個選區中，單一席位的選區僅有四個（澎湖縣、台東縣、金門縣、連江縣）；應選名額為二席至五席的中選區有12個；而應選名額為六席或六席以上的大選區則有15個（參見表5-3）。由於多數選區均屬應選名額眾多的中、大選區，候選人所需的最低當選票數自然不會太高。在許多選區中，候選人僅需爭取不到10%「特定少數」的選票即可當選，因此極力凸顯候選人個人色彩、人脈關係、地方服務績效或高舉鮮明旗幟，甚至買票賄選，便成為台灣過去立委選舉中常見的競選手段了。相對而言，政黨的標籤在區域選舉中，就變得不是那麼的重要（王業立，1999b：150）。

表5-3　2004年立委選舉各選區最低票當選人得票率（%）

選區	應選名額	得票率	選區	應選名額	得票率	選區	應選名額	得票率
北市北	10	5.92	新竹市	3	21.43	高雄縣	9	6.17
北市南	10	5.77	苗栗縣	4	17.37	屏東縣	6	10.21
高市北	6	11.09	台中縣	11	5.61	澎湖縣	1	59.87
高市南	5	12.12	台中市	8	7.75	花蓮縣	2	27.42
北縣一	8	7.46	彰化縣	10	5.44	台東縣	1	61.59
北縣二	11	5.36	南投縣	4	14.33	金門縣	1	54.07
北縣三	9	6.72	雲林縣	6	9.45	連江縣	1	56.26

表 5-3　2004年立委選舉各選區最低票當選人得票率（%）（續）

選區	應選名額	得票率	選區	應選名額	得票率	選區	應選名額	得票率
基隆市	3	22.65	嘉義縣	4	14.90	山原	4	14.93
宜蘭縣	3	21.30	嘉義市	2	30.22	平原	4	12.72
桃園縣	13	4.35	台南縣	8	6.64*			
新竹縣	3	20.84	台南市	6	10.68			

說明：*以婦女保障名額當選。
資料來源：中央選舉委員會選舉資料庫網站，http://210.69.23.140/cec/cechead.asp。

在此種選舉制度下，在許多選區中，對於多數的選民及候選人而言，政黨的標籤都不太會受到重視。對於許多候選人而言，他們的個人利益，甚至派系的利益，都遠比黨的整體利益來得重要。個人的當選既然不太依賴政黨的標籤[12]，派系的利益又凌駕在黨的整體利益之上，黨紀不彰、議事效率低落、黨鞭難以揮舞即成為必然的結果。並且既然黨部不能幫他來和同黨的其他候選人競爭，候選人只有自求多福。在面對中、大選區的競爭壓力下，不僅是派系，連財團（提供競選經費）與黑道（綁樁護盤，甚至黑道自己參選）的力量都很容易趁虛而入了（謝復生，1995；Cox & Thies, 1998: 267-291; Grofman, 1999: 375-416; Cox, Rosenbluth & Thies, 2000: 115-122）。

最後，在單記非讓渡投票制下，對於罷免權的行使也產生了很大困擾。在「多數統治」的原則下，「選舉」與「罷免」應該是相對應的概念：在單一選區制下，一位民意代表是因為該選區中多數選民的支持而當選；當然也要因為同一選區中多數民意的反對方可被罷免[13]。但在我國的

---

12 在複數選區中，只依賴政黨的標籤或政黨組織動員配票才能當選者並不多見。在「黃復興黨部」鐵票生鏽後，即使國民黨的軍系民意代表也必須具備多方面開拓票源的能力，才比較容易當選。對於民進黨、親民黨、台聯或新黨的民意代表而言，政黨的標籤可能較為重要，但除非選區中只提名一人，否則與其他同黨（或同陣營，綠營、藍營）候選人之間的票源區隔問題依然會存在。

13 事實上由於議員任期過短等諸多因素，有行使罷免權的西方民主國家並不多見，只有在美國部分的州中較常見。民意代表的某些言論或主張是否能得到選區多數選民的支持，在下一次的選舉中選民自然會用他們的選票做出判決。

單記非讓渡投票制下，一位民意代表的當選，往往並非得到選區多數民意的支持，而是靠著一小比例的選票即可當選，但他（她）卻可能被同選區中原本就不支持他（她）的另一群選民所罷免，此種方式是否符合民主政治中「多數統治」、「代議政治」或是「責任政治」的基本精神，頗值得探討。2020年開始，連續出現的幾件罷免案例所引發的爭議，使得複數選區單記非讓渡投票制下罷免制度的實施，受到更多的討論。

第五節　立法委員選舉制度的改革

　　由以上的討論可得知，我國民意代表選舉長久以來所使用的單記非讓渡投票制，並不利於政黨政治的良性發展。在黨紀不彰、議事效率低落、似乎又欠缺「共識型民主」（consensus model of democracy）（Lijphart, 1984）的基礎下，若是出現「各黨不過半」的國會，不但「政黨合作」難以建立，並且極容易使得行政─立法部門之間的互動關係陷入僵局、制衡機制無從發揮，甚至可能會危及到憲政體制的正常運作（從2001年第五屆立委選舉後，此種狀況似乎已成為事實）。

　　由於複數選區單記非讓渡投票制的確存在著太多的缺失，弊遠多於利，因此世界各民主國家均未採行，連曾經使用過此一選舉制度的南韓與日本，也分別在1988年、1994年，對其選舉制度做了大幅度的改革，而廢除了單記非讓渡投票制。國內有法律學者甚至認為複數選區是違憲的（楊與齡，1995：3-5）。為了民主政治的良性發展，從1990年代中期以後，改革選舉制度的呼聲似乎已逐漸成為社會的共識，而其中「單一選區兩票制」的混合式選舉制度遂成為最主要的改革方向。

　　我國從1991年第二屆國大選舉以後，依照憲法增修條文的規定，在中央民意代表（國民大會代表及立法委員）選舉部分，廢除了職業代表而改以政黨名單比例代表制產生全國不分區代表及僑選代表；而在區域選舉部分，仍然依照舊制採行複數選區單記非讓渡投票制（2000年第六次修

憲後，國民大會代表全部改由比例代表方式產生）。在政黨名單比例代表部分，係採「一票制」及5%政黨門檻的「並立制」分配方式。換言之，選民只需要在區域選舉中投下一張選票，選舉各區域的民意代表，而各政黨在區域選舉中所提名候選人的選票總和，即視為各政黨的得票。凡是總得票率超過5%的政黨，即可依「嘿爾—尼邁耶」最大餘數法，分配全國不分區代表及僑選代表的名額。因此就選舉制度的分類而言，我國立法委員選舉制度，從1992年第二屆立委全面改選之後，亦可被歸類為混合制的一種（Massicotte & Blais, 1999: 351；王業立，2000：6）。但是值得注意的是，與其他實施混合制的國家相比較，我國的混合式選舉制度至少有三點較為特殊之處：第一，我國在區域選舉部分，係採行複數選區單記非讓渡投票制，與其他國家所使用的單一選區制不同；第二，我國係採「一票制」的設計，與大多數國家的「兩票制」也不相同；第三，在德、紐、日、韓等國，候選人可以同時參與區域選舉，並名列政黨比例代表名單（稱為「重複登記制」或「雙重提名制」；dual candidacy或 double candidacy），一旦該候選人在單一選區中獲勝，則從政黨名單中剔除，政黨名單的排名順位則依序往前遞補（郭秋慶，1996：321；Hizen, 2007），但在我國的混合制下，候選人不得同時在區域選舉中參選，並名列政黨全國不分區代表。

　　國會全面改選以後，民眾對於國會議員表現的滿意度並未隨著民主化的進程而有所提升，選舉制度改革的呼聲在國內遂逐漸升高，幾個主要的政黨對於選舉制度改革的必要性也有相當程度的共識。在1995年第三屆立法委員選舉後不久，當時擔任行政院長的連戰即代表政府立場首度公開表示，未來選舉制度的改革，可朝向「單一選區」、「兩票制」方向思考。隨後內政部「選舉罷免法研修專案小組」在經過多次研商後，也建議未來選舉制度的改革，應採「單一選區—比例代表」的混合制，但單一選區在各界尚未形成共識前，建議區域選舉每一選區應選名額，以不超過五

名為原則（亦即以中選區為過渡）[14]。1996年10月日本眾議院選舉首度採行「單一選區—比例代表」並立制後，國內更是掀起一陣探討選舉制度改革的熱潮。同年12月底召開的「國家發展會議」，也在「改進選舉制度、淨化選風」的議題上，達成「國代總額應減少，改由政黨比例代表產生，下屆停止選舉；立委總額必要時得增為200席至250席」以及「中央民意代表選舉制度採單一選區制與比例代表制二者混合的兩票制，並成立跨黨派的小組研議」的共同意見[15]。但是對於立法委員選舉中的區域選舉與不分區比例究竟該如何分配，在「國發會」中並未獲得共識。可是在1997年7月所進行的第四次修憲的過程中，由於國、民、新三個主要政黨對於「單一選區兩票制」究竟應採德國式的「聯立制」或是日本式的「並立制」並未達成共識，因此「國發會」中所達成的「單一選區兩票制」的結論在此次修憲中並未入憲。而在國代選舉方面，也由於國民大會內部反對聲浪不小，「國發會」所達成的「總額減少，改由政黨比例代表產生」的共識，在第四次修憲中也未通過，而僅在政黨比例代表部分（全國不分區代表及僑選代表），改為「各政黨當選之名額，每滿四人，應有婦女當選名額一人」，以進一步保障與提升婦女的參政機會。直到2000年4月的第六次修憲後，國民大會代表才改為全部由比例代表方式產生。

　　而在立法委員選舉部分，雖然「單一選區兩票制」的改革方向在第四次修憲的過程中胎死腹中，不過卻為了安排將來「凍省」後省議會改設省諮議會之後省議員的「出路」，因此特別透過政黨協商，在增修條文第4條中規定，立法院立法委員自第四屆起增加為225人，其中由直轄市及各縣市選出者168人，平地原住民及山地原住民各四人，僑選立委八人，全國不分區41人。因此第四屆至第六屆立法委員的區域選舉部分，仍然依照舊制採行複數選區單記非讓渡投票制。

　　雖然立法委員選舉制度的改革在前六次的修憲過程中並未有重大的進

14　參見《中央日報》，1996年6月6日，版4。
15　參見《聯合報》，1996年12月28日，版2。

展，但是無論是一般民眾或是各個主要政黨，對於複數選區單記非讓渡投票制的缺失，卻有越來越清楚的認識，只是對於改革的方向，由於事涉各政黨的實際政治利益、地方派系政治生態的變動、甚至各別政治人物是否會影響其連任的現實政治考量，因此不易獲致共識。

到了2000年的總統大選競選期間，幾個主要的候選人，包括陳水扁、宋楚瑜、連戰，都將「單一選區兩票制」的選制改革列為他們的競選政見之一。政權輪替後，2001年3月27日，行政院長張俊雄在立法院答詢時，指示內政部再就「單一選區兩票制」之可行性，廣泛瞭解各界意見，深入評估。而內政部於2001年6月29日與8月20日兩度邀集學者專家與相關機關舉行公聽會後，初步提出了「中選區兩票制」的「過渡」改革方案，等到第二階段再修憲調整為「單一選區－兩票制」。但行政院方面卻認為不妥，並函復內政部，指示朝「單一選區－兩票制」研擬推動。

另一方面，有鑑於立法院整體形象不佳與議事效率低落，部分立委候選人與政黨在2001年底的第五屆立委競選過程中，首度提出「立委席次減半」的選舉訴求（學術界過去從未討論過此一議題），並且引起了社會各界相當程度的迴響，立法院各黨黨團在選舉的壓力下，也允諾社運團體在選後會推動選制改革的工作。後來台聯黨於第五屆立委第一會期，即正式連署提出「立委席次減半」的修憲案。而其他主要政黨及立委，也相繼提出不同的選制改革版本，但立法院的修憲委員會卻始終無積極的動作，立委們私下也多認為選制改革違反現任立委的既得利益，根本是項不可能的任務，因此選制改革的立法工作便在立法院中沉寂下來。到了2004年總統大選前夕，第五屆立委的任期也即將屆滿，以林義雄為首的社運團體，發起靜坐活動，要求立法院各黨團履行承諾，於3月20日總統大選選前通過「席次減半」修憲案。後來立法院各政黨雖然迫於壓力，召開修憲委員會商討各種修憲版本，最後於3月19日，在院會討論修憲案時，由於各方歧見仍深，「無黨聯盟」遂提議交付黨團協商而告功虧一簣，但各黨已有共識在選後迅速討論此項修憲案。後來終於在各方壓力下，立法院在2004年8月召開臨時會，並於8月23日以198票對0票，三讀通過了包括

「國會席次減半」、「單一選區兩票制」、「廢除任務型國大」、「公民複決入憲」等立院史上首次的修憲案。2005年5月14日，為進行複決修憲任務的300席「任務型國大」首度由比例代表制方式選出。2005年6月7日「任務型國大」複決通過了第七次的修憲。在憲法增修條文第4條中規定，立法委員自第七屆起名額減為113席；其中由區域選區部分選出的73席將改採單一選區多數決制，全國不分區34席由得票5%以上的政黨依得票比例分配席次（各政黨當選名單中，婦女不得低於二分之一），另有六席原住民議席（三席山地原住民、三席平地原住民）。因此我國區域立委選舉自第七屆起停止使用複數選區單記非讓渡投票制，但原住民立委及地方層級民意代表選舉仍將繼續使用此一特殊的選舉制度。

在修憲案通過後，我國立委選舉自第七屆起，改採日本式的並立式兩票制；但不分區席次部分，係以全國為一選區（日本政黨比例代表部分，又劃分成11個選區），並且仍採行「嘿爾—尼邁耶」（Hare/Niemeyer）最大餘數法分配不分區席次（日本採頓特最高平均數法）[16]。關於立委選舉新、舊制度的比較，以及我國和日本國會選舉制度的比較，可參閱表2-9與表2-10。

由於在此並立制下，單一選區席次比例高達65%；而比例代表席次比例僅有30%（另有5%原住民議席），因此這個制度理論上是對大黨較為有利的。換言之，以後兩大黨可望在65%的單一選區部分，瓜分絕大多數的席次，而小黨在30%比例代表部分所能分配到的席次，卻可能極為有限。日本自1996年開始實施並立制以來[17]，歷經了五次的國會選舉（1996年、2000年、2003年、2005年、2009年）後，即被認為「已逐漸達到去小黨的功能，朝兩大黨方向邁進」（Reed, 2003: 192-195; Schaap, 2005: 141）[18]。而到了2012年、2014年的國會選舉，自民黨更進一步靠著在單

---

16 關於「嘿爾—尼邁耶」最大餘數法的席位分配方式之介紹，請參見第二章第三節。

17 日本自2015年以後，眾議院席次共475席，其中由單一選區選出295席（62.11%），由比例代表部分選出180席（37.89%）。2017年10月22日的眾議員改選，區域選舉部分又減為289席（62.15%），比例代表席次部分則減為176席（37.85%），目前眾議院共有465席。

18 參見《聯合報》，2004年12月26日，A4。

一選區中的壓倒性優勢，重新取得一黨獨大的地位。而我國比例代表席次比例比日本更低，且有5%的政黨門檻，自然對小黨更加不利。

　　2008年1月12日所舉行的第七屆立委選舉，係台灣首度實施「單一選區兩票制」並立式混合制。一如預期，第七屆立委選舉的結果，小黨（國民黨與民進黨以外的政黨及無黨籍）幾乎全軍覆沒（參見表3-3），兩大黨合計拿下95.57%的席次，國民黨更獲得了超過七成的席次，符合雷伊對於「一黨獨大」的定義（Rae, 1971）。如前所述，73席的單一選區，本來就不利於小黨的競爭；而在全國不分區政黨比例代表部分，新黨與台聯雖然分別得到3.95%及3.53%的選票，但在5%的政黨門檻下，並無法獲得任何全國不分區的席次。小黨席次率的大幅滑落（2001年小黨的席次率為31.11%，2004年小黨的席次率為25.33%，2008年小黨的席次率為4.43%，2012年小黨的席次率為7.96%，2016年小黨的席次率為8.85%，2020年小黨的席次率為7.96%），與立委選制的改變，當然有非常密切的關係。在台灣未來的國會中，只要選舉制度不變，小黨將難有太大的生存空間，兩黨制或一黨獨大或許也將成為常態。

　　台灣立委選舉自第七屆起改採「單一選區兩票制」並立式混合制後，不但會對候選人的選區經營方式、競選策略乃至於問政方式都會產生重大的影響；對於政黨的政策走向、提名方式、組織動員乃至於黨紀維繫也都會產生深遠的影響；而現在既有的地方派系政治生態，也可能會因新選制的實施，而產生解構性的變動。此外新選制的實施，對於台灣未來的政黨體系、政府組成、國會運作、乃至於選民投票行為等方面，也會造成重大的影響（王業立，2004e、2005b、2007a；吳重禮，2008b）。這些可能會陸續出現的變動與影響，雖然仍有待更多資料的蒐集與佐證，但都非常值得政治學的研究者，持續予以更多的關切與更深入的探討。

第六節　縣市議員選舉制度改革的探討

　　本章第三節與第四節中所討論的複數選區單記非讓渡投票制下的選舉特色，無論是在中央民意代表選舉（如第六屆以前的立法委員選舉），或是地方民意代表選舉（如縣市議員選舉、直轄市議員選舉、以及過去的省議員選舉）中皆不難發現。而在縣市議員選舉中，多數選民較關切的，更是一般地方性、社區性的議題，而人際關係網絡更為密切，意識型態、政黨色彩也更加淡薄。因此在過去縣市議員選舉以及更基層的鄉鎮市民代表選舉中，我們皆可看到無黨籍的參選人獲得相當高的選票比例（參見表5-4），這是與中央層級的立法委員選舉較不同之處。以2009年12月所舉辦的縣市議員選舉為例，無黨籍候選人的得票比例為30.89%，但一年前（2008年）所舉辦的第七屆立委選舉，無黨籍候選人的得票比例卻只有3.93%。而在2010年6月所舉行最基層的鄉鎮市民代表選舉中，無黨籍候選人更獲得超過六成（61.05%）的選票，各政黨皆瞠乎其後。而另一個值得觀察的現象是，由表5-4中可得知，在最近六屆的縣市議員選舉中[19]，固然國民黨的得票率已不復以往，但民進黨的得票率也僅維持在三成以下，反倒是無黨籍的得票率似乎是居高不下。這與中央層級或較高層級的地方行政首長選舉的政黨競爭局面，呈現出完全不同的風貌（王業立，2002：11-12，2007b：318-319）。更值得注意的是，即使民進黨於2000年以後已在中央執政，但在執政後2002年和2006年最基層的鄉鎮市民代表選舉中，該黨的得票率竟然只有5.02% 以及5.70%（2010年達到10.83%，2014年在蔡英文主席一再呼籲年輕人回鄉參選、紮根基層後，得票率提升至12.92%，但2018年又跌到10.53%），這是在全世界民主國家中都極為罕見的現象，這也充分顯示出民進黨在地方基層經營上，仍有極大的努力空間。而在最近五屆的鄉鎮市民代表選舉中，無黨籍及其他小黨的候選人的得票率反而一次比一次高，2018年更一舉突破了七成，與

---

19 中央選舉委員會與政大選舉研究中心的歷屆公職人員選舉資料庫只有收錄1998年以後的縣市議員選舉資料，1994年以前的資料付之闕如。

表 5-4　基層地方民意代表選舉政黨得票率（%）

選舉年	國民黨	民進黨	新黨	親民黨	台聯黨	其他／無黨籍
1998年縣市議員選舉	48.85	15.81	3.06	-	-	32.28
2002年縣市議員選舉	35.96	18.19	0.44	7.01	1.47	36.93
2002年鄉鎮市代選舉	35.57	5.02	0.05	1.56	0	57.79
2005年縣市議員選舉	40.21	22.25	0.45	3.97	2.34	30.78
2006年鄉鎮市代選舉	34.14	5.70	0.03	0.39	0.11	59.63
2009年縣市議員選舉	43.94	24.42	-	0.13	0.62	30.89
2010年鄉鎮市代選舉	28.11	10.83	-	0.01	0.00	61.05
2014年縣市議員選舉	37.14	27.92	0.01	0.62	0.91	33.40
2014年鄉鎮市代選舉	21.74	12.92		0.04	-	65.30
2018年縣市議員選舉	35.36	25.06	-	0.43	0.45	38.70
2018年鄉鎮市代選舉	18.69	10.53	-	0.01	-	70.77

資料來源：中央選舉委員會與政大選舉研究中心，歷屆公職人員選舉資料庫。

中央民代強化政黨政治的發展方向正好背道而馳。

　　根據最新修訂的《地方制度法》第33條的規定，直轄市議員總額，人口在200萬人以下者，不得超過55人；最多不得超過62人。而縣市議員總額在縣人口1萬人以下者，不得超過11人；人口在20萬人以下者，不得超過19人；人口在40萬人以下者，不得超過33人；人口在80萬人以下者，不得超過43人；人口在160萬人以下者，不得超過57人；最多不得超過60人。與國外同級地方議會相較，台灣省各縣市議會議員數目並不算少，相對而言，許多縣市當選議員所需要的票數並不算太高。過去除了台北縣及其他少數幾個人口較多的大縣外，一般而言，在多數的縣市中，能夠有把握掌握個4,000、5,000票，便已足以選上個縣市議員（參見表5-5）（王業立，1999a：158-160，2007b：320）。

表 5-5　2005年台灣省第十六屆縣市議員選舉結果統計

縣市	應選名額	選區數	最大選區應選名額	最小選區應選名額*	平均當選票數*	最低當選票數*
台北縣	65	12	10	1	18,318	11,134
宜蘭縣	34	12	7	2	5,529	3,538
桃園縣	59	14	11	1	9,460	5,854
新竹縣	34	12	7	1	5,051	3,370
苗栗縣	38	8	9	3	5,095	3,624
台中縣	57	10	9	4	8,411	3,700**
彰化縣	54	9	12	5	9,586	5,552
南投縣	37	7	10	4	5,443	2,516**
雲林縣	43	6	9	6	6,489	2,060**
嘉義縣	37	7	7	4	6,601	5,060
台南縣	50	10	11	2	8,201	4,016
高雄縣	54	10	14	6	8,805	5,280
屏東縣	55	16	11	1	7,599	1,676**
台東縣	30	14	10	1	3,088	2,072
花蓮縣	33	10	9	1	3,083	2,278
澎湖縣	19	6	11	1	1,775	1,109**
基隆市	32	8	7	3	3,632	1,394**
新竹市	32	5	11	3	3,673	2,421
台中市	46	7	10	6	7,379	3,856**
嘉義市	24	2	12	12	4,566	3,420
台南市	41	6	10	3	6,020	3,319

說明：*不包括應選名額多為一名，且當選票數較少的原住民選區。
　　　**表示係以婦女保障名額身分當選者。
資料來源：中央選舉委員會網站，http://www.cec.gov.tw。

　　4,000、5,000票對於許多政治人物而言，在基層選風不佳的地區，的確是項「價廉物美」的「低消費」投資（與選縣市長或立委相比較的話）。也由於多數縣市的縣市議員當選票數過低，因此縣市議員選舉自然

就會產生以下幾種難以根除的政治現象：

第一，賄選歪風難以杜絕。買票行為固然不是縣市議員選舉所獨有，但在許多縣市，多年來縣市議員選舉的買票風氣，比立委、省議員選舉更是有過之而無不及[20]。由於當選所需票數不多，在參選爆炸、競爭激烈的情況下，候選人之間票數相差有限，再加上政黨區隔、問政表現、或是政見差異又不太受到重視，部分候選人（尤其是新人）知名度有限，而許多選民除非是有收到「走路工」，否則投票意願低落，這些因素都會直接、間接地助長了買票的動機。以2002年6月8日所舉行的鄉鎮市民代表暨村里長選舉為例，各地地檢署受理的賄選案件高達3,000多件[21]，而警方偵破的案件有711件，移送4,462人[22]。雖然政府一再宣示查緝賄選的決心，但從多年來的地方基層選舉來看，賄選歪風一時之間仍難以有效的遏止。

第二，幽靈人口激增。由於當選所需票數不多，候選人之間票數又相差有限，因此每屆縣市議員選舉前夕，許多行政區出現戶口異常遷徙的現象十分明顯[23]。依據《公職人員選舉罷免法》的相關規定，選民只要在投票縣市設籍滿四個月，即可取得投票權。而縣市議員選舉係以縣市為選舉區，在縣市內再劃分選區者，選民只要在選舉公告發布前（公職人員任期屆滿四十日前）相互遷徙，仍可行使投票權。因此縣市議員候選人動用關係，進行幽靈人口大挪移，以合法掩護非法，早已成為縣市議員選舉前夕見怪不怪的現象，但這也嚴重威脅到縣市議員選舉的公平性與公正性。

---

20 以1998年1月的第十四屆縣市議員選舉為例，各報章媒體有關賄選的報導極為普遍，甚至有「賄選行情大公開」的相關報導，參見《中國時報》，1998年1月16日，版4。另外在台中縣市也傳出有候選人以「對賭」的方式「綁票」，參見《聯合報》，1998年1月15日，版4。連檢察官都公開承認，「選區越小，金錢暴力介入越深」，參見《中國時報》，1998年1月15日，版16。

21 參見《中國時報》，2002年6月8日，版1。

22 參見《聯合報》，2002年6月9日，版4。

23 以1998年1月所舉行的第十四屆縣市議員選舉為例，有關幽靈人口的問題，各報章媒體的報導十分頻繁。可參見《自由時報》，1997年10月21日，版11；《中時晚報》，1997年10月30日，版15；《聯合報》，1997年12月25日，版11；以及《聯合晚報》，1997年12月26日，版12等的相關報導。另外金門縣議員當選人李成義因涉嫌引入幽靈人口，已於1998年1月25日被金門地檢署聲請法院裁定收押禁見，參見《中國時報》，1998年1月26日，版2。

　　第三，近年來，縣市議員選舉已成為黑道漂白的最佳管道之一。這些兄弟在依靠派系的力量或是靠買票、綁樁、暴力脅迫的方式當選後，不但他們原有所經營的「事業」會因此受到相當程度的保障，縣市議員的身分更會有助於他們新事業與地盤的「拓展」[24]。近年來在台灣許多縣市議會，甚至常會上演「大哥級」議員質詢警察局長的荒謬劇情。以第十四屆縣市議員選舉為例，黑道參選情形極為嚴重，雖然政府再三宣告要「從嚴從速偵辦」[25]，但是10名被列入「治平專案」的參選人中，有五名當選縣市議員；另外有二名「治平專案」被告之妻「代夫出征」，也皆順利高票當選縣議員[26]。而在2002年的鄉鎮市民代表暨村里長選舉前夕，警方所進行全國性大規模的查察暴力介入基層選舉事件中，截至開票日止，主動蒐報的暴力案件有110件，偵破67件，移送人數達112人[27]。雖然依據《組織犯罪防制條例》第13條的規定，凡是觸犯該條例之罪，經判處有期徒刑以上之刑確定者，不得登記為公職人員候選人（此即是所謂的「排黑條款」），但是要防止黑道涉入基層選舉，光靠檢警調人員的努力，顯然仍是不夠的。

　　第四，縣市議員選舉也是地方政治勢力重組的重要時機。一方面地方派系或政治人物利用縣市議員選舉進行「布樁」以及擴充或鞏固「地盤」；另一方面地方派系如能夠掌握縣市議會的多數席次，則在地方政、經資源的分配上，自然取得了舉足輕重的發言地位。近年來，在派系輪政的傳統逐漸被打破後，連議會的議長、副議長職位都成為派系惡鬥的兵家必爭之地，暴力脅迫、集體出遊、買票換票等情事層出不窮。而在「凍省」後，縣市政府的人事權、財政權大為提升，縣市長選舉以及縣市議員選舉的勝敗，更將成為地方派系存亡消長的關鍵。

　　如前文所述，近年來國內不乏討論選舉制度改革的聲音，但討論的焦

---

24 關於黑道與選舉的關係，可參見趙永茂（1997：277-323）。
25 參見《中國時報》，1998年1月16日，版4。
26 參見《聯合報》，1998年1月25日，版3。
27 參見《聯合報》，2002年6月9日，版4。

點，主要集中於中央民意代表（立法委員、國民大會代表）的層級，而與地方層級有關的，除了停止省議員選舉與是否要廢除鄉鎮市級選舉的議題外，關於縣市議員選舉制度的改革，在「國發會」及以後歷次的修憲的過程中，各政黨皆未提及。

　　事實上，在精簡省府的功能、業務與組織後，縣市政府的人事權、財政權近年來已做了大幅度的調整，而從憲政主義、人民權益的保障、以及分權制衡的角度而言，縣市議會的立法權及其所扮演的監督行政的角色也將更形重要。因此，縣市議員素質的良窳，也將直接影響到未來地方自治的成敗。無可諱言的，台灣實施地方自治七十多年以來，定期舉行的地方公職人員選舉雖然有其不可磨滅的貢獻，但地方民意代表素質參差不齊[28]，學、經歷普遍偏低，卻也是不爭的事實（薄慶玖，1994：376-377）[29]。而在近三十年來，黑金政治更是腐蝕了地方政治的根基。根據趙永茂的研究，有些縣市議會議員，出身黑道或與黑道過於密切者，甚至高達50%以上（趙永茂，1997：320）[30]。在此種情況下，無論地方自治權責未來將如何劃分，台灣地方自治的前景都將會是十分的黯淡。因此，為進一步落實地方自治，除了多數人關切的中央與地方的權限劃分問題外，吾人也應當對於目前縣市議會所已經浮現出的種種問題，予以更多的關心與重視。例如攸關地方政治生態甚鉅的縣市議員選舉制度是否也需要改革？如果要進行改革的話，是否也應朝向「單一選區兩票制」方向思考？抑或有其他的改革方案，到目前為止，國內學者對於此議題的探討並不多見（王業立，2004d）[31]。

---

28 例如《中國時報》1997年12月29日版14的一篇調查採訪指出，以彰化縣為例，第十四屆縣市議員候選人中，除了不乏具黑道背景者外，另外像「看風水的」、「六合彩大組頭」、「電動玩具大亨」、「經營地下酒家」、「大哥的女人」、「職業賭場幕後負責人」、「開綠燈戶的」等形形色色的都有，充分展現參選人的多樣性。

29 以2005年12月所選出的第十六屆縣市議員為例，學歷是高中職程度以下者，占所有當選者的46.7%，參見中選會選舉資料庫統計資料。

30 前法務部長廖正豪也曾公開表示，地方民意代表三分之一有黑道或前科背景，參見《聯合報》，1998年1月15日，版4。

31 趙永茂曾經提出縣議員一半由單一選區選出，一半由政黨比例代表方式產生的主張。參見趙永茂（1997：348-349）。

　　由於各縣市議員應選名額眾多，無黨籍議員比例甚高，再加上地方性的選舉，政黨色彩本來就比較淡薄，在此前提下，是否宜採「單一選區─比例代表」的混合式選舉制度，可能就值得進一步商榷。在縣市議員選舉中，無可避免地，選民較關切的都是社區性的、地方性的議題，候選人個人的服務績效、人脈關係，也遠重於其政黨標籤，在此情況下採行政黨比例代表制似乎意義不大，並且政黨名單容易淪為地方派系的禁臠。而如果各縣市議員應選名額無法大幅減少的話，在維持目前眾多應選名額的情況下，改採單一選區將導致選區劃分過細[32]，至少在現階段對選風的改善似乎也無太大的裨益。因此在應選名額無法大幅減少、無黨籍議員比例仍高，以及選民政黨認同未大幅提升前，在仍然維持目前複數選區的前提下，本文認為採行「連記投票」不失為一個值得考慮的改革方向。

　　所謂「連記投票」係指在複數選區中，選民可圈選不只一位候選人的選舉方式。依選民可圈選候選人數目的不同，又可區分為「全額連記投票」（block vote）與「限制連記投票」（limited vote）（請參見本書第二章第二節的介紹）。美國雖是採行單一選區最具有代表性的國家，但該國許多州在地方性的選舉上，亦不乏採行複數選區連記投票的例子（Carey, Niemi & Powell, 1997），這點是非常值得吾人參考的。

　　連記投票在我國一般人民團體選舉中已行之久遠，多數民眾對其並不陌生。但在一般人民團體選舉中使用連記投票最常為人所詬病者，乃是選舉易淪為派系操控，並容易造成換票、配票的情形大行其道（詳見第三章第六節的探討）。例如台灣過去的農、漁會理監事選舉、國民黨的中央委員選舉等，皆可看到派系運作，以及換票、配票名單滿天飛舞的情況。

　　但是在選民人數眾多的縣市議員選舉（包括直轄市議員選舉）中採行連記投票，像是一般人民團體（成員人數相對較少）選舉中易淪為派系操控，進行大規模換票、配票的情形將較不容易發生效果。而在複數選區

---

32 若以直轄市的台北市為例，如果市議員應選名額維持63名不變的話，即使採行一半由單一選區選出，一半由政黨比例代表產生的方式，幅員不大的台北市仍然需要劃成至少31個單一選區。

的縣市議員選舉中採行連記投票，退一步而言，至少也可以提高賄選的成本、困難度與不確定性，進而在相當程度上打破黑金勢力的影響，並改善選風。並且如果一位選民可以有機會圈選若干位候選人，則選民的選擇空間也將大為增加，即使有部分選民拿了某位候選人的「走路工」，在基於「誠信」與「人情」的壓力下，不得不圈選該名候選人，但選民仍有機會圈選其他的候選人，買票的功能因此在相當程度上將被稀釋掉了。所以在連記投票下，如果選民的人數足夠多，則無派系支持、形象清新、或是學經歷良好的候選人也比較有機會能夠出頭。因此在縣市議員選舉中，如果「單一選區─比例代表」的混合式選舉制度暫時不適宜貿然實施，那麼改採連記投票或許是一個值得思考的改革方向。

　　在具體做法上，本文建議各縣市議員選區最高應選名額應在10名以內，人口眾多的縣轄市不再劃分選區的禁忌，至今早已不合時宜，應可加以修改（事實上2008年第七屆立委選舉的選區劃分已打破了過去成規）。選區應選名額在三名或三名以下者，仍可採行單記投票；而選區應選名額在四名或四名以上者，則可考慮使用二分之一限制連記投票。之所以採行限制連記投票而非全額連記投票，其目的乃是在於給予小黨或無黨籍參選者制度性的保障[33]。雖然如前文所述，目前在大多數縣市中，縣市議員選舉政黨色彩並不濃厚，但為避免大黨操控全局的可能性，給予小黨或無黨籍參選者制度性的保障仍屬必要。而應選名額在三名或三名以下的選區之所以採行單記法，乃是因為其即使使用二分之一限制連記投票，選民還是只能投一票。更何況在三名以下的選區，候選人如能當選，其得票比例已應不致太低。

　　縣市議員選舉如能改採二分之一限制連記投票，就現階段而言，可說是變動最小的改革方式。在應選名額不變、複數選區也維持不變的情況下，選民接受的程度也會較高。另一方面，在二分之一限制連記投票下，

---

[33] 關於限制連記投票可保障小黨的探討，可參閱楊泰順（1991：27），以及本書第三章第六節的探討。

小黨及無黨籍候選人的問政空間也不致於會被封殺，而隨著選民人數越多，應選名額越多，限制連記投票的這項特色也越會被彰顯出來。根據目前的相關法規，應選名額在四名以上的選區，其人口數至少要在4萬人以上，在二分之一限制連記投票下，大黨或大的派系想要靠配票、換票來掌控全局並不容易。

　　因此綜上所論，縣市議員選舉如能改採二分之一限制連記投票，其優點是此選舉方式對國人而言並不陌生，選民接受度較高。而在變動最小的情況下，亦能在相當程度上有效解決目前使用單記非讓渡投票制所衍生的若干弊病。即使應選名額不變，選民的選擇機會也會增加，而當選所需的票數也將大為提高。在可能高達數萬的選民及眾多應選名額的情況下，不但選民的選擇自由度大增，而配票、換票與估票的不確定性也都會因此而提升。影響所及，買票的困難度將增加，而回收的比例也將更難預估。而由於當選所需的票數將大為提高，幽靈人口的邊際效用也將遞減。另外也因為在限制連記投票下，當選所需的票數將增加；配票、估票的不確定性將提高，派系及黑金的影響力在相當程度上也會隨之下降。

　　當然採行二分之一限制連記投票，也將會出現一些技術面的問題及增加選務工作的負擔。例如投、開票的時間將會延長、廢票可能會增多（少部分選民可能會不慎圈選太多的名額）、部分選民弄不清楚該圈選幾位、甚至做票舞弊的機會都有可能會增加（在圈選不足額的選票上動手腳）等等。但是在未來我國若是可以引進許多西方民主先進國家行之有年的電腦計票的話，許多技術層面的問題都將可以獲得解決。

　　如果未來鄉鎮市長改為官派並廢除鄉鎮市民代表會選舉，那麼縣市議會可能將成為台灣地方自治下最高甚至是唯一的民意機構，而縣市議員選舉也勢必將成為台灣地方自治是否能真正健全發展的重要關鍵之一。為了未來台灣的地方自治能夠真正的落實，在探討選舉制度改革時，縣市議員選舉制度的改革實不容被忽略。

第六章　選舉制度與政黨提名

第一節　前言

「政黨政治」是現代「民主政治」的基石。謝許奈德（E. E. Schatt-schneider）曾經指出：「政黨創造了民主政治，……沒有政黨，民主政治將無法想像……。政黨不是現代政府的附屬品，而是當代政府的核心，扮演著決定性與創造性的角色。」（Schattschneider, 1942: 1）在現代民主政治中，政黨具有諸多的功能，它可以反映民意、培養及甄選政治菁英、表達及整合利益、設定議題、組織政府、動員與教育選民等（楊日青等，2002：395-399）。雖然許多社會團體也有部分類似的功能，但政黨與一般社會團體及利益團體最大不同之處在於，政黨可以提名候選人參與選舉，希望透過選民的支持以爭取執政的機會（王業立，2005c）。

在21世紀的今日，「政黨政治」與「民主政治」幾乎可以畫上等號：政黨推舉候選人參與選舉，早已成為民主政治的常態。在選舉的競爭過程中，是否能提名適當的候選人參選，往往是影響政黨在選舉中成敗的重要關鍵；而「挑選候選人」（candidate selection）[1]也被政治學者視為是民主國家中政黨最重要的活動（Schattschneider, 1942: 64; Kirchheimer, 1966: 198; Ranney, 2001: 209），甚至是唯一的活動（Jupp, 1968: 58）。然而值得注意的是，儘管挑選候選人常被認為是政治過程中非常重要的一部分，相對而言，它似乎並未得到政治學研究者應有的重視（Gallagher

---

1　根據倫尼的定義，「提名」（nomination）與「挑選候選人」（candidate selection）是有所區別的：所謂「提名」是指選務機關確認某些人具有公職候選人的資格，並將其名字印在正式選票上的法律程序；而「挑選候選人」是指政黨決定何人由該黨推薦，而成為選票上代表該黨的候選人，此過程通常不受法律支配的（Ranney, 2001: 169）。在本文中並不對此二名詞做嚴格的區分；二者均指政黨選拔候選人代表該黨參選的政治過程。

& Marsh, 1988: 1），甚至有學者直指它是政黨政治中的「祕密花園」
（secret garden）[2]。

　　事實上，在所有的民主國家中，政黨幾乎壟斷了提名，而被賦予組織
政府及制定公共政策的重責大任（Ranney, 2001: 209）；民主國家中（尤
其是議會內閣制國家）政治菁英的甄補，主要也是來自於政黨，而與政黨
的提名有密切的關係（Czudnowski, 1975: 219）。政黨所提名候選人的素
質，往往就已決定了一個國家民選公職人員的水準與政治的良莠；政黨挑
選候選人程序的改變也可能會對一個國家的政治運作有所影響；而一個政
黨提名候選人的方式，更可視為評估該黨黨內民主程度與處理黨內衝突態
度的一項重要的指標（Gallagher & Marsh, 1988: 1-2）。因此，政黨提名
候選人的方式與過程，絕對不只是政黨關起門來的家務事而已，它對於一
個國家政黨政治、乃至於民主政治的發展，都可能會造成深遠的影響。

　　我國自1987年解嚴、1989年《人民團體法》修正公布以來（2017年
12月以後，政黨改由《政黨法》所規範），政黨政治的發展已由一黨獨
大漸漸轉變為多黨競爭的局面。受到許多外部環境（如政治民主化、政黨
競爭、與複數選區選舉制度等）與內部因素（如黨內民主的呼聲、政黨
內部權力互動、與派系生態等）的影響（楊泰順，1991：138-155；劉淑
惠，1994：6-7；廖益興，1994：8-9；施正鋒，1995：16-17；王業立，
1995a；葛永光，1995：77），國內主要政黨的提名制度一直在變動中，
並且各政黨的提名制度彼此之間也有很大的不同。到底我們應如何看待各
政黨的提名制度？不同的提名制度究竟反映出何種政治現實與價值？與其
他民主國家相較，我國各政黨的提名制度有何不同之處？選舉制度對於政
黨的提名方式有何影響？而其他民主國家的提名制度（如初選制），在我
國實施的成效又如何？在本章中，將要針對上述幾個問題進行探討。

2　例如加勒弗與馬許（Michael Gallagher and Michael Marsh）於1988年出版了一本探討各國政
　黨挑選候選人的著作，其書名為Candidate Selection in Comparative Perspective: The Secret Gar-
　den of Politics.

第二節　提名制度與政黨政治

在一般的民主國家中，替選民篩選候選人是政黨存在的重要功能之一，不是政黨所提名的獨立候選人當選的比例普遍不高。在實施政黨名單比例代表制的國家，獨立候選人更是毫無當選的空間。儘管近年來許多民主國家的選民對現有各政黨的表現感到失望，但結果也多半是新政黨的出現、舊政黨的解體與重組；「政黨政治」依然存在，所不同的只是「一黨制」、「兩黨制」、「三黨制」、或「多黨制」的差別而已。「無黨制」（no-party system）（Ranney, 1979）尚不可能取代現有的政黨政治及政黨替選民挑選候選人的功能。換言之，在所有的民主國家中，政黨仍然壟斷了向選民推薦候選人的特權，真正的無黨籍人士能夠脫穎而出的，仍然只是少數的特例而已，尚不足以視為民主國家中所普遍存在的政治現象。

而對民主國家大多數的政黨而言，選拔適當的候選人代表該黨參與各種公職的競選，無寧是政黨發展的命脈，也是政黨存在最重要的功能。政治學者謝許奈德即曾指出：「提名是政黨最重要的活動……是現代政黨最顯著的特徵；如果一個政黨不能夠從事提名活動，它就不再是一個政黨。」（Schattschneider, 1942: 64）他更進一步指出：「提名過程對於政黨具有關鍵性的地位，提名程序的本質決定了政黨的屬性，誰能夠控制提名即是掌握了政黨，這是觀察黨內權力分配最好的切入點。」（Schattschneider, 1942: 64）倫尼（Austin Ranney）也曾指出：「從民主政府的觀點來看，挑選候選人是一個政黨最重要的活動。」「一方面，所提名的人選經常被大部分的黨工及黨員所接受和支持，是勝選的命脈所繫；另一方面，控制政黨的提名作業也是任何政黨主要的權力來源。誰能夠控制候選人的挑選，他也勢必對大部分的重要黨務具有決定權。」（Ranney, 2001: 209-211）

提名的意義不論對於選民、政黨黨員、政黨本身都是舉足輕重的，而落實在實際政黨提名過程中，提名制度的制定更必須考慮到不同的面向。依據諾芮斯等人的研究，民主國家的政黨在選擇不同的提名制度時，

下列四項指標最常被引用：一、是否民主（democratic），意指提名過程中權力的分布，地方黨部與選區當地黨員是否參與提名過程；二、公平與否（fair），意指所有符合資格者是否受到公平的待遇；三、效率（efficient），意指提名的決策過程是否有效率；四、針對選舉結果是否有效（effective），意指是否能挑選出「好」的候選人（Norris & Lovenduski, 1995：3；王業立、楊瑞芬，2001：4）。

在上述四項指標中，最受爭議的便是黨內民主此項標準，也是最多學者討論的焦點。在民主國家中，幾乎所有的政黨組織大致上皆可區分成中央黨部（central organization）或全國性黨部（national organization）、區域黨部（regional branch）和地方黨部（local branch）或選區黨部（constituency branch）等不同的層級，「集中性」（centralization）便是指提名候選人的權力分布情況，也是觀察黨內民主的重要切入點。就某個極端而言，提名過程可能由所有政黨支持者參與；相反的，也可能僅由政黨領導者一人獨自決定。

既然挑選候選人是一個政黨最重要的活動，那麼民主國家的政黨究竟如何從事提名工作？在從事了九國的跨國研究後，加勒弗（Michael Gallagher）即依照各國政黨挑選候選人的「集中性」，將民主國家政黨決定提名的方式分為七種類型（參見表6-1）（Gallagher & Marsh, 1988: 236-245）：

一、政黨選民（party voters）

這是政黨選拔候選人的一種極端方式，將參與者極大化，允許所有的選民只要有意願，皆有機會參與某政黨挑選候選人的過程。這些參與某政黨初選的選民（未必是該黨的正式黨員），即被稱為「政黨選民」（party voters）。在美國，大概有20個左右的州的政黨使用「開放式初選」（open primaries）來決定其黨內總統候選人的提名人選，即是屬於此種公民直接初選（direct primaries）的方式（Ranney, 2001: 172；何思因，1993：6-9）。在其他的民主國家中，此種方式較為罕見。

二、黨內初選（party primaries）

此種方式即是讓所有正式登記或繳交黨費的正式黨員參與黨內公職候選人的提名過程。例如比利時的許多政黨皆是以此種方式決定黨內的提名人選；英國的自由黨與社民黨（SDP）也是採用此種方式；而芬蘭自1978年後，法律強制規定各政黨提名必須採行黨內初選制（Gallagher and Marsh, 1988: 239）。在現今美國的50個州中，大概有20餘個州的政黨所舉辦的「封閉式初選」（closed primaries）事實上即是屬於此類的黨內初選。選民在參加某政黨的初選前，必須先登記或宣告為該政黨的黨員，方可參加該黨的初選。獨立選民（independents）是無法參與兩大黨的黨內初選的（Ranney, 2001: 171-172）。各州所不同的，主要在於政黨登記期限的長短與黨員資格認定寬鬆上的差異。

三、選區幹部投票（subset of constituency party members）

通常以選區委員會組織（constituency committee）或黨代表會議（delegate convention或caucus）來選拔並決定該選區的政黨提名人選。倫尼曾經指出，在全國性或區域性黨部監督下，由選區黨部決定提名（選區黨員直選或幹部投票）是民主國家中最常見的方式（Ranney, 1981: 82-83），由表6-1及表6-2中似乎也可印證這個論點。英國的保守黨與工黨[3]、德國與挪威的各個主要政黨，是採行選區幹部投票著名的例證。

表6-1　主要民主國家政黨提名方式比較表

國名	政黨選民	黨內初選	選區幹部投票	黨中央決定	利益團體	全國性派系領袖	黨魁決定
比利時		CVP* SP* PS PRL*	CVP* SP* PVV PRL* PSC		CVP*		

---

[3] 英國兩大黨的中央黨部在某些情況下，在提名過程中會扮演起比其他同類型國家政黨的中央黨部更重要的角色。參見何思因（1993：9-15）。

表 6-1　主要民主國家政黨提名方式比較表（續）

國名	政黨選民	黨內初選	選區幹部投票	黨中央決定	利益團體	全國性派系領袖	黨魁決定
英國		Liberal SDP	Conservative Labour				
法國		PS	PC	RPR UDF			
德國			All parties				
愛爾蘭			FF* FG* PD* Labour WP	FF* FG* PD*			
義大利			DC* PCI* PSI* Small parties	DC* PCI* PSI*	DC*	DC*	
日本			JSP* DSP*	JCP	JSP* DSP*	LDP	Komei
荷蘭		D'66	CDA PvdA	VVD			
挪威			All parties				
美國	Dem. Rep.	Dem. Rep.					

說明：*表示影響提名決定的單位不只一種。
資料來源：Gallagher & Marsh（1988: 237）；Ranney（2001: 171-172）。

四、黨中央決定（national executive）

　　倫尼認為，全國性黨部參酌選區黨部或區域性黨部的建議推薦名單而決定提名人選，是民主國家中次常見到的方式（Ranney, 1981: 82-83）（請參見表6-1及表6-2）。過去法國兩個最大的右翼政黨（共和聯盟RPR，法蘭西民主聯盟UDF）、愛爾蘭的三個主要政黨、日本共產黨（JCP）等，皆是由中央黨部握有提名大權。

表 6-2　歐洲各國最大政黨黨內提名方式比較表

國名	主要決定提名單位	次要決定提名單位
奧地利	選區黨代表會議	中央黨部
比利時	選區黨代表會議	利益團體，選區黨員
丹麥	選區黨代表會議	-
芬蘭	選區黨員	-
法國	中央黨部	選區黨代表會議
德國	選區黨代表會議	-
希臘	政黨領袖	-
冰島	選區黨代表會議	-
愛爾蘭	選區黨代表會議	中央黨部
義大利	中央黨部	選區黨代表會議，派系
馬爾它	中央黨部	-
荷蘭	選區黨代表會議	中央黨部
挪威	選區黨代表會議	-
葡萄牙	中央黨部	選區黨部
西班牙	領導集團	選區黨部
瑞典	選區黨代表會議	-
瑞士	選區黨代表會議	-
英國	選區黨代表會議	-

資料來源：Gallagher, Laver & Mair（1992: 131）。

五、利益團體（interest groups）

　　某些國家的政黨與特殊利益團體（如工會）間關係密切，以至於利益團體在政黨提名過程中扮演關鍵性的角色。例如比利時的基民黨（CVP）、義大利的基民黨（DC）、日本的民社黨（DSP）等，利益團體在政黨的提名過程中，都有著相當的影響力。

六、全國性派系領袖（national faction leaders）

在某些國家，政黨正式組織架構之外的派系協商，對於黨內提名會有決定性的影響。例如義大利的基民黨（DC），黨內派系如同與黨關係密切的利益團體一樣，對於黨內提名有重大的影響力。日本自民黨（LDP）內的派閥政治亦是此類型著名的代表。

七、黨魁決定（party leader）

這是政黨挑選候選人的另一種極端形式，將提名決定權完全集中於一人，在民主國家中亦不多見。1977年希臘的新民主黨（ND）曾經賦予黨魁此項特權；日本過去宗教色彩濃厚的政黨公明黨（Komei）的黨魁亦擁有決定黨內候選人提名的權力。

從以上的討論中可得知，由民主國家政黨挑選候選人的集中性來看，隨著國家的不同而呈現相當大的異質性，其中似乎並無固定的模式可資依循；甚至在同一個國家內，不同的政黨之間，提名方式也可能會有相當程度的差異（例如日本）。然而無論如何，誠如倫尼所言，在全國性或區域性黨部的監督下，由選區黨部決定提名，或是全國性黨部參酌選區黨部或區域性黨部的建議推薦名單而決定提名人選，仍是民主國家中政黨較常採用的方式（請參見表6-1及表6-2）。

在第二項指標公平（fair）中，我們可以從提名的決策過程是否已規則化（formalization）這個角度觀察。也就是說當提名過程的每一項步驟都已經建立明確的規則，並且這些規則是具有約束力的，如此對所有符合資格者而言它是公平的。相反地，如果提名過程雖然表面上受到一些規則與規範約束，然而實際上的基準卻是隱晦不明，對於符合資格者而言，這樣的提名制度公平性則有待商榷（Norris & Lovenduski, 1995: 4）。以法國的法蘭西民主聯盟（UDF）而言，雖然形式上有一套運作的機制，然而實際運作卻是由黨中央決策，提名規則扮演象徵性意義居多。而義大利的基民黨（DC）則透過非制度性的派系間協商來決定其候選人的順位，此外某些地方選區雖然具有提名的決定權，然而並沒有明確的規則，實際提

名運作無規則可循。而在加拿大，保守黨雖然在某些選區提名時會召開地方層級的黨員大會，然而在會議中地方上的政黨領袖還是扮演著舉足輕重的決定性角色。因此對於有志參與選舉的符合資格者而言，他所面對的並非是公平、公開的「遊戲規則」（Norris & Lovenduski, 1995: 4）。

　　再者，提名制度必須考量決策過程的效率，如果以黨內民主化為一項指標，相較於政黨選民投票（開放式初選）、黨內初選這些提名制度所必須花費的成本，例如候選人宣傳經費、黨員參與成本、投票成本、決策過程時間等，由黨中央或選區幹部投票決定提名名單與所花費的成本較低，然而政黨的提名制度考量的面向並非只有效率一項而已。

　　最後，對政黨而言，提名制度的最終目的還是在於是否能挑選出「好」的候選人。所謂「好」的候選人包含許多方面：首先政黨的實力是由公職人員的席次所決定的，因此提名候選人必然期望於選舉中勝選，以擴大政黨的政治實力，並掌握更多的政治資源。在此條件下，「好」的候選人必然是在選舉中具有相當實力，並具勝選條件者。其次，「好」的候選人能夠代表黨的屬性、代表黨員，無論在行政職位或是民意機構能夠推動黨的政策，貫徹黨的政治理念，對政黨有加分效果者（劉義周，2001：80）。

　　由西方民主國家政黨發展的經驗中可得知，提名制度並無一定的規則模式可循。對於任何一個政黨而言，要決定提名制度必須考量上述四項指標，然而往往卻無法兼顧所有的面向（例如黨內民主化的程度便可能與決策效率有所衝突）。因此對於政黨而言，必須抉擇這四項指標在提名制度中所占的比重或優先順位。這也是為什麼即使在同一個國家中，面臨相同的選舉制度下，不同政黨的提名制度也可能會大相逕庭的原因之一了（王業立、楊瑞芬，2001：3-5；王業立，2005c）。

　　接下來的問題是，那麼到底有哪些因素會影響一個政黨黨內候選人的提名方式？加勒弗根據他的實證研究發現，過去政治學教科書上一些傳統的論點，似乎仍有進一步探討的必要。例如，跨國的研究顯示，選舉制度與政黨提名的集中程度之間並無必然的關聯性。換言之，政黨名單比例

代表制並不意味著全國性的黨中央對候選人提名就一定握有生殺大權；而使用單一選區相對多數決制就必然會造成提名大權下放到各選區（Gallagher & Marsh, 1988: 258-260）。

較確定的證據只顯示出，單一選區相對多數決制下的政黨提名方式，的確普遍地較比例代表制下政黨提名的方式來得簡單（Gallagher & Marsh, 1988: 260）。另一方面，在比例代表制的名單中，各政黨為了爭取選票，會較重視候選人客觀的個人特質，例如：性別、年齡、族群等（Gallagher & Marsh, 1988: 260），以顧及政黨名單的均衡性與代表性。

其次，「提名過程往往會成為黨內衝突或權力鬥爭的主要戰場」這個論點，在加勒弗的實證研究下，也不見得是放諸四海而皆準的。特別是在歐洲許多實施比例代表制的國家中，各政黨為了要爭取選票，黨內各派系往往在提名階段不會尖銳的對立，反而常達成協議以決定如何分配議席。與前述謝許奈德及倫尼的論點正好相反的是，常常不存在任何個人或派系真的能單獨控制政黨的提名作業進而能完全掌握政黨；政黨提名制度的本質較精確的說法或許是：它只是反映出實際的黨內權力分配結構，而非真能決定了誰擁有黨內最終的決策權力（Gallagher & Marsh, 1988: 277）[4]。

最後，加勒弗也發現，一個國家的中央與地方關係也會影響該國政黨的黨內權力分配與提名方式（不管該國所使用的選舉制度為何）。例如實施聯邦制的美國、加拿大、德國、瑞士、澳洲等國政黨的提名制度較傾向分權化（decentralized），這些國家的全國性黨部對於候選人的提名幾乎都無從置喙；而單一國家的法國、愛爾蘭、義大利、日本、荷蘭、以色列、紐西蘭等國政黨的全國性黨部在候選人的提名上則多半扮演著較具影響力的角色（Gallagher & Marsh, 1988: 257）[5]。至於政黨的屬性或意識型態，與黨內提名制度之間倒無必然的關聯。歐洲許多社會主義政黨與中

---

[4] 只有在單一選區「勝者全拿」的制度下，「控制提名即掌握政黨」的情況才有可能發生（Gallagher & Marsh, 1988: 277）。

[5] 當然，例外的國家依然存在。例如實施聯邦制的印度，國大黨的提名制度一直具有高度的集中性；而本身為單一國家的英國，其主要政黨的中央黨部在提名作業上的影響力，相對而言並不顯著（Gallagher & Marsh, 1988: 257-258）。

產階級政黨相較，似乎並不會特別有集權化或分權化的傾向（Gallagher & Marsh, 1988: 261-263）。就某層意義而言，每個政黨都是獨特的（sui generis），都有其自主性的一面，外在環境或許會有影響，但不見得能完全決定一個政黨的一切（包括提名方式的集權化與否）。

第三節　台灣的選舉制度對政黨提名的影響

　　台灣自從日治時代（1935年）舉辦第一次選舉以來，各級民意代表選舉就一直是在複數選區下採行單記非讓渡投票制（詳見第五章的探討）。在縣市長選舉部分，除了第一屆選舉是採用兩輪決選制（runoff election）外，第二屆以後一直是採用相對多數決制（relative plurality）（王業立，1994：14）。1994年舉行過一次的省長選舉，以及直轄市長與總統選舉，也是使用相對多數決制（詳見第四章的探討）。

　　單記非讓渡投票制在台灣實施的經驗，有幾項特殊的現象為歐美各民主國家施行比例代表制或是單一選區多數決制所無法看到的，其中一項便是對於政黨提名方式的影響。在此種複數選區的選舉制度下，政黨在提名時一方面必須要決定提名的適當額度；另一方面也必須要考慮到提名人選的搭配，而此二者彼此之間也存在高度的相互依存關係。

　　在英、美等國所實施的單一選區制下，無論提名權是掌握在全國性黨部、選區黨部、選區黨員、或是一般選民手中，各政黨在各選區中當然最多只會提名一人，然後政黨全力進行輔選。在各選區中不可能有所謂「該提名幾席」或「配票」（vote equalization）問題（配票給誰？）。並且在單一選區制下，各政黨為了要獲取「席位極大化」（maximization of seats），必然儘可能地要「提名極大化」並追求「選票極大化」（maximization of votes）。而在各單一選區中，政黨所追求的「席位極大化」與候選人所追求的「選票極大化」二者之間基本上並不衝突。但是在我國的複數選區制下，各政黨究竟要提名幾席才算「適當」（optimal），則

往往會影響到選舉的勝敗（王業立，1995e：7）。

　　以過去使用複數選區單記非讓渡投票制的立委選舉為例，原則上，政黨在一複數選區中「適當」的提名額度主要是依據：一、該黨過去在該選區中性質類似選舉的得票率[6]；二、此次選舉的預估得票率；三、其他政黨的提名策略；四、政黨本身的配票能力或支持者的配票意願；五、選區的選民結構；六、黨內的派系生態平衡；七、過去立委選舉在一票制下對全國不分區席次的影響；以及八、婦女保障名額的考慮等幾方面做理性的評估，才能找出最適當的提名額度，以期能將有限的政治資源做最有效率的分配與運用。如果政黨在一選區中提名的候選人數目過多，則可能會導致同室操戈，彼此抵消實力，以至於分散票源反而減少席次；如果提名數目過少，則可能是未戰先敗，坐失良機，而將半壁江山拱手讓人，並且可能會連累到全國不分區的席次（一票制下）。如果某位候選人實力超強，而政黨又無法將選票平均分配給其他同黨的候選人，則此種「選票吸塵器」或「吸票機」型的候選人將會對其他同黨的候選人產生「母雞壓死小雞」的排擠效應，反而可能會因此而減少席次。在複數選區下，「選票極大化」並不必然等同於「席位極大化」，但對政黨而言，顯然後者比前者更為重要（王業立，1995e：7-8）。

　　然而，為求得「席位極大化」，在各選區中決定最適當的提名額度，對於政黨（尤其是較大的政黨）而言，並不是件容易的事情（Lijphart, Pintor & Sone, 1986: 158-163; Cox, 1991; Reed, 1990; Cox & Niou, 1994: 221-236; Baker & Scheiner, 2004: 251-278；江大樹，1994：5）。小的政黨在複數選區中，如果頂多只有一席、兩席的實力，則對該黨決定提名的額度、選票的匯集或分配，都不致於有太大的問題；但較大的政黨在應選名額較多的中選區或大選區中，則可能會出現提名過多（over-nomination）、提名過少（under-nomination）、或因配票不均（failure to

---

6　以過去使用複數選區單記非讓渡投票制的立委選舉為例，所謂「性質類似的選舉」即是指過去同樣使用複數選區單記非讓渡投票制的立委選舉或是省市議員選舉等。單一席位的縣市長或總統選舉各政黨在各選區中的得票率，與複數選區立委選舉的得票率往往不能相提並論。

equalize the votes）而出現提名錯誤（nomination errors）（Cox & Niou, 1994: 222-223; Cox & Rosenbluth, 1993: 6; Baker & Scheiner, 2004: 251-278），以至於影響當選席次的狀況。我們以1992年第二屆立委選舉時，在三個不同選區中所發生的實際例子加以說明。

　　1992年的第二屆立委選舉，是立法院首次的全面改選，各政黨、派系的競爭與卡位格外激烈。在應選名額為九席的台北市南區中，國民黨總共提名八名、報准兩名（參見表6-3），結果僅當選四席。根據開票結果顯示，在其他條件不變的情況下，如果國民黨只提名五名，並且選票能夠有效分配的話，國民黨有五席全部當選的可能。類似的狀況同一年也出現在新竹市（參見表6-4）。在1992年新竹市第二屆立委選舉中，如果國民黨只提名一席的話，上榜的機會非常大；但因為國民黨提名兩席，反而造成候選人全部落選的結局。而同年在高雄縣的選舉中，民進黨只提名兩位，結果這兩位分別以第一高票及第二高票當選（參見表6-5）。從開票的結果分析，民進黨的選票如果能夠平均分配的話，則應該有當選三席的實力。而在國民黨方面，如果該黨能勸退執意自行參選的林志隆（白派），而王金平（白派）過多的選票也能有效轉移給同黨的候選人張簡將弘（白派）的話，則也未嘗沒有當選四席的機會。

表6-3　1992年第二屆立委選舉提名過多之例（一）

選區	台北市南區（應選九名）		
主要候選人	得票數	黨籍	備註
沈富雄	73,726	民提	
張俊宏	67,295	民提	
郁慕明	56,278	國提	
魏鏞	44,130	國提	
林正杰	32,907	無	
李慶華	32,472	國提	
翁大銘	29,347	無	

表 6-3　1992年第二屆立委選舉提名過多之例（一）（續）

選區	台北市南區（應選九名）		
主要候選人	得票數	黨籍	備註
顏錦福	28,485	民提	
潘維剛	28,048	國提	以上為當選者
黃金如	26,330	國提	
王令麟	25,831	國准	
蔣乃辛	25,298	國提	
蔡璧煌	21,618	國提	
林鈺祥	17,596	國准	
黃天福	14,120	民提	
林富村	13,819	國提	得票1萬以上者

資料來源：中央選舉委員會《第二屆立法委員選舉實錄》。

表 6-4　1992年第二屆立委選舉提名過多之例（二）

選區	新竹市（應選二名）		
主要候選人	得票數	黨籍	備註
柯建銘	44,318	民提	
謝啟大	29,810	無	以上為當選者
劉榮隆	26,524	國提	
許武勝	26,067	國提	得票2萬以上者

資料來源：中央選舉委員會《第二屆立法委員選舉實錄》。

表 6-5　1992年第二屆立委選舉提名過少之例

選區	高雄縣（應選六名）		
主要候選人	得票數	黨籍	備註
余政憲	104,729	民提	
尤宏	103,246	民提	

表6-5　1992年第二屆立委選舉提名過少之例（續）

選區	高雄縣（應選六名）		
主要候選人	得票數	黨籍	備註
王金平	90,552	國提	
蕭金蘭	65,685	國提	
王世雄	58,011	國准	
林源山	40,252	無	以上為當選者
張簡將弘	36,565	國准	
林志隆	29,263	無	得票2萬以上者

資料來源：中央選舉委員會《第二屆立法委員選舉實錄》。

　　雖然就理論上而言，在複數選區單記非讓渡投票制下，大黨比小黨在提名額度及配票上容易出錯（Lijphart et al., 1986）。但在過去的選舉中，日本及台灣的最大黨——自民黨與國民黨——卻常獲得「超額代表」（over-representation）（亦即席次率高於得票率）或「席次紅利」（seat bonuses）（Cox & Niou, 1994；徐永明、陳鴻章，2002），並因而有助於其維持一黨獨大的政治局面。考克斯與牛銘實（Gary Cox & Emerson Niou）認為，至少有三個理由可以解釋此種現象：第一，其他的大黨（如日本的社會黨與台灣的民進黨）也在提名上出錯，使得部分席次流向自民黨與國民黨；第二，反對陣營的分化（fractionalization）、相互掣肘，而喪失了部分該贏而未贏的席次，並讓自民黨與國民黨坐收漁利；第三，中選區（選區應選名額為二席至六席）的選區劃分，對自民黨與國民黨較為有利（Cox & Niou, 1994: 234）。

　　另外筆者以為，至少在台灣的選舉中，由於過去國民黨在地方長期的經營，使其擁有非常雄厚的基層組織與機動的配票能力，這是其他的政黨無法相提並論的。雖然這幾年來國民黨的鐵票已逐漸生鏽，但在勝負差距非常微小的關鍵時刻，配票往往仍可扮演起舉足輕重的角色，其影響力仍不容小覷（王業立，1991：16；楊泰順，1991：142）。事實上，在大多數的非都會型選區中，綿密的樁腳動員網絡，仍是國民黨賴以勝選的利器。

其他的政黨即使也想要配票，但在基層組織薄弱的情況下，也只能呼籲支持的選民「自動配票」。因此在台灣過去許多年的選舉後常出現的結果是，其他政黨的候選人在許多選區中都拿下第一、第二高票，但總席次率卻仍是低於總得票率（可參見表6-3至表6-6）。配票能力在不一樣的立足點上，或許也是國民黨在過去選舉中，一直享有「超額代表」或「席次紅利」優勢的重要原因之一。另外，如同雷伊曾經指出，任何選舉制度都傾向對大黨較有利；大黨在任何選舉制度下，其所能獲得的席次率一般而言都較其得票率來得高，杜弗傑將此現象稱為選舉制度本身的「機械性因素」（mechanical factor）（詳見第三章的探討），過去選舉中國民黨在單記非讓渡投票制下享有「超額代表」或「席次紅利」的優勢自然亦不例外（2008年區域立委選舉改為單一選區制後，這種現象更加凸顯）。而此種「超額代表」大致上會和政黨的得票率成正比；政黨的得票率越高，其所能享有「超額代表」的優勢也會越大。最後，複數選區的選舉制度亦有利於組織動員能力強的政黨進行配票及吸票，甚至透過對行政立法內容的掌控，進行「肉桶立法」（pork barrel），以圖利特定選民，這些都可能是造成國民黨在過去選舉中，一直享有「超額代表」優勢的重要原因（參見表6-6）（王業立，1999b：147-148）。

表6-6　複數選區制下歷年立委選舉各政黨得票率與席次率比較表＊（%）

政黨＼年度	1989年	1992年	1995年	1998年	2001年	2004年
國民黨得票率	57.04	53.02	46.06	46.43	28.6	32.83
國民黨席次率	68.32	57.60	51.83	54.67	30.2	35.11
席次紅利＊＊	11.28	4.58	5.77	8.24	1.6	2.28
民進黨得票率	26.76	31.03	33.17	29.56	33.4	35.72
民進黨席次率	19.80	30.40	32.93	31.11	38.7	39.56
席次紅利＊＊	-6.96	-0.63	-0.24	1.55	5.3	3.84
新黨得票率	-	-	12.95	7.06	2.6	0.12
新黨席次率	-	-	12.80	4.89	0.4	0.44

表 6-6　複數選區制下歷年立委選舉各政黨得票率與席次率比較表*（%）（續）

政黨 ＼ 年度	1989年	1992年	1995年	1998年	2001年	2004年
席次紅利**	-	-	-0.15	-2.17	-2.2	0.32
親民黨得票率	-	-	-	-	18.6	13.90
親民黨席次率	-	-	-	-	20.4	15.11
席次紅利**	-	-	-	-	1.8	1.21
台聯黨得票率	-	-	-	-	7.8	7.79
台聯黨席次率	-	-	-	-	5.8	5.33
席次紅利**	-	-	-	-	-2.0	-2.46
其他得票率	16.35	15.95	7.82	16.95	9.0	9.64
其他席次率	11.88	12.00	2.44	9.33	4.4	4.44
席次紅利**	-4.47	-3.95	-5.38	-7.62	-4.6	-5.20

說明：*各政黨得票率與席次率僅計算政黨提名及報准參選者。
　　　**席次紅利（seat bonus）係指該黨的席次率減去該黨的得票率之差距。
資料來源：中央選舉委員會與政大選舉研究中心，歷屆公職人員選舉資料庫；王業立
　　　　　（1999b：149）。

　　但是國民黨此種在複數選區中的配票優勢，在後來幾屆的立委選舉中似乎已漸漸有所鬆動。一方面在許多選區，國民黨的鐵票已逐漸生鏽；另一方面民進黨與新黨（1990年代中期）在都會選區的配票作業，似乎也有異軍突起之勢。例如，在1994年的台北市議員選舉中，新黨靠著選民的「自動配票」，以及競選市長的趙少康「母雞帶小雞」的效應，提名14席當選11席，開創了國民黨責任區式的組織配票模式（劉義周，1991）以外，選民自動配票的新典範。而在1995年的第三屆立委選舉中，新黨更進一步打出「我們太小，一票都浪費不起」的訴求，發動支持者在該黨提名兩席以上的選區進行「強制配票」（包正豪，1998）。而在1995年的立委選舉中，民進黨在北市南區所提名的四位候選人，也早已打出「四大天王、完全配票」的文宣，強調「四在必得」，進行「四人行」、「四季紅」強力動員配票計畫（游清鑫，1996：137-177）。這種號召支持者

強制配票的競選策略，固然是在野黨在複數選區下，為克服基層組織力薄弱，並尋求當選席次極大化的一項突破性的創舉，但也必須承擔選舉結果可能是大好或大壞的高風險。從另外一個角度而言，這種強制配票的競選策略，也是向台灣過去選舉中，多數選民傳統的「選人重於選黨」的投票行為進行挑戰（王業立，1995a：155-156）。

　　一般而言，過去在複數選區的立委選舉中，強制配票要能成功，其先決條件是：一、要有一定比例具有高度「政黨認同」的支持者，「認黨重於認人」（如同過去國民黨黃復興黨部的眷村鐵票），或者至少「選黨與選人並重」，並且願意配合接受政黨強制配票的指令；二、政黨整體的估票要準確、票源要足夠、配票要公平；三、同黨候選人願意配合整體的配票作業，而不陽奉陰違、互挖牆腳；四、同一政黨所提名的各個候選人之間的理念、形象、與各方面條件也不致差距太大。否則某些選民可能是因為對各別候選人的強烈認同或理念接近而表示支持該候選人所屬的政黨（例如過去部分選民可能因為支持主張台獨的候選人，因而支持民進黨），如果政黨強制配票而要求這些選民改投理念差距過大的其他候選人，恐怕許多選民也不見得會願意配合。

　　在1995年第三屆立委選舉中，新黨在台北市南區、北區、桃園縣，以及民進黨在台北市南區所進行的強制配票，大體上而言，均大致符合上述四個先決條件。這兩個政黨在這些選區強制配票的成功，無可諱言地，的確是對選民傳統「選人重於選黨」投票行為的一項強而有力的解構性挑戰，並對各政黨後來幾屆立委選舉（乃至於至今仍採複數選區的直轄市議員及縣市議員選舉）的選舉及提名策略產生一定的影響。但是值得注意的是，強制配票策略仍然不宜被視為萬靈仙丹，並且各政黨也必須了解該策略終究有其很大的侷限性（游清鑫，1999：163-190）。

　　在1995年第三屆立委選舉中，民進黨與新黨在部分選區強制配票能夠成功，主要是所提名的各候選人本身條件、形象都不差，使得許多「選黨還要選人」的選民，也不會面臨太大抉擇上的困難。而兩個政黨在這些選區所提名的人數也還算適當，使得強制配票相對而言較容易運作成

功。如果像是在台北縣（第三屆立委應選17席），民進黨提名的人數高達10人，即使想要進行強制配票，實際上恐怕也會遭遇到許多技術上的困難。又如像台中市（第三屆立委應選四席），民進黨提名三人，本來的傳統票源即不夠平均分配以確保三席全上，想要進行強制配票也勢必不可能。另外不同選區選民與候選人的素質也不盡相同；選民的投票行為甚至政治文化也可能會有差異，這或許也可以解釋1995年新黨的強制配票計畫，在台北縣並不算太成功的部分原因（王業立，1995a：156）。而到了1998年第四屆立委選舉，民進黨在台北市南區的提名人雖然再度喊出類似的「四季紅」配票，但由於候選人之間各有盤算，未能全力配合，配票計畫終告破局，反而是台北市北區的民進黨候選人五席全上（游清鑫，1999:163-190）。

　　另外值得注意的是，政黨在複數選區中進行提名，也會發展出自我學習「嘗試—錯誤」（try and error）的能力。由表6-6中可清楚看出，從1989年的增額立委選舉，到2004年的第六屆立委選舉，國民黨雖然一直享有「超額代表」的優勢，但在另外一方面，民進黨「不足額代表」的現象卻也逐次降低；甚至在1998年的第四屆立委選舉中，儘管民進黨在保守提名策略以及建國黨、新國家聯線的掣肘下，造成整體選戰結果不如預期，但是卻首度享有「席次紅利」，而在2001年的第五屆立委選舉以及2004年的第六屆立委選舉，民進黨所得到的席次「紅利」，甚至超越了國民黨。相對而言，隨著國民黨總得票率的下降，其所能享有的席次「紅利」，整體而言也已明顯地降低了（黃德福，1993：17；盛杏湲，1998：76；徐永明、陳鴻章，2002）。另外值得注意的是，在過去使用複數選區的立委選舉中，國內主要大黨能夠享有「超額代表」或「席次紅利」的優勢，另一個重要的原因乃是得利於人數眾多的無黨籍候選人所「浪費」的選票，以及一票制與5%政黨門檻所提供的制度性的保障所賜（王業立，1999b：148）。

　　除了提名人數對選舉結果有直接的影響外，提名人選的搭配（包括票源區的劃分）也是複數選區選舉制度之下的另一項特色。為了避免同黨候

選人之間因同質性太高而產生票源重疊以至於將選票稀釋，並為求得「席位極大化」，政黨在提名過程中即應特別考慮到選區選民的結構與特色，地緣的關係，黨內派系的平衡等因素，以期能發揮「分進合擊」的效果，汲取所有可運用的選舉資源與選票。因此對於各政黨而言，複數選區中的候選人提名，如果完全由黨內初選（party primary）決定，並不見得是最好的方式。因為在複數選區中，經由初選產生的候選人彼此之間，不一定能完全達到選票平衡（balance the ticket）的目的。

其中很重要的一個原因是，對於各政黨而言，黨員結構與選民結構之間，終究會有落差；而會熱心、積極參與黨內初選投票的黨員結構與選民結構之間的落差可能更大。另外一個原因是，如果會來參與黨內初選投票的黨員數目本來就不多，則黨內初選的過程與結果，就更容易為「人頭黨員」、「口袋黨員」所操控，而失去了舉辦黨內初選的初衷。

在複數選區下的幾屆的立委選舉中，國民黨、民進黨與新黨都曾經採行過不同方式的黨內初選制作為政黨提名的依據，而贊成與反對初選的辯論也一直沒有歇止（吳重禮，1998：129-160，2008：77-114）。對於部分人士而言，政黨初選不僅是貫徹黨內民主的手段也是目的；反對政黨初選即是反對黨內民主。然而三黨實施初選的經驗嚴格說起來皆不算十分成功。

事實上，如同本章第二節所介紹的，在西方各主要民主國家中，使用黨內初選來決定候選人提名的政黨並不多，美國的兩大黨算是採用初選制最具有代表性的政黨。而美國之所以會有初選制，也有其獨特的歷史背景與近一世紀的演化過程（吳重禮，1998：144-146）。而初選制的採行，也將會對政黨的體質、政黨的組織、政黨的權力結構等層面造成全面性的影響。

在美國聯邦制的精神下，事實上各州的初選制度並不盡相同。大多數的州都透過立法要求政黨的初選必須在州政府的監督下進行。因此在美國，初選的實施，不完全是政黨內部的事務，也不完全是政府的公共事務。根據研究顯示，在現今美國的50個州中，有20餘州是採行「封閉式

初選」（closed primaries），亦即選民在參加某黨的初選前，必須先登記或宣告為某政黨的黨員，方可參加該黨的初選。各州所不同的，主要在於政黨登記期限的長短與黨員資格認定寬鬆上的差異。另外有20個左右的州採取「開放式初選」（open primaries），選民在事前，無須做政黨登記或宣告，便可參加某一政黨（不是同時可參加兩個政黨）的初選。

因此在美國，較多數的州仍是採取只由黨員參與的黨內初選。即便如此，在2000年的總統初選上，若干州仍傳出民主黨員跨黨參與共和黨的初選，藉由支持麥肯以期能先淘汰當時聲勢較高的小布希的說法。而在台灣，各政黨在舉辦黨內初選時，是否真能藉由擴大參與，以杜絕「人頭黨員」的困擾，恐怕仍是過於樂觀的期待。1995年的7月至9月，民進黨舉辦第二階段的總統候選人黨內提名，便曾採行過「開放式初選」的方式，在全台辦了49場的初選會，包括遊覽車的全力動員，總共才吸引了30萬人投票（約占當時選民總數的2%）。1998年新黨針對第四屆立委及直轄市市議員的提名，在當時的「競選總經理」趙少康的堅持下，也曾採行過美式的「開放式初選」。此兩黨「開放式初選」的台灣經驗，提高了多少非動員選民主動參與的意願？杜絕了多少「人頭黨員」的困擾？縮短了多少黨意與民意之間的落差？或許更重要的是，對勝選有多大的幫助？恐怕都值得深思。

與美國單一選區不同的是，台灣過去的各級民代選舉，係採複數選區制。在複數選區下，各政黨在各選區的提名額度、人選搭配皆很難完全靠初選決定。而在多席次的提名過程中，即使在「開放式初選」下，候選人彼此之間的差距恐怕也是微乎其微，仍有相當大的「可操作」空間。而如果多席次的黨內初選係採取連記投票，那派系間的配票、換票更是一大學問；不依附派系者根本無出頭之日。至於後來引進民意調查來決定政黨內部的提名，更是全世界所罕見。至今不論民調在執行過程中尚有許多可討論的空間，近年來又有是否應該加入手機民調，以及其該占整體民調的比例為何的爭論。即使以民調的結果來看，候選人之間在誤差範圍內零點幾個百分點的差距來決定提名，恐怕也有很大的爭議。

　　國民黨在1989年首次舉行黨內初選時（關於國民黨歷年黨內提名方式的演進，請參見表6-7），曾出現台北市北區立委初選的結果，前六名均為「黃復興黨部」所支持的人選（當年該選區立委應選名額總計為六席）；而該年南投縣省議員（應選名額為三席）的初選投票結果，前兩名均來自於埔里的現象（林忠伸，1994：118）。如果當時完全以黨員初選投票決定提名，將可能產生候選人同質性過高、無法有效做出選票區隔，以符合選區選民結構的困擾。至於民進黨方面，其各項公職人員的提名，早期一向是「採地方自主原則，先以溝通協調方式產生提名人選，無法達成協議時，由黨員投票決定」（請參見表6-8）。但從1989年實施黨員初選投票後，該黨一直為派系、山頭操控「人頭黨員」、「口袋黨員」所苦，卻也是不爭的事實。國民黨的黨內初選制度勉強實施了三次後無疾而終。而民進黨的黨員投票制度，也從1994年開始，做大幅度的改變，加入「幹部投票」與「公民投票」；1997年後，更加入了民意調查方式，以期矯正過去「人頭黨員」、「口袋黨員」充斥的流弊。關於各政黨提名方式的演進，在後文中會做更進一步的探討。總之，在複數選區單記非讓渡投票制下，政黨必然要做某種程度的「宏觀調控」，以便在同一選區中能推出不同性質的候選人，來吸引不同階級、不同層次的選民。同黨候選人之間應是互補性而非互斥性的；同一選區中如果形象類似、票源重疊的候選人太多，而無法有效做出「市場區隔」，則往往意味著選舉的失利（王業立，1995a：154）[7]。

　　另一方面，政黨內部派系問題無法擺平、某些人執意參選到底、黨紀無法貫徹[8]，也是政黨明明知道會影響「席位極大化」，卻無法做出最適當提名的重要因素。各政黨在進行提名作業時，當所有的外部環境、客觀因素都能充分掌握後，剩下的往往只是黨內競爭問題。換言之，哪一個

---

[7]　除非是像1995年第三屆立委選舉時，新黨深知它的都會區支持群眾，可能來自於同質性相當高的一群選民。這群選民「選黨也要選人」，因此同質性高的候選人（高學歷、形象清新）與「強制配票」策略才可能成功。

[8]　事實上，派系政治、黨紀不彰等問題，也與複數選區單記非讓渡投票制有密切的關係（謝復生，1992：21）。

政黨較能夠有效的克服黨內競爭問題、較能夠主觀的決定最適當的提名額度、而所提名的候選人能夠做較適當的搭配，則哪一個政黨就可能會有較大的獲勝機會。在複數選區單記非讓渡投票制下，提名乃至於競選過程中的黨內競爭（intraparty competition）往往比黨際競爭（interparty competition）更為激烈（Cox & Rosenbluth, 1993: 579; Cox & Thies, 1998）。而提名制度的選擇，一方面既要顧及到黨內民主、派系平衡、與遊戲規則的公平性；另一方面更要顧及到「席位極大化」的勝選考量，對於各個政黨而言，的確不是件容易的事。基於以上的認知，在下一節中，我們將繼續探討我國各政黨提名制度的演進過程。

第四節　國民黨提名制度的演進

從本章第二節中可得知，民主國家政黨挑選候選人的方式，究竟會出現集權化或分權化的傾向，隨著國家的不同而呈現出相當大的差異，其中似乎並無固定的模式可依循；甚至在同一個國家內，不同的政黨之間，提名方式也可能會有相當程度的差異。每個政黨都是獨特的，都有其自主性的一面，各種外在環境、內在因素都有可能會影響一個政黨的提名方式，一個具有普遍化的政黨提名公式似乎並不易尋得。

中國國民黨曾經在台灣執政超過半個世紀，有其長久的革命傳統，也有其沉重的歷史包袱。在解嚴以前，這個革命政黨的領導方式始終是堅持「民主集中制」（吳文程，1990：115）。此種「民主集中制」的領導方式，也相當程度的反映在其黨內的提名制度上。而在外在環境上，國會未全面改選、黨禁尚未解除，在一黨獨大的威權體制下，定期選舉的進行僅是具有強化國民黨統治正當性（legitimacy）的功能（Wu, 1987；黃德福，1990：84）。相對的國民黨的提名制度在此時期內，也只是扮演著恩庇─侍從關係（patron-client relationship）下，交換地方派系的忠誠與支持的工具性角色而已：提名制度既與黨內高層的權力分配無關；其政治

菁英甄補的功能也相當的有限。而在解嚴以後，國內政黨政治也逐漸走向政黨競爭的時代。面對外部環境的轉變與黨內民主化的壓力，國民黨的提名制度也開始出現較重大的改革，並在黨內民主的價值、舉才的功能、勝選的壓力、地方派系勢力的坐大、與黑金政治的反噬諸因素之間擺盪。縱觀國民黨遷台後過去七十多年來黨內提名方式的演變（請參見表6-7），似可分為下列七個階段（Huang, 1995: 109-111）：

一、第一階段（1950年至1951年）

當時國民黨政府剛撤遷來台，黨的地方組織尚不健全，在第一屆臨時省議員與縣市長的選舉中，由省黨部與中央主管單位就黨員及非黨員中「擇優提名」，黨員在提名過程中完全沒有參與（Huang, 1995: 109；劉淑惠，1994：7）。

二、第二階段（1954年至1957年）

由於第一屆臨時省議員與縣市長的選舉所採取的「擇優提名」方式遭受到許多批評，因此1954年所舉行的第二屆臨時省議員與縣市長選舉的提名方式便改為「由黨員直接投票，投票後經省黨部審定，再報請中央決定」的方式（林忠伸，1994：17）。到了1957年所舉行的第三屆臨時省議員與縣市長選舉的提名方式，又改為省議員提名由黨員直接投票決定；縣市長提名則採黨員意見反映，省黨部審查，再報請中央決定的方式（劉淑惠，1994：7；林忠伸，1994：17-18）。此階段的省議員提名雖然由黨員直接投票，但投票結果並不公開，公平性值得商榷（Huang, 1995: 109）。並且投票後還要經省黨部審定，再報請中央決定，與真正「初選」的精神仍有很大的差距（吳文程，1990：115；林忠伸，1994：18）。而黨員直接投票也被批評為造成黨的派系鬥爭、妨害黨內團結（Huang, 1995: 109）。何況那時黨員人數不多，占人口比例甚小，黨員成分又多屬軍公教人員或大陸省籍居多，黨意與民意有嚴重落差，於是黨員直接投票的方式在實施了短暫的時間後，很快就被揚棄（劉淑惠，

1994：6；吳文程，1990：115），並且從此在國民黨黨內沉寂了三十多年無人聞問。

表 6-7　國民黨歷年提名方式比較表

年代	選舉種類	提名方式	備註
1948	第一任總統選舉	第六屆中央執行委員會臨時全體會議決議不提名。	
1950	臨時省議員、縣市長選舉	由省黨部與中央主管單位擇優提名。	
1954	第二任總統選舉	第七屆中央委員會臨時全體會議投票選舉並通過提名。	
1954	臨時省議員、縣市長選舉	黨員直接投票，投票後由省黨部審查，報請中央決定。	初次採用黨員普選，但投票結果並不公開。
1957	臨時省議員、縣市長選舉	省議員的提名係採取上次的辦法；而縣市長則由黨員意見反映，省黨部審查，報由中央決定。	首次採用黨員意見反映，針對參加提名登記者作意見調查。
1960	第三任總統選舉	第八屆中央委員會臨時全體會議投票選舉並通過提名。	
1960	省議員、縣市長選舉	黨員意見反映，由省黨部審查並提報中央，由中央核定。	
1963 1964	省議員選舉 縣市長選舉	省黨部蒐集資料，並協調各省級黨部後提出加倍名單，報中央核定。	
1966	第四任總統選舉	第九屆中央委員會全體會議投票選舉並通過提名。	
1968	省議員、縣市長選舉	黨員意見反映，省黨部提出審核建議，在省議員方面提出加倍名單，縣市長則提報二至三人，由中央決定。	
1969	中央公職人員、台北市議員選舉	小組意見反映，省市黨部審查，報由中央決定。	意見反映屬開放性，在提名登記前舉行。
1972	第五任總統選舉	第十屆中央委員會全體會議以起立方式選舉並通過提名。	

表 6-7　國民黨歷年提名方式比較表（續）

年代	選舉種類	提名方式	備註
1972	中央公職人員、縣市長、省議員選舉	黨員意見反映，由小組彙整。縣市長與省議員之提名由省黨部提加倍名單，送中央核定；中央民意代表則是將相關資料全部呈送中央，由中央決定。	
1975	增額立委選舉	提名辦法如同上屆立委選舉。	
1977	省議員、縣市長選舉	黨員意見反映，由縣市黨部初審，省黨部通過，由中央核定。	
1978	第六任總統選舉	第十一屆中央委員會全體會議以起立方式選舉並通過提名。	
1980	增額立委、國代、監察委員選舉	黨員意見反映與幹部評鑑，省黨部審核並建議，報由中央決定（監察委員提名辦法另定之）。	將「提名」一詞改為「推薦」，並增加「報備競選」的制度。
1981	省市議員、縣市長選舉	黨員意見反映，幹部評鑑，由省市黨部審查並建議，由中央核定。	在黨員意見反映時，增加「介紹會」的程序。
1983	增額立委選舉	黨員意見反映，幹部評鑑，省市黨部提加倍名單，由中央核定。	
1984	第七任總統選舉	第十二屆中央委員會全體會議以起立方式選舉並通過提名。	
1985	省市議員、縣市長選舉	黨員意見反映，幹部評鑑，省市黨部提加倍名單，由中央核定。	辦理黨員意見反映之過程公開化。
1986	增額立委、國代、監察委員選舉	黨員意見反映，幹部評鑑，省市黨部提加倍名單，由中央核定。	
1989	增額立委、省市議員、縣市長選舉	黨員初選投票，縣市長採無記名單記法圈選；立委、省市議員採無記名限制連記法，圈選人數不得超過應選名額二分之一，最後提名名單由中央核定。	黨員初選結果公開作為提名主要參據，惟投票率未達50%時，其結果僅作為提名重要參考。
1990	第八任總統選舉	第十三屆中央委員會臨時全體會議以起立方式選舉並通過提名。	

表 6-7　國民黨歷年提名方式比較表（續）

年代	選舉種類	提名方式	備註
1991	第二屆國代選舉	黨內初選投票，採無記名單記法圈選，黨員投票占60%，幹部評鑑占40%，最後提名名單由中央核定。	黨員初選結果公開作為提名重要參據。
1992	第二屆立委選舉	黨內初選投票，採無記名單記法圈選，黨員投票與幹部評鑑各占50%，最後提名名單由中央核定。	經縣市黨部委員會決議呈報中央核定者，得不辦理黨員與幹部投票。
1993	縣市長選舉	以民意調查、黨員意見反映，或彈性辦理幹部評鑑與黨員投票作為提名依據，最後由中央核定提名。	結果不公布，初選制非正式廢除。
1994	省市長、省市議員選舉	省市長提名不辦理黨員意見徵詢，由主席、副主席、中央委員、省市級委員及全國、省市級代表大會代表投票決定並報中央核備；省市議員之提名則以黨員意見徵詢、民意調查方式進行，由省市黨部提建議名單，中央核定。	
1995	第三屆立委選舉	區域立委由各縣市黨部以黨員意見反映、幹部評鑑、民意調查作為建議提名依據，最後由中央核定提名。不分區立委被推薦人必須有三年以上黨齡，由中央決定名單。	黨員意見反映、幹部評鑑、民意調查結果不公布。
1996	第九任總統選舉	第十四屆全國代表大會投票決定，採無記名單記法圈選。	票選結果公開。
1997	縣市長選舉	地方黨部根據民意調查、黨員意見反映提出建議名單，最後由中央核定提名。	
1998	第四屆立委選舉	黨部以黨員意見反映、幹部評鑑、民意調查作為建議提名依據，最後由中央九人小組核定提	

表 6-7　國民黨歷年提名方式比較表（續）

年代	選舉種類	提名方式	備註
		名。不分區立委被推薦人必須有三年以上黨齡，由中央決定名單。	
1998	直轄市長選舉	以黨內幹部投票占40%；黨員民調、一般民調各占30%，作為建議提名重要參據，並報請中常會核定。	結果僅作為「建議提名參考」並申報中央核定，但實際上並未舉行。
2000	第十任總統選舉	第十五屆全國代表大會投票決定，採無記名單記法圈選。	票選結果公開。
2001	縣市長及第五屆立委選舉	縣市黨部依據黨員投票與民意調查各占50%之結果，並考量地區特性及選情評估等因素（現任立委應同時參考其任內表現），提出建議名單，報請中常會核定。原住民立委部分依據原住民黨員投票與幹部評鑑各占50%之結果提出建議名單，報請中常會核定。不分區及僑選立委被提名人必須有三年以上黨齡，由中央提名審核委員會通過提名名額、名單及排名順序後提中央委員會進行個別同意投票後，報請主席核定。	黨員投票與民意調查結果公開。經協調產生建議提名人選者，得不辦理黨員投票與民意調查。必要時仍可辦理徵召提名。不分區及僑選立委提名名單有四分之一婦女保障名額，中央委員會進行個別同意投票時，如有出席委員二分之一以上不同意者，取消其提名。民意調查委託由兩家以上專業機構辦理。
2002	直轄市長選舉	不辦理黨內初選，以協調方式產生人選。	台北市僅馬英九登記參選，由中常會直接提名；高雄市經協調與民調後，由中常會通過「推薦」黃俊英參選。

表 6-7　國民黨歷年提名方式比較表（續）

年代	選舉種類	提名方式	備註
2002	直轄市議員選舉	以黨內初選方式產生，民調占60%，黨員投票占40%。	提名額度由國民黨與親民黨進行政黨協商後決定。
2004	第十一任總統選舉	總統候選人由全國黨員代表大會通過提名。副總統候選人之提名，由總統候選人推薦，報請中常會核備後，提報全國黨員代表大會通過。但必要時，得推薦非國民黨籍人士為副總統候選人。	由國民黨與親民黨共同組成的「國親政黨聯盟決策委員會」通過後宣布「連宋配」。
2004	第六屆立委選舉	由相關縣市黨部依據黨員投票（占30%）與民意調查（占70%）之結果，對於現任者，應同時參考其任內表現，並考量地區特性及選情評估等因素，提出建議名單，報請中常會核定。原住民立委部分依據原住民黨員投票與幹部評鑑各占50%之結果提出建議名單，報請中常會核定。	不分區及僑選立委提名方式與前次相同。
2005	縣市長選舉	黨內候選人登記若超過一人，由地方黨部進行協調，若協調無效，則辦理民調及黨員投票，結果報黨中央中常會決定。為使選情單純化，必要時，黨中央得與友黨建立協商機制，共同推薦一人參選，未獲推薦黨員不得參選。	「黨員投票」與「民意調查」結果，如參選者中得票率與支持率之平均數皆未達30%以上或前兩名平均差距在3%以內時，應進行協調；若協調不成，提名建議黨部應於三週內，就前二名參選者進行第二次「黨員投票」與「民意調查」，以得票率與支持率總和較高者予以建議提名。

表6-7　國民黨歷年提名方式比較表（續）

年代	選舉種類	提名方式	備註
2006	直轄市長選舉	由相關直轄市委員會，依據「黨員投票」（占30%）與「民意調查」（占70%）之結果，並考量地區特性及選情評估等因素，經提名審核程序，提出建議輔選方式及提名名單，報請中央常務委員會核定。	係國民黨首度在直轄市真正舉辦市長候選人初選。
2006	直轄市議員選舉	依據「黨員投票」（占30%）與「民意調查」（占70%）之結果，對於現任者，應同時參考其任內表現，並考量地區特性及選情評估等因素，經提名審核程序，提出建議輔選方式及提名名單，報請中央常務委員會核定。原住民市議員候選人之提名，由直轄市委員會依據原住民黨員投票（占50%）及幹部評鑑（占50%）之結果，對於現任者，應同時參考其任內表現，並考量原住民族群生態及選情評估等因素，經提名審核程序，提出建議輔選方式及提名名單，報請中央常務委員會核定。	
2008	第七屆立委選舉	區域立委部分，依據「黨員投票」（占30%）與「民意調查」（占70%）之結果，對於現任者，應同時參考其任內表現，並考量地區特性及選情評估等因素，經提名審核程序，提出建議輔選方式及提名名單，報請中央常務委員會核定。原住民立委候選人之提名，分別由中央委員會依據原住民黨員投票（占50%）及幹部評鑑（占50%）之結果，對於現任者，應同時參考其任內表現，並考量原住民族群生態及選情評估等因素，經提名審核程序，提出建議輔選方式及提名名單，報請中央常務委員會核定。	

表 6-7　國民黨歷年提名方式比較表（續）

年代	選舉種類	提名方式	備註
		不分區立委由中央提名審核委員會審核通過之建議提名名額、名單及排名順序，提請中央委員會全體會議對被提名人個別行使同意權後，報請主席核定。被提名人如經中央委員會全體會議出席人二分之一以上不同意者，取消其提名。但與友黨協商提名之名單及其排名順序，經報請主席核定後確定，不再對被提名人個別行使同意權。	
2008	第十二任總統選舉	總統候選人之提名，由中央委員會，依據「黨員投票」（占30%）與「民意調查」（占70%）之結果，決定提名名單，報請中央常務委員會核備後，提報全國代表大會通過。副總統候選人之提名，由總統候選人推薦，報請中央常務委員會核備後，提報全國代表大會通過。但必要時，得推薦非本黨籍人士為副總統候選人。	僅馬英九達到初選登記連署人數門檻，由中常會核備、第十七次全國代表大會第二次會議通過總統、副總統提名名單。
2009	縣市長選舉	先經協調產生建議提名人選，若黨內候選人登記超過一人，則由相關縣市黨部依據黨員投票（占30%）與民意調查（占70%）之結果，對於現任者，「應同時參考其任內表現，並考量地區特性及選情評估等因素，提出建議名單」，報請中常會核定。	
2010	五都市長選舉	以徵召方式產生，報請中常會核定。	
2012	第十三任總統選舉	辦理黨內初選，若只有一人登記，則報請中常會核備，通過提名。	僅馬英九一人辦理初選登記，由中常會通過提名。

表 6-7　國民黨歷年提名方式比較表（續）

年代	選舉種類	提名方式	備註
2012	第八屆立委選舉	同第七屆立委提名方式。	許多選區初選登記後，經協調採取100%「全民調」的方式，而不辦理黨員投票。
2014	直轄市長及縣市長選舉	由相關直轄市委員會、縣（市）委員會，依據「黨員投票」（占30%）與「民意調查」（占70%）之結果，並考量地區特性及選情評估等因素，經提名審核程序，提出建議輔選方式及提名名單，報請中央常務委員會核定。必要時得辦理徵召提名。	中央常務委員會共分六梯次辦理提名與徵召。民意調查黨內互比占15%；政黨對比占85%。
2016	第九屆立委選舉	區域立法委員之提名，分別由相關直轄市、縣（市）委員會，依據「黨員投票」（占30%）與「民意調查」（占70%）之結果；原住民立法委員之提名，分別由中央、直轄市委員會依據原住民黨員投票（占50%）及幹部評鑑（占50%）之結果，對於現任者，應同時參考其任內表現，並考量地區特性及選情評估等因素，經提名審核程序，提出建議輔選方式及提名名單，報請中央常務委員會核定。 不分區立委由中央委員會成立提名審查小組研擬建議提名名額、名單提報中央提名審核委員會。中央提名審核委員會審核通過之建議提名名額、名單及排名順序，提請中央委員會全體會議對被提名人個別行使同意權後，報請主席核定。被提名人如經中央委員會全體會議出席人二分之一以上不同意者，取消其提名。	全國不分區立委提名名額每二人，應有婦女保障名額一人。

表 6-7　國民黨歷年提名方式比較表（續）

年代	選舉種類	提名方式	備註
2016	第十四任總統選舉	總統候選人由中央委員會，依據「黨員投票」（占30%）與「民意調查」（占70%）之結果，決定提名名單，報請中央常務委員會核備後，提報全國代表大會通過。 副總統候選人之提名，由總統候選人推薦，報請中央常務委員會核備後，提報全國代表大會通過。但必要時，得推薦非黨籍人士為副總統候選人。	2015年7月19日由全國黨代表大會通過提名洪秀柱，然而在2015年10月17日，臨時全國黨代表大會廢止洪秀柱提名，改為徵召朱立倫參選。
2018	直轄市長及縣市長選舉	根據《107年直轄市長暨縣市長選舉候選人提名特別辦法》，直轄市市長提名人全部採取全民調初選產生。 縣市長部分，現任且可連任者，提名連任；其餘縣市先協調，協調失敗辦理全民調（新竹縣除外）。無人參選縣市，由黨中央徵召。	新竹縣雖協調失敗，也不符合無人參選，但最後仍由黨中央徵召。
2018	直轄市議員及縣市議員選舉	依據《107年直轄市議員選舉候選人提名特別辦法》，採取現任優先原則，但為鼓勵青年參選，35歲以下青年民調可加權15%，36歲以上到40歲民調可加權10%，同時若是首度參選新人「不限年齡」，民調可加權10%。另外訂定「排除政二代條款」，以保障新人參選空間。若現任表態參選後還有多出來的名額，就由新人彼此去競爭；若現任表態參選後名額已滿，但仍有新人表態參選，此時新人就須與現任議員相互競爭，均採全民調決定。	所謂「排除政二代條款」係指若參選人的三等親內，有擔任現任議員職務以上民選公職，就無法享10%民調加權。所謂「新人」係指未曾參與公職，或未曾登記爭取任何政黨公職候選人提名資格，但這些公職不包括鄉鎮市區民代表與村里長。若同時具備新人與青年身分，民調最高可累計加權25%。

表 6-7　國民黨歷年提名方式比較表（續）

年代	選舉種類	提名方式	備註
2020	第十屆立委選舉	區域立委部分，先經協調產生建議提名人選，若黨內候選人登記超過一人，則採全民調方式決定。無人參選選區，由黨中央徵召。 原住民及不分區立委提名方式同第九屆立委選舉。	
2020	第十五任總統選舉	依據《中國國民黨第十五任總統副總統選舉總統候選人提名特別辦法》，總統候選人之初選，以全民調方式進行之。由中央提名審核委員會依據民意調查結果決定提名名單，報請中央常務委員會核備後，提報全國代表大會通過。	民意調查問卷內含「政黨對比式」（占85%）及「黨內互比式」（占15%）二種題型。採五家民意調查機構所得民調支持率之平均值。

資料來源：《中國國民黨總統副總統候選人提名辦法》，1995年8月23日十四全二次會議通過；《中國國民黨黨員參加公職人員選舉提名辦法》，2005年2月25日第十六屆中央委員會第一百三十次常務委員會修正；《中國國民黨黨員參加公職人員選舉提名辦法》，2012年10月17日第十八屆中央委員會第一百四十一次常務委員會修正；《中國國民黨黨員參加全國不分區及僑居國外國民立法委員選舉提名辦法》，2015年10月28日第十九屆中央委員會第九十七次常務委員會修正、《107年直轄市議員選舉候選人提名特別辦法》，2017年11月22日中央委員會常務委員會通過、《中國國民黨第十五任總統副總統選舉總統候選人提名特別辦法》，2019年5月15日第二十屆中央常務委員會第七十四次會議通過、《中國國民黨第十五任總統副總統選舉總統候選人提名作業要點》，2019年5月15日第二十屆中央常務委員會第七十四次會議通過；劉淑惠（1994：6-7）、林順德（1999：68-69）；《聯合報》，1992年6月18日，版2；《中國時報》，1993年9月18日，版5；《聯合報》，1993年5月21日，版6；《聯合報》，1993年7月29日，版2；《中央日報》，1994年7月7日，版1；《中央日報》，1995年5月11日，版4；《中央日報》，1995年9月27日，版2；《中國時報》，1995年8月24日，版3；《中華日報》，1995年8月24日，版4；《聯合報》，2002年5月27日，版10；《聯合報》，2002年7月4日，版4；《聯合報》，2002年8月1日，版18；《聯合報》，2002年10月17日，版2；《聯合報》，2005年3月3日，版C2。

三、第三階段（1957年至1977年）

第三屆縣市長選舉所採取的黨員意見反映，省黨部審查，再報請中央決定的方式，後來逐漸發展成國民黨往後二十年間提名的主要模式（林忠伸，1994：18）。地方黨部的黨員雖然對提名可做意見反映，但決定權事實上是完全操諸於黨中央（Huang, 1995: 110）。國民黨在此階段的提名制度，大體上而言是高度中央集權式的。

四、第四階段（1980年至1986年）

當反對勢力逐漸興起後，國民黨也在提名方式中增加「幹部評鑑」項目，以提升地方黨部黨工及地方各界菁英的參與比重（Huang, 1995: 110-111），地方黨部逐漸擁有更大的審核及建議權。即使中央黨部仍具有最後的核定權，但實際上卻不得不越來越依賴地方黨部的建議與評估（劉淑惠，1994：6）。但在黨外勢力高漲下，為求勝選，地方黨部也不得不越來越依賴地方派系，使得地方派系的影響力，也逐漸水漲船高。但無論如何，在這個階段中，最後提名權仍然是掌握在黨中央手中；國民黨的提名制度，依舊是偏向中央集權式的（Huang, 1995: 111）。另外值得注意的是，1980年以前的選舉，國民黨不允許未獲提名而違紀參選的情事發生，但在1980年的選舉提名時，為因應黨外人士的競爭壓力，國民黨為求勝選，改變了過去的政策，除了將「提名」一詞改為「推薦」外，並開放黨員「報備參選」（劉淑惠，1994：6-7）。

五、第五階段（1989年至1992年）

從1987年解嚴以後，政府陸續開放了大陸探親，解除了黨禁、報禁，以及集會遊行的限制，龐大的社會動力從威權體制下釋放出來，政治局勢也產生了巨大的轉變。1989年的三項公職人員選舉，正是在這種威權體制解體的局面下登場；它不但是蔣經國先生去世後的第一個選舉，也是民進黨第一次以合法政黨的身分參加選戰。國民黨在面臨黨內權力結構重組，與黨外其他政黨挑戰時，黨內提名制度在組工會主任關中的大力推

動下，也做出重大的變革。在該年的選舉提名中，以黨員初選[9]作為提名的主要參據，除了少數選區因黨員投票率未達50%，其結果僅作為提名重要參考外，其餘大多依照初選結果提名[10]。雖然黨中央仍然保留最後提名核定權，但從落實黨內民主的角度觀之，此項變革對始終堅持「民主集中制」的國民黨而言，仍然具有重大的意義。

　　然而此種提名方式實施的結果，除了大幅削弱地方黨部專職黨工的提名主導權與地方派系的影響力外，也衍生出不少其他的問題。例如：一般黨員投票率偏低、代表性不足；黨員結構與選民結構有落差；各種黨部動員能力有明顯差距、嚴重影響投票結果（劉淑惠，1994：6-7）；競選時間拉長、候選人經費支出大增；增加黨內對立與分裂的機會；不利於新人參選；政黨輔選功能降低（楊泰順，1991：146-149）等，都使得黨員初選制在黨內遭到部分人士的嚴重質疑[11]。而部分地方「實力型」政治人物未參加初選，卻直接以徵召、補提名、或報准的方式參選，也使得初選的功能遭到重大的扭曲。其後經1991年、1992年兩次中央公職人員選舉，黨員投票的方式雖然仍被保留，但卻增加了幹部評鑑項目。1991年第二屆國代選舉中，以黨員投票（占60%）加上幹部評鑑（占40%）作為提名的重要參據；到了1992年第二屆立委選舉，黨員投票與幹部評鑑的比重則變為各占50%。並且在1992年的選舉中，凡是經縣市黨部委員會決議、由省黨部呈報中央核定者，得不辦理黨員及幹部投票。結果該年在29個選區中，只有11個選區繼續辦理初選，大多數未辦初選的選區，又回到由地方黨部與派系協商提名人選的局面（周祖誠，1993：41-46），而國民黨與地方派系之間，也漸漸由過去的主從關係轉變為伙伴關係（partnership）。國民黨在這個階段由關中所推動的初選制度，在歷經了三次的選

9　「黨員初選」僅是習慣上的說法，與西方民主國家的「政黨初選」在意義上仍有很大的不同。按照國民黨的提名辦法，初選結果還要經中央提名審核委員會（七人小組）的審核，並提報中常會做最後的核定。因此最後提名決定權仍是屬於黨中央。

10　舉例而言，在該年的立委選舉中，被國民黨提名的候選人，其初選排名在提名額度之內者占84.2%（周祖誠，1993：41）。

11　至於在複數選區單記非讓渡投票制下是否適合實施黨員初選這個結構性問題，在前文中已有探討，此處便不再重複。另可參閱吳重禮（2008：77-114）的探討。

舉後，至此已名存實亡。

六、第六階段（1993年至2000年）

到了1993年的縣市長選舉，國民黨的提名方式改由縣市黨部辦理意見徵詢（黨員意見反映、民意調查，或彈性辦理黨員投票與幹部評鑑），省黨部審核後提加倍建議名單，報由中央核定。而中央則輔以民意調查結果，經中央提名審核委員會（七人小組）的審核，並提報中常會做最後的核定。其後1994年的省市議員選舉、1995年第三屆立委選舉、1996年第三屆國大選舉、以及1997年的縣市長選舉（中央提名審核委員會成員增為九人）、1998年第四屆立委選舉的黨內提名，大致上也是依循這種方式。就這幾次選舉的提名方式來看，國民黨的黨內提名制度（此處指中央民代、省議員、及縣市長選舉），此時在大方向上似乎已漸漸定型（劉淑惠，1994：7）：地方黨部專職黨工擁有提名的建議權，而提名的最後決定權仍是握在黨中央手中。

至於全國不分區代表及僑選代表方面，由各方向黨中央「推薦」，而名單一向由中央提名審核委員會審核通過，並提報中常會做最後的核定。另外1994年省市長選舉的黨內提名，由於層次較高、牽動較廣，國民黨最後決定由主席、副主席、中央委員、省市級委員，及全國、省市級代表大會代表投票決定並備報中央核備。但事實上，由於層峰早有屬意人選，黨內投票最後僅具有形式意義而已。至於在總統選舉方面，過去八任均是由國民大會以間接選舉的方式產生。而在國民黨的提名制度方面，除了第一任外，七任總統的提名均是由中央委員選舉產生，其中二至四任的總統候選人提名，採投票選舉方式；五至八任的總統候選人提名，卻採起立方式（請參見表6-7）。

根據憲法增修條文第2條的規定，第九任的總統、副總統選舉改由人民直接選舉之。面對有史以來第一次的總統直選，與黨內提名方式的爭議，國民黨在第十四屆第二次全國代表大會上通過，由全國代表大會代表以無記名單記法投票選出國民黨的總統、副總統候選人，然而最後經連署

登記成為黨內提名之候選人者，則只有一組。到了第十任總統候選人的黨內提名，國民黨依然採用由黨代表以無記名單記法投票選出的方式。

依據加勒弗對於民主國家政黨提名制度的分類方式（參見表6-1），國民黨過去這幾個時期的黨內提名制度，基本上應可歸類為第四類——由黨中央決定——的提名方式，此種提名方式在民主國家中並非罕見，但亦非是最常見的方式。而政黨的屬性、外在政治環境的變遷、選舉制度、黨內民主的壓力、與地方派系等，應是影響國民黨過去半個世紀以來提名制度變遷的幾個最重要的因素。

七、第七階段（2000年以後）

2000年3月18日總統大選的挫敗，令國民黨交出了在台灣長達半個世紀的執政權，也促使本已接近定制化的黨內提名制度出現重大的變革。

2000年6月18日，國民黨十五全臨時會第三次大會通過了一項名為「從零出發，全面改造」的提案，作為國民黨推動改造的依據。在此改造案中明文指出，「為強化本黨組織凝聚、擴大群眾參與、爭取黨員向心，各項民選公職本黨提名人選，均以黨員初選及民意調查方式產生為原則。」「總統、直轄市市長、區域立法委員、縣市長及直轄市市議員候選人之提名，結合黨員初選及民意調查二者，比重各為50%。」「民意調查應於黨員初選投票日前二個星期內開始進行，並於黨員初選投票日前完成，併同黨員初選投票結果於黨員初選結束當天一起公布結果，作為候選人提名的唯一依據，以結合黨意與民意，落實黨內民主的運作，建構一套具有公正性與正當性的提名制度。」

2000年7月19日，國民黨中常會根據前述十五全臨時會改造案的原則，正式修正通過了新的《中國國民黨黨員參加公職人員選舉提名辦法》，國民黨的黨內提名方式至此邁入了一個新的階段。在新的提名辦法中，國民黨首度將民意調查納入其正式的提名機制中，而2001年底的縣市長與第五屆立法委員選舉，便是新的提名辦法第一次的實施。

依據2009年修正的《中國國民黨黨員參加公職人員選舉提名辦法》

第3條的規定，總統候選人之提名，由中央委員會依據「黨員投票」（占30%）與「民意調查」（占70%）之結果，決定提名名單，報請中常會核備後，提報全國代表大會通過。直轄市長、縣市長、區域立委、直轄市市議員及縣市議員候選人之提名，則由相關縣市黨部依據黨員投票（占30%）與民意調查（占70%）之結果[12]，對於現任者，「應同時參考其任內表現，並考量地區特性及選情評估等因素，提出建議名單」，報請中常會核定。2012年的總統及第八屆區域立委選舉提名，國民黨仍然採取此一提名方式。但該《提名辦法》第12條另外又規定：「為促進團結和諧，贏得選舉，本辦法各項選舉經協調產生建議提名人選者，得不辦理黨員投票、黨員意見反映、幹部評鑑或民意調查。」例如2011年4月，立委蔣孝嚴與羅淑蕾爭取台北市中山、松山區的第八屆立委提名，雙方即經協調後都同意採取100%「全民調」的方式，而不辦理黨員投票，以避免可能因代繳黨費而違反選罷法的疑慮（此亦為民進黨採取「全民調」的重要原因之一）[13]。2012年以後最新修正的修正的提名辦法，大致上仍採行30%黨員投票、70%民意調查的比重進行各項公職人員的提名。

國民黨新的提名辦法與民進黨1997年以後所採用的提名制度非常類似。原則上均是以「黨員投票」與「民意調查」二者來決定候選人的提名，並且皆保留了「協調」、「徵召」產生候選人的空間。根據《中國國民黨黨員參加公職人員選舉提名辦法》第12條的規定，經協調產生建議提名人選者，得不辦理黨員投票與民意調查。此點與民進黨的《公職候選人提名條例》第9條中規定，各級黨部在辦理黨內初選前，應先以溝通協調方式產生提名人選，無法達成協議時再辦理初選（詳見下一節的探討），二者可說是非常的類似。而《中國國民黨黨員參加公職人員選舉提名辦

---

12 根據新修訂的《公職人員選舉罷免法》第101條的規定，政黨在辦理黨內提名作業時，如有候選人涉及賄選等事宜，公權力亦可介入。台灣各政黨許多政治人物，過去常會替黨員代繳黨費，以豢養「人頭黨員」或「口袋黨員」，以便在政黨初選時，能在「黨員投票」時發揮功能。但在《公職人員選舉罷免法》修訂後，兩黨許多政治人物擔心如再舉行「黨員投票」可能會觸法，因此才會以100%民意調查方式取代原有的提名方式。

13 副總統候選人之提名，由總統候選人推薦，報請中常會核備後，提報全國代表大會通過。但必要時，得推薦非國民黨籍人士為副總統候選人（主要係為當時的「連宋配」「解套」）。

法》第4條也規定,「必要時得辦理徵召提名」,此與民進黨《公職候選人提名條例》第11條的相關規定,也可說是非常類似。國內的兩大政黨在提名制度上經過多年的轉折與變革後,竟然漸趨一致地發展出「先協調、後初選、不排除徵召」的提名原則,可說是殊途同歸,不謀而合了。

　　但是值得注意的是,兩大黨均將民意調查納入其正式的提名機制中,此點在西方民主國家中倒是十分的罕見。在歐美各民主先進國家中,儘管民意調查的技術再進步,也頂多作為各政黨提名時之參考,而無法反客為主地作為政黨決定提名人選的正式依據。而在台灣,兩大黨均不約而同地將民意調查納入其正式的提名機制中,並且在提名決定上,占了相當大的比重(民進黨甚至在2011年以後的總統、區域立委及直轄市長、縣市長選舉提名上,全面採取「全民調」的方式,而國民黨在2018年以後的選舉提名上,也幾乎都採取「全民調」的方式)。或許這可視為在不良的選舉文化下(如人頭黨員、換票、配票、買票等),國內政黨的一種不得已又無奈的選擇吧!而參選的兩大黨候選人,在無法找到其他更佳的替代方案前,雖然明知民調在執行過程中仍有許多不可避免的瑕疵,但大多仍可以接受此種相對公平的民調來決定提名的方式,因此全民調的採行,近年來遂逐漸成為兩大黨內的共識。但是在2019年,民進黨黨內的總統選舉提名初選,又出現是否應納入手機民調,以及手機民調和傳統的市話民調的比例各應占多少的爭議。

第五節　民進黨提名制度的演進

　　民主進步黨雖然於1986年9月28日成立當天,便通過推薦候選人參加該年底的三項公職人員選舉,但由於當時並沒有任何提名辦法,因此該項「推薦」並不被視為一項正式的政黨提名過程。後來民進黨於1989年1月22日第三屆全國黨員代表大會第一次臨時會中,正式通過了該黨的《公職候選人提名辦法》(後改稱條例)後,才第一次正式提名候選人參

與當年底的三項公職人員選舉。自1989年至今，民進黨的《公職候選人提名辦法（條例）》已修訂過20餘次，幾乎每次選舉前都會修訂（參見表6-8），但最初幾年原則上均秉持著「黨員投票」的基本精神。較大的變革是在1994年7月10日第六屆第一次臨時全國黨員代表大會中所通過的「二階段初選制」，以及1996年12月1日七屆一次臨時全代會所通過的廢除「幹部評鑑」與「公民投票」而以「民意調查」方式取代。因此我們就以「二階段初選制」的通過以及「民意調查」方式的引進作為分界點，將民進黨提名制度的演進分為三個階段分別探討如後：

一、第一階段（1989年至1993年）

從1989年民進黨第一次以合法政黨的名義參加選戰開始，該黨各項公職人員的黨內提名即採「地方自主原則，先以溝通協調方式產生提名人選，無法達成協議時，由選區黨員投票決定」的方式（請參見表6-8）。理論上全國黨員代表大會（現已改為五分之三）三分之二以上的決議得否決地方黨部的初選結果，而由中執會另行徵召適當人選參選，但選區黨員初選投票，毫無疑問地，仍是民進黨內最重要的提名方式。另外登記提名之候選人不足提名名額或提名名額同額時，須分別經投票黨員二分之一以上同意，始得為提名之公職候選人（但經執委會協調同意者不受此限）。而黨部必要時得徵召黨員參選。至於在全國不分區代表方面，1991年第二屆國代選舉，係由中執會以單記投票產生，每次投票產生五位排名順序；而在1992年第二屆立委選舉提名中，本來計畫由黨代表投票決定，後因爆發賄選事件，遂改由全國黨員投票，依得票數目決定排名順序，每四位不分區立委中，保留一席給專家學者、一席給弱勢團體成員。

民進黨的黨員初選投票，在落實黨內民主的精神上是無庸置疑的。但反對運動陣營中長久以來便存在的派系、山頭勢力，卻順著民進黨黨員初選制度的實施而益形坐大。民進黨的黨中央不但面臨日益嚴重的地方基層資源整合與動員的困難外，更面臨黨內各派系、山頭，為競逐黨內職位和贏得初選提名，所衍生出嚴重的「人頭黨員」問題（廖益興，1994：

8-9）。而這個「人頭黨員」的問題，在1993年的縣市長選舉黨內提名中達到了最高點。民進黨黨中央為了徹底解決黨內人頭黨員問題與強化基層組織，遂在縣市長選舉後成立了黨務改革小組，進行各項黨務改革（廖益興，1994：9），而黨員初選提名制度的改變便是其中最重要的一項。

表 6-8　民進黨歷年提名方式比較表

年代	選舉種類	提名方式	備註
1989	增額立委、省市議員、縣市長選舉	先以溝通協調方式產生提名人選，若無法達成協議，由黨員投票決定；被徵召之候選人，須經投票黨員二分之一以上的同意。	
1991	第二屆國代選舉	區域國代由中執會決定各選區提名名額，各選區先以溝通協調方式產生提名人選，若無法達成協議，由黨員投票決定；全國不分區代表由中執會以單記投票產生，每次投票產生五位排名順序。	
1992	第二屆立委選舉	先以溝通協調方式產生提名人選，若無法達成協議，由縣市黨部黨員投票決定；不分區代表由全國黨員投票決定提名順序，名額由中執會決定。	每四位不分區立委中保留一席給專家學者，一席給弱勢團體。
1993	縣市長選舉	先以溝通協調方式產生提名人選，若無法達成協議，由縣市黨部黨員投票決定。	
1994	省市長、省市議員選舉	先以溝通協調方式產生提名人選，若無法達成協議，省市長採「黨員投票、幹部評鑑」與「公民投票」二階段初選制；省市議員由黨員投票、幹部評鑑決定，比重各為50%。	第二階段「公民投票」部分，由於候選人退出，並未真正實施。
1995	第三屆立委選舉	先以溝通協調方式產生提名人選，若無法達成協議，區域立委由黨員投票、幹部評鑑決定，比重各占50%。各選區應選名額由中執會決定；不分區代表採「三三三制」，亦由黨員及幹部票選產生。	所謂「三三三制」即不分區名單排名順序分為政治人物、專家學者與弱勢團體三類，分組投票，分組比票，

表 6-8 民進黨歷年提名方式比較表（續）

年代	選舉種類	提名方式	備註
			依序循環排名決定提名人選。
1996	第九任總統選舉	二階段初選制。第一階段「黨員投票、幹部評鑑」與第二階段「公民投票」，比重各為50%。	全國共舉辦49場「公民投票」。
1997	縣市長選舉	二階段初選制。第一階段「黨員投票」，所產生之準候選人經協調未有結果，則舉行第二階段「民意調查」，兩階段比重各為50%。	廢除「公民投票」與「幹部評鑑」。「民意調查」採多家多次調查，並開放參選人現場監督。
1998	第四屆立委選舉	先以溝通協調方式產生提名人選，若無法達成協議，區域立委採二階段初選制。第一階段「黨員投票」，所產生之準候選人經協調未有結果，則舉行第二階段「民意調查」，兩階段比重各為50%。各選區應選名額由中執會決定；不分區代表採「三三三制」，完全由黨員投票產生。	增加報備參選制；高雄市南區立委採開放競選。
1998	直轄市長選舉	先以溝通協調方式產生提名人選，若無法達成協議，則採二階段初選制。第一階段「黨員投票」，所產生之準候選人經協調未有結果，則舉行第二階段「民意調查」，兩階段比重各為50%。	只有高雄市辦理黨內初選；台北市由現任市長陳水扁代表參選。
2000	第十任總統選舉	依據《民主進步黨2000年總統副總統候選人提名條例》，經推薦之候選人由全代會出席黨代表五分之三以上同意通過後產生。	為規避陳水扁受原《提名條例》第7條「四年條款」之限制，特制定《民主進步黨2000年總統副總統候選人提名條例》。

表 6-8　民進黨歷年提名方式比較表（續）

年代	選舉種類	提名方式	備註
2001	縣市長及第五屆立委選舉	先以溝通協調方式產生提名人選，若無法達成協議，採「黨員投票」（30%）、「民意調查」（70%）產生。原住民立委部分依據原住民黨員投票與中執委記名投票各占50%之結果產生。各選區應選名額由中執會決定；不分區代表採「三三三制」，由黨員投票產生。僑選代表亦由黨員投票產生。	部分選區進行徵召並保留「跨黨合作」的可能。各選區提名名額中，每四名至少應有一名女性。
2002	直轄市長選舉	先以溝通協調方式產生提名人選，若無法達成協議，採「黨員投票」（30%）、「民意調查」（70%）產生。	北、高兩市的市長候選人均採協調方式產生，由中執會通過徵召李應元與謝長廷參選台北市及高雄市長。
2002	直轄市議員選舉	先以溝通協調方式產生提名人選，若無法達成協議，採「黨員投票」（30%）、「民意調查」（70%）產生。	
2004	第十一任總統選舉	先以溝通協調方式產生提名人選，若無法達成協議，採「黨員投票」（30%）、「民意調查」（70%）產生。	由於只有陳水扁一人登記參選，中執會停止黨內初選作業，並通過提名後交全代會確認。
2004	第六屆立委選舉	先以溝通協調方式產生提名人選，若無法達成協議，區域立委部分，採「黨員投票」（30%）、「民意調查」（70%）產生。不分區代表分為政治組及專家團體組，各占提名總額二分之一，依序循環提名。政治組採「黨員投票」（50%）、「民意調查」（50%）產生。專家團體組及僑居代表之提名名額、名單及順序，由提名委員會提出，經中執會通過。	政治組、專家團體組及僑居代表中，每四名至少應有一名女性。提名委員會由黨主席提名七至九人，經中執會同意後組成。

表 6-8　民進黨歷年提名方式比較表（續）

年代	選舉種類	提名方式	備註
2005	縣市長選舉	先以溝通協調方式產生提名人選，若無法達成協議，採「黨員投票」（30%）、「民意調查」（70%）產生。	台東縣、金門縣及連江縣不提名。其他縣市如黨內提名登記期間無人登記者，得徵召黨員參選。
2006	直轄市長選舉	先以溝通協調方式產生提名人選，若無法達成協議，採「黨員投票」（30%）、「民意調查」（70%）產生。	台北市徵召謝長廷參選；高雄市在初選過程中管碧玲宣布退出，由陳菊代表參選。
2006	直轄市議員選舉	先以溝通協調方式產生提名人選，若無法達成協議，採「黨員投票」（30%）、「民意調查」（70%）產生。	
2008	第七屆立委選舉	先以溝通協調方式產生提名人選，若無法達成協議，區域立委部分，採「黨員投票」（30%）、「民意調查」（70%）產生。不分區代表由提名委員會提出三分之一名額，排名順序為第一名起每三名應有一名；其他之不分區名額由「黨員投票」（40%）、「民意調查」（60%）產生。提名總額中每兩名應有一名女性。	民調部分採「排藍民調」引發爭議。
2008	第十二任總統選舉	先以溝通協調方式產生提名人選，若無法達成協議，採「黨員投票」（30%）、「民意調查」（70%）產生。	第一階段黨員投票後，其他三位參選人宣布退選，由謝長廷代表參選。
2009	縣市長選舉	授權中執會徵召黨員參選。	2008年7月20日第十三屆第一次全代會修正通過。縣長候選人提名，不採「黨員投票」及「民意調查」方式。

表 6-8　民進黨歷年提名方式比較表（續）

年代	選舉種類	提名方式	備註
2010	五都市長選舉	執政的大高雄市、大台南市長先進行提名登記，若黨內候選人登記超過一人，則由提名協調小組進行協調；若協調不成，由民調決定。 非民進黨執政的縣市如台北市、新北市、大台中市，由提名協調小組先徵詢可能人選的意見，經意見匯整後，若有爭議，由民調決定。 市議員提名採全民調。	選舉提名協調小組九人名單由中執會通過。 依據2010年1月24日，第十三屆第一次臨時全國黨員代表大會通過的《2010年直轄市及市議員提名特別條例》。
2012	第十三任總統選舉	採全民調方式。	2011年4月25日、26日進行民調，由蔡英文勝出。
2012	第八屆立委選舉	區域立委採全民調方式。 不分區立委由提名委員會提名，經中執會通過。	提名委員會由黨主席提名七至九人，經中執會同意後組成。
2014	直轄市長及縣市長選舉	初選方式依據民主進步黨中央執行委員會於2013年8月14日所通過的《2014年直轄市長暨縣市長提名辦法》，授權黨主席協調（進行民意調查）、徵詢提名作業，提請中央執行委員會通過後提名。	中央執行委員會分五梯次完成提名作業。
2016	第九屆立委選舉	區域立委候選人先以溝通協調方式產生提名人選，無法達成協議時，辦理提名初選，採全民調方式。艱困選區由黨主席提名經中央執行委員會同意後徵召。 原住民立委候選人由黨主席推薦，經中央執行委員會同意後提名之。 不分區立委候選人由提名委員會提名，經中執會出席總數三分之二通過。	艱困選區係指最近一次同類型公職人員選舉得票率未超過42.5%之選區。 提名委員會由黨主席提名七至九人，經中執會同意後組成。 不分區立委提名總額中每兩名應有一名女性。

表 6-8　民進黨歷年提名方式比較表（續）

年代	選舉種類	提名方式	備註
2016	第十四任總統選舉	初選方式採登記，登記後先行溝通協調，若無法達成協議時，由中央黨部辦理全國民意調查決定提名人選。	初選僅蔡英文一人登記同額競選，因此並未辦理協調作業及民調。中央黨部於2015年4月15日正式公告提名蔡英文參選。
2018	直轄市長及縣市長選舉	依據《民主進步黨2018年直轄市長暨縣市長提名特別條例》，民進黨執政縣市，由民進黨主席提名，送中執會通過；民進黨縣市長執政已兩屆縣市，辦理提名初選，採民意調查方式產生；非民進黨執政縣市，由選對會評估整體條件後，提單一適當人選建議，由民進黨主席提名經中執會通過。	
2018	直轄市議員及縣市議員選舉	依據《2018年直轄市議員提名特別條例》，直轄市議員候選人依《公職候選人提名條例》的相關規定，採民調方式產生。新人在直轄市初選時，民調加權10%，若是35歲以下或新住民，另外還可再加10%，而且新住民不受入黨兩年的限制。 其他縣市議員提名，依照原《公職候選人提名條例》辦理。	現任縣市長、立委或議員，若有配偶或三親等在相同選區或部分相同選區參選，則不列入民調加權範圍。
2020	第十屆立委選舉	區域立委候選人先以溝通協調方式產生提名人選，無法達成協議時，辦理提名初選，採全民調方式。艱困選區由黨主席提名經中央執行委員會同意後徵召。 原住民立委候選人由黨主席推薦，經中央執行委員會同意後提名之。 不分區立委候選人由提名委員會提名，經中執會出席總數三分之二通過。	艱困選區係指最近一次同類型公職人員選舉得票率未超過42.5%之選區。 提名委員會由黨主席提名七至九人，經中執會同意後組成。 不分區立委提名總額中每兩名應有一名女性。

表 6-8　民進黨歷年提名方式比較表（續）

年代	選舉種類	提名方式	備註
2020	第十五任總統選舉	依《公職候選人提名條例》的相關規定，初選採先登記，登記之後進行正式協調，協調不成再進行全民調。	此次初選提名，修改民意調查辦法，採市話及手機樣本各半，並採取三人對手對比，對手人選為國民黨韓國瑜及無黨籍柯文哲。

資料來源：《民主進步黨2000年總統副總統候選人提名條例》，http://www.dpp.org.tw/；民主進步黨《公職候選人提名條例》2004年4月10日第十屆第一次臨時全國黨員代表大會修正；民主進步黨《公職候選人提名條例》2007年9月30日第十二屆第二次全國黨員代表大會修正；民主進步黨《公職候選人提名條例》2008年7月20日第十三屆第一次全國黨員代表大會修正；民主進步黨《2014年直轄市長暨縣市長提名辦法》2013年8月14日第十五屆第六次中央執行委員通過；民主進步黨《公職候選人提名條例》2014年7月20日第十六屆第一次全國黨員代表大會修正；民主進步黨《2018年直轄市長暨縣市長提名特別條例》2017年9月24日全國黨員代表大會通過；民主進步黨《2018年直轄市議員提名特別條例》2017年9月24日全國黨員代表大會通過；林順德（1999：75-55）；《自立早報》，1989年1月23日，版2；《自立晚報》，1991年6月19日，版2；《中國時報》，1991年8月1日，版2；《中國時報》，1992年5月18日，版4；《中國時報》，1995年5月24日，版3；《中國時報》，1994年7月11日，版2；《中國時報》，1995年3月20日，版1；《聯合報》，2002年6月25日，版7；鄭明德（2004：343-344）。

二、第二階段（1994年至1996年）

　　1994年7月10日，民進黨第六屆第一次臨時全國黨員代表大會正式通過了「二階段初選制」作為往後各項公職人員提名的依據。根據1995年3月19日民進黨第六屆第二次全國黨員代表大會修訂的《公職候選人提名條例》之規定，除總統、副總統與省長外（1994年的舊條文尚包括直轄市長），各類公職人員的提名，若無法以溝通協調方式產生時，均由黨員投票與幹部投票各占50%產生。而總統與省長的提名，在第一階段黨員與幹部投票後，經協調仍然未有結果，則舉行第二階段之選民投票，第二階段投票結果，占全部提名分量之50%。此新制自1994年省市長及省市議員選舉開始實施，但第二階段「公民投票」部分，由於後來台北市長候選人

謝長廷的退出，並未真正舉行。1995年的7月10日至9月24日，民進黨進行第九任總統選舉的黨內提名，「二階段初選制」才算是正式登場。而全國不分區代表提名則採「三三三制」，將不分區名單排名順序分為政治人物、專家學者與弱勢團體三類，分組投票，分組比票，依序循環排名決定提名人選，亦由黨員投票與幹部投票各占50%產生。

　　民進黨之所以會在各類公職人員的提名中加入幹部投票，原本是想藉此沖淡人頭黨員的影響力。但黨員投票與幹部投票各占50%的比重，卻又使幹部影響力大增。以1995年第三屆立委黨內提名為例，黨內192位幹部的選票比重，與當時5萬多名黨員的的選票相等。而事實上，幹部比數目龐大的黨員更容易為派系所操縱，因此派系壟斷提名的情形依然存在，甚至有變本加厲的趨勢。在第三屆立委的提名過程中，許多參選人透過派系操盤，集體配票、換票來掌握選情優勢，使得若干表現不錯，但缺乏大派系奧援的現任立委不幸落選。在1995年召開的全國黨員代表大會中，各種廢除或改革幹部投票的提案相繼出籠，但在派系的操控下，這些提案全部遭到封殺。

三、第三階段（1997年迄今）

　　1996年6月，民進黨第七屆第一次全國黨員代表大會登場，由於黨主席選舉所引發的派系恩怨，而使得黨內主要派系無心議事討論，在少數游離黨代表的主導下，反而促使備受爭議的幹部投票（評鑑）制度意外地遭到廢除[14]。根據1996年6月15日修正通過的《公職候選人提名條例》的規定，除了廢除幹部投票制度外，並擴大公職候選人二階段提名的適用範圍。換言之，除了總統、副總統、省市長外，省市級以上的民代和縣市長，都將適用「二階段初選制」。而在兩個階段的提名過程中，公職候選人將分別由「黨員投票」和「公民投票」各占50%的比重產生[15]。

　　然而這個新修正的《公職候選人提名條例》在通過後不久，民進黨中

14　參見《中國時報》，1996年6月17日，版2；《中時晚報》，1996年9月4日，版4。
15　參見《中國時報》，1996年6月17日，版2。

央即醞釀要翻案。除了希望恢復「幹部評鑑」外（但降低所占比重，並改為限地方幹部評鑑地方候選人）[16]，民進黨中央也提出以「民意調查」取代「公民投票」的構想。但這些計畫在民進黨中執會中均遭到否決，而中執會也另外提出保留「公民投票」，增加「民意調查」，但不恢復「幹部評鑑」的構想[17]。另外民進黨內部的福利國系與新潮流系則主張廢除「公民投票」，而以「民意調查」取代[18]，黨主席許信良也公開表示反對「公民投票」，但民進黨中央又另外提出「黨員投票」占50%，「民意調查」與「公民投票」各占25%的構想[19]。在黨內意見紛紜的情況下，1996年12月民進黨又舉行了第七屆第一次臨時全代會，在此次會議中，通過了彭百顯的提案，《公職候選人提名條例》又再度被修改為「黨員投票」與「民意調查」各占50%的兩階段提名方式（黃家興，1997：39），而1997年民進黨縣市長候選人與1998年的區域立委候選人的黨內提名作業，即是採行這個新版本的提名方式。

在民進黨提名制度的演進過程中，幹部投票（評鑑）及公民投票制度都曾經備受爭議。幹部投票的目的，本為降低人頭黨員的影響力，但卻淪為派系操控的法寶，在幾經爭議後，終於在1996年6月第七屆第一次全代會中遭到廢除。而民進黨在台灣首創的「公民投票」制度雖然只使用過一次，但如前文所述，在黨內也有許多檢討的聲音[20]。在1995年總統候選人的提名作業上，民進黨首次採行美式的「公民投票」，作為第二階段決定黨內候選人的方式。這種追求黨內民主的用心固然值得肯定，但其成效卻值得商榷。民進黨之所以會有第二階段公民投票的設計，一方面固然是為了要矯正過去黨內初選「人頭黨員」充斥的弊端，並避免派系操控提名過程。另一方面由於當時民進黨僅有7萬多黨員，為縮短黨意與民意之間

---

16 參見《中國時報》，1996年8月4日，版7。
17 參見《聯合報》，1996年9月5日，版4。
18 參見《中國時報》，1996年9月30日，版4。
19 參見《聯合報》，1996年11月4日，版4。
20 事實上，民進黨的公民投票，比美國大多數州兩黨所舉辦的初選更為「開放」（可參見何思因，1993：2-9，及本章第二節的討論）。即使是在美國，此種特殊的初選制度，也有不少檢討的聲音（可參見劉義周，1994：225-244）。

的可能落差，並擴大被提名人選的民意基礎，因此特別針對省長及總統候選人的黨內提名，採行第二階段公民投票的設計，並藉由各地陸續展開的政策辯論會及公民的直接投票參與，可和其他政黨的提名方式做一鮮明的對比，以提升民進黨的聲望與形象，並達到為大選造勢的效果（王業立，1995d）。

　　但針對上述這些目的，民進黨在1995年的7月至9月所舉行的總統候選人提名第二階段「公民投票」（類似美國的「開放式初選」），卻不能算是完全成功。首先，參與民進黨第二階段「公民投票」的選民，49場加起來（包括遊覽車的全力動員）總共才勉強超過30萬，僅占選民總數1,400萬的2%。

　　獲勝者彭明敏先生所獲得的17餘萬張選票，僅占選民總數的1.3%，比《總統副總統選舉罷免法》中自行參選者公民連署的門檻（選民總數的1.5%，約21萬人）還低，代表性很難稱得上充分，也遠不能與民進黨在過去選舉中，在全國所能獲得的300多萬張選票相提並論。其次，參與民進黨第二階段「公民投票」的選民，大多數仍屬本省籍、年齡層偏高的男性選民，並且多半原本就是民進黨的基本支持群眾，與整體選民結構之間仍存在著不小的落差。年輕與婦女選民未能積極參與，顯示民進黨所舉辦第二階段的「公民投票」，對於開拓票源並沒有太大的助益。第三，民進黨內部也有許多人士指出，第二階段的「公民投票」不僅要消耗掉候選人大量的競選資源，更會使得爭取提名的雙方基層的支持者裂痕擴大，最後能夠爭取到提名的人，也是傷痕累累，有害於最後的黨內整合[21]。更重要的是，在這種選民結構與背景下所產生的候選人，是否一定比較合適代表政黨參與全國性的大選？美國民主黨在1970年代草根化的總統提名方式所產生的候選人在大選中所遭受到的挫敗（劉義周，1994：225-244），似乎可為民進黨的殷鑑。此外，首次舉行的「公民投票」所出現的一些技術性問題，諸如投票不便問題、動員投票問題、重複投票問題、政策辯論

21　參見《中國時報》1996年9月30日，版4。

會流於形式的問題、以及負面文宣及派系對立問題、地方黨部的黨務中立問題等，在民進黨內部也都曾引起不同程度的爭議。到了1996年12月第七屆第一次臨時全代會時，「公民投票」終於遭到廢除，而由「民意調查」方式取代。1997年春天民進黨縣市長候選人的黨內提名時，「民意調查」即正式取代了「公民投票」制度。自此以後，「黨員投票」與「民意調查」即成為決定民進黨黨內提名的兩大機制，1998年的各項公職人員選舉，也以「黨員投票」與「民意調查」各占50%的兩階段初選方式進行。

到了2000年7月所舉行的第九屆第一次全代會，《公職候選人提名條例》再度進行修改。為了能進一步稀釋人頭黨員、口袋黨員的影響，擺脫派系、山頭的操控，並消弭買票、賄選的歪風，第九屆第一次全代會經過熱烈討論與表決後，「民意調查」的比重進一步提高至70%，而「黨員投票」的比重則降至30%。自2001年底的縣市長與第五屆區域立委的黨內提名，即開始使用這個最新的提名辦法（但不分區及僑選立委的提名，僅由黨員投票產生）。另外根據2000年10月18日民進黨中常會的決議，為了擴大2001年底的縣市長與立法委員的當選席次，在民進黨支持度較低的選區，不排除與非民進黨人士進行「跨黨合作」[22]。

然而2001年的縣市長與立委的黨內提名，卻被媒體認為是民進黨自成立以來選風最差的一次。即使「七成民意調查，三成黨員投票」的提名方式，似乎仍然無法有效遏阻民進黨黨內初選選風繼續敗壞的趨勢。一般認為，不分區及僑選立委席次只以黨員投票方式產生，是此次民進黨黨內初選最大的問題所在。在每位黨員至少可投五票（不分區三票，僑選、區域各一票，有些縣市還多一張縣長票）的情況下，不分區候選人在各縣市結合區域參選人，聯合綁樁、換票，是造成2001年黨內初選選情空前混亂的主因。而在區域立委部分，雖然民意調查占提名比重的七成，但除了超高知名度的候選人會獲得民意特別的青睞外，許多參選人的民意調查結

---

[22] 參見《中國時報》，2000年10月19日，版3；《聯合報》，2000年10月19日，版2。

果，可能仍然差距有限，屆時黨員投票的影響力，還是不容小覷，因此綁樁、換票仍屬必要（王業立，2001a）。而占提名比重高達七成的民意調查，也被部分參選人批評有利於知名度較高的現任者而不利於知名度較低的新人。且部分參選人為了提高知名度，在初選過程中即不惜投入大筆金錢大作競選廣告，無形中也大幅提高了競選花費。

　　到了2004年，為了進一步遏止不分區及僑選立委的提名，僅由黨員投票產生時所產生的種種弊端，2004年第六屆立委不分區及僑居代表候選人的提名方式又做了改變。在不分區代表部分，分為政治組及專家團體組，各占提名總額二分之一，並依政治組及專家團體組之順序，依序循環提名。政治組採「黨員投票」（50%）、「民意調查」（50%）產生。專家團體組及僑居代表之提名名額、名單及排名順序，由提名委員會提出，經中執會通過。而提名委員會係由黨主席提名七至九人（不限本黨籍人士），經中執會同意後組成。政治組、專家團體組及僑居代表中，每四名至少應有一名女性。與過去的不分區提名方式相比，2004年第六屆立委不分區候選人的提名，黨員投票的影響力下降，民意調查的影響力上升；而黨中央在半數的不分區候選人（專家團體組）及僑居代表候選人的提名上，再度取得了主導權（其提名由黨主席主持的提名委員會決定）。

　　到了2008年的第七屆立委選舉，不分區代表的提名方式又做了改變。由黨主席所任命的提名委員會提出三分之一名額，排名順序為第一名起每三名應有一名；其他之不分區名額由「黨員投票」（40%）、「民意調查」（60%）產生。另為符合憲法增修條文的規定，提名總額中每兩名應有一名女性。

　　而在總統候選人的提名部分，由於第九任總統候選人提名時所使用的「公民投票」制度已遭廢除，而在第十任總統候選人的提名過程中，主要人選之一的陳水扁又受到《公職候選人提名條例》中所謂「四年條款」的限制[23]，因此如何替陳水扁解套即成為1999年6月全代會召開前，各方

23 所謂「四年條款」，係指原《公職候選人提名條例》第7條第2項的規定：「黨員於四年內僅

爭議的焦點。後來在全代會召開前夕，另一位爭取黨內總統候選人提名的許信良宣布退黨參選，而民進黨內各派系也達成協議，在不更動「四年條款」的前提下，另外訂定總統提名的特別條例，以取代原《公職候選人提名條例》作為2000年總統大選的黨內提名方式。後來在1999年6月所召開的全代會中，為陳水扁特別量身裁製的《民主進步黨二千年總統副總統候選人提名條例》，便順利獲得通過。

新通過的提名條例採推薦及黨代表同意制，不同於原提名條例的「黨員投票」與「民意調查」兩階段初選制。在有資格推薦總統候選人的199位黨員中，陳水扁獲得169位的推薦[24]。而根據《民主進步黨二千年總統副總統候選人提名條例》第3條的規定，獲得推薦之人僅有一名時，應召開全代會決定是否通過；經全代會二分之一以上出席，出席黨代表五分之三以上同意通過後，即代表民進黨成為2000年總統大選的候選人。後來在7月中的臨時全代會中，529位黨代表出席417位，表決現場有391位，陳水扁在台北市長選舉敗選七個月後，獲得全體一致通過成為民進黨提名參選第十任總統的候選人。

自2001年底的縣市長與第五屆立委選舉，迄至2008年的第七屆立委選舉與總統大選，民進黨在各項公職候選人的提名上，主要均採行30%「黨員投票」、70%「民意調查」的模式。雖然仍無法有效遏止「口袋黨員」、「人頭黨員」的老問題，但這套提名模式似乎已成為黨內各派系的「最大公約數」。但是到了2008年的第七屆立委選舉提名前夕，由於立委席次減半，選制又改為單一選區制，再加上總統候選人的提名心結，黨內競爭激烈，派系對壘嚴重，後來爆發了「十一寇」、「排藍民調」

能就第一類及第二類中之直轄市長等各項公職候選人擇一登記為提名候選人。」而第一類候選人係指總統、副總統；第二類候選人係指國大代表、立法委員、直轄市長、直轄市市議員、縣市長。陳水扁甫於1998年競選直轄市長落敗，依《提名條例》第7條第2項的規定，即無法登記成為2000年第十任總統的提名候選人。

24 依據《民主進步黨二千年總統副總統候選人提名條例》的規定，推薦人須具備以下資格：一、現任及曾任黨主席；二、現任中執委、中評委；三、現任立委、國大；四、現任直轄市長、縣市長。每位推薦人以推薦候選人一名為限，經40人以上推薦得為民進黨總統提名之候選人。

等重大爭議，接著民進黨又遭逢立委選舉、總統大選兩次重大的挫敗，在2008年7月20日第十三屆第一次全代會中對於黨內提名方式重大修正，決議2009年縣市長候選人的提名，改採授權中執會以徵召黨員的方式參選。而2011年1月22日第十四屆第一次臨時全國黨員代表大會又對《公職候選人提名條例》做出重大修正，將總統與區域立委提名，改由全民調決定；而不分區立委則由提名委員會提名，經中執會通過（提名委員會由黨主席提名七至九人，經中執會同意後組成）。自此以後民進黨在重要公職人員選舉候選人（包括總統、副總統、區域立法委員、直轄市長、直轄市市議員）的提名方式上，依據《公職候選人提名條例》第3條及第9條的規定，除了協調、徵召外，都是以「全民調」為主。

　　以加勒弗對於民主國家政黨提名制度的分類方式（參見表6-1）來看，民進黨傳統上應可歸類為第二類——黨內初選——的提名方式，但從1994年以後，幹部投票（第三類）的影響力大增；而在總統、省長選舉方面，又有公民投票（第一類）的設計，並且公民投票的比重等於黨員投票與幹部投票之和，這是相當特殊的一種政黨提名方式。而到了1996年時，根據修正通過的《公職候選人提名條例》的規定，又廢除了幹部投票與公民投票制度，但仍維持「二階段初選制」，而在這兩個階段的提名過程中，「黨員投票」和「民意調查」的比重，各占50%。到了2000年，又將「民意調查」的比重提高至70%，而「黨員投票」的比重降至30%。到了2011年，甚至將總統與區域立委等重要公職候選人提名，改由全民調決定。此種提名制度，在加勒弗的分類方式上，可說是介於第一類與第二類之間。但將「民意調查」作為政黨正式決定提名的機制，在西方民主國家並不多見。而落實「黨內民主」與遏止「黨員投票」種種弊端的兩難，是造成民進黨提名制度一再變動的重要原因，但顯然的，「黨員投票」在民進黨提名制度上所具有的重要性已逐漸褪袪。但無論如何，整體而言，民進黨的提名方式權力集中的傾向，遠較國民黨（2000年以前）來得低，甚至比大多數民主國家政黨的提名方式更分權化（請參見表6-1及表6-2）。大體而言，政黨的組織屬性、複數選區選舉制度的特性、黨內

的派系政治、黨員及黨代表的自主意識、選制的改變、選舉法規的修訂等
因素，應是影響民進黨過去幾年來提名制度變遷的幾個最重要的因素。

參考書目

中文部分

王宏恩、王業立，2020，〈2018年臺北市長選舉策略投票之研究〉，《政治科學論叢》，第八十六期，頁237-254。

王啟明，2004，〈國際社會化與全球治理〉，《問題與研究》，第四十三卷，第六期，頁1-28。

王業立，1989，〈由集體選擇理論探討我國立委選舉制度〉，《政治學報》，第十七期，頁55-85。

王業立，1991a，〈我國現行中央民代選舉制度的理論與實際〉，《政治科學論叢》，第二期，頁135-152。

王業立，1991b，〈中央民代選舉制度與政黨發展〉，「政黨政治與民主憲政」學術研討會（由財團法人民主基金會主辦），收錄於民主基金會編印，《政黨政治與民主憲政學術研討會論文集(3)》，頁301-321。

王業立，1991c，〈選舉制度與競選策略對年底大選的影響〉，《中國時報》，12月7日，版6。

王業立，1992，〈美國總統選舉制度的探討：直接選舉或間接選舉〉，《美國月刊》，第七卷，第六期，頁4-16。

王業立，1993，〈建立公平包容的黨內競爭規則：探討國民黨十四全中央委員的選舉方式〉，《中國時報》，6月6日，版6。

王業立，1994，〈相對多數決制之下的政黨競爭：82年縣市長選舉的觀察〉，《政策與理論》，第八卷，第二期，頁14-28。

王業立，1995a，〈單記非讓渡投票制的政治影響：我國民意代表選舉制度的探討〉，《選舉研究》，第二卷，第一期，頁147-167。

王業立，1995b，〈若法國大選模式用在台灣〉，《中國時報》，4月29日，版11。

王業立，1995c，〈省市長選舉與台灣地區政治發展〉，《亞洲研究》，第十四期，頁60-90。

王業立，1995d，〈有待檢驗的致勝方程式〉，《中國時報》，6月27日，版11。

王業立，1996a，〈選舉制度的改良方向及對憲政運作的影響〉，收錄於許慶復主編，《地球村中的台灣》，台北：正中書局，頁175-196。

王業立，1996b，〈相對多數vs.絕對多數：各國總統直選方式的比較研究〉，《選舉研究》，第三卷，第一期，頁49-67。

王業立，1996c，〈我國政黨提名政策之研究〉，《政治學報》，第二十七期，頁1-36。

王業立，1997a，〈輸人不輸陣，大家齊打拚〉，《中國時報》，8月26日，版11。

王業立，1997b，〈黨意與民意的落差〉，《聯合晚報》，8月28日，版2。

王業立，1997c，〈單一選區絕對多數決之研究〉，行政院國家科學委員會專題研究計畫成果報告（NSC86-2417-H-029-001-I11）。

王業立，1999a，〈縣市議員選舉制度的探討〉，收錄於「薄慶玖教授榮退論文集編輯委員會」主編，《地方政府論叢》，台北：五南圖書出版公司，頁147-173。

王業立，1999b，〈立委選舉制度改革之探討〉，《政策與理論》，第十三卷，第二期，頁143-160。

王業立，2000a，〈總統直選對憲政運作之影響〉，「九七修憲與憲政發展」學術研討會（由財團法人國家政策研究基金會與台北大學選舉研究中心主辦），12月9日，台北。

王業立，2000b，〈香港選舉制度之研究〉，行政院國家科學委員會專題研究計畫成果報告（NSC89-2414-H-029-004）。

王業立、黃豪聖，2000，〈選舉制度與政黨轉型：一個新制度論的分析架構〉，收錄於林繼文主編，《政治制度》，台北：中央研究院中山人文社會科學研究所，頁401-430。

王業立，2001a，〈立委選舉制度，是當前賄選根源〉，《中國時報》，3月12日，版15。

王業立，2001b，〈選舉制度對政黨合作的影響〉，收錄於蘇永欽主編，《政黨重組：台灣民主政治的再出發？》，台北：新台灣人文教基金會，頁163-175。

王業立，2001c，〈未來立委選制調整的幾個方向及其利弊分析〉，收錄於蘇永欽主編，《國會改革：台灣民主憲政的新境界？》，台北：新台灣人文教基金會，頁13-26。

王業立，2001d，〈總統直選與憲政運作〉，《理論與政策》，第十五卷，第三期，頁1-17。

王業立、楊瑞芬，2001，〈民意調查與政黨提名：1998年民進黨立委提名與選舉結果的個案研究〉，《選舉研究》，第八卷，第三期，頁1-29。

王業立，2002，〈台灣地方層級的選制與選舉〉，收錄於陳文俊主編，《海峽兩岸

地方政府與企業》，國立中山大學政治學研究所叢書(8)，高雄：中山大學政研所，頁1-20。

王業立，2003，〈農會選舉制度之研究〉，行政院國家科學委員會專題研究計畫成果報告（NSC91-2414-H-029-006）。

王業立，2004a，〈誰是中間選民？〉，《蘋果日報》，2月26日，版A7。

王業立，2004b，〈人民團體選舉制度之研究〉，行政院國家科學委員會專題研究計畫成果報告（NSC92-2414-H-029-004）。

王業立，2004c，〈相對多數，還是兩輪決選？〉，《科學人》，第二十五期，頁86-88。

王業立，2004d，〈改革，就從地方議會選制做起〉，《自由時報》，10月24日，版15。

王業立，2004e，〈再見了，配票〉，《蘋果日報》，12月8日，版A16。

王業立、彭怡菲，2004，〈分裂投票：一個制度面的分析〉，《台灣政治學刊》，第八卷，第一期，頁3-45。

王業立，2005a，〈台灣憲政運作之回顧：政治制度的影響〉，「憲政回顧與憲法修改」圓桌討論會（由中央研究院政治學研究所籌備處主辦），3月12日，台北。

王業立，2005b，〈單一選區兩票制的影響評估〉，「政府再造與憲政改革」研討會（由台灣法愛公德會、中國文化大學政治研究所主辦），5月7日，台北。

王業立，2005c，〈政黨提名制度：政黨政治的祕密花園〉，「從憲法觀點看政黨提名制度」研討會（由「公益信託法治斌教授學術基金」的「公法與公共政策論壇」主辦），7月14日，台北。

王業立，2006a，〈縣市層級選舉與分立政府〉，收錄於廖達琪主編，《「民主化‧全球化‧議會角色──慶祝高雄改制院轄市廿五週年」學術研討論文專輯》，國立中山大學政治學研究所叢書，頁199-210。

王業立，2006b，〈棄保成功否，民調最重要〉，《聯合報》，12月3日，版A15。

王業立，2007a，〈雙層賽局的困境〉，《中國時報》，1月6日，版A15。

王業立，2007b，〈我國地方選制與選舉的探討〉，收錄於陳陽德、紀俊臣主編，《地方民主與治理：陳陽德教授榮退紀念論文集》，台北：時英出版社，頁309-326。

王業立、蘇子喬、石鵬翔，2018，《台、日、韓憲政體制與選舉制度》，台北：五南圖書出版公司。

王鼎銘，2003，〈策略投票及其影響之檢測：2001年縣市長及立委選舉結果之探

討〉,《東吳政治學報》, 第十六期,頁95-123。

王鼎銘、郭銘峰、黃紀,2008,〈選制轉變過程下杜佛傑心理效應之檢視:從日本眾議院選制變革的經驗來觀察〉,《問題與研究》,第四十七期,第三卷,頁1-28。

牛銘實、王業立,1990,〈現在的選舉要怎樣拼才會贏?〉,《中國論壇》,第三四四期,二十九卷,第八期,頁44-49。

田中宗孝(劉好山譯),1993,《日本公職選舉法解說》,台北:中央選舉委員會。

田弘茂、朱雲漢、Larry Diamond、Marc Plattner主編,《鞏固第三波民主》,台北:業強。

立法院法制局,2008,《選舉制度與立法》,台北:立法院法制局。

包正豪,1998,〈新黨平均配票策略之研究:以84年立法委員選舉為例〉,《選舉研究》,第五卷,第一期,頁95-138。

江大樹,1992,〈當前民主國家選與制度評介〉,《民主制度設計》,台北:國策中心。

江大樹,1994,〈政黨體制、選舉規則與政黨提名〉,《國家政策雙周刊》,第九十二期,頁4-5。

江欣彥、莊姿鈴與王業立,2006,〈人民團體選舉制度之研究─單記、全額連記、限制連記法之影響〉,《選舉研究》,第十三卷,第一期,頁1-42。

李文忠與梁文傑,1999,〈國會改革方案評估〉,《國策專刊》,第八期,頁6-8。

李國雄,1996,〈總統制的趨勢與政治穩定:一個比較性分析〉,「民主化與政府體制」學術研討會(由政治大學政治學系主辦),6月1日,台北。

余明賢、林秋山、周振章(譯),1994,《韓國選舉法規彙編》,台北:中央選舉委員會。

何思因,1993,《美英日提名制度與黨紀》,台北:理論與政策雜誌社。

何鴻明、王業立,2010,〈地方派系如何操控寺廟的管理權?以大甲鎮瀾宮的人事選舉為例〉,《台灣民主季刊》,第七卷,第三期,頁123-186。

吳文程,1990,〈78年三項公職人員選舉:政黨初選與提名制度之評估〉,《東吳政治社會學報》,第十四期,頁111-127。

吳文程,1996,《政黨與選舉概論》,台北:五南圖書出版公司。

吳玉山,2000,《俄羅斯轉型:1992-1994──一個政治經濟學的分析》,台北:五南圖書出版公司。

吳玉山，2001，〈制度、結構與政治穩定〉，《政治學報》，第三十二期，頁1-30。

吳明上，2003，〈日本眾議院議員選舉制度改革之探討：小選舉區比例代表並立制〉，《問題與研究》，第四十二卷，第二期，頁79-92。

吳東野，1993，〈選舉制度與選區劃分：以歐市國家為例〉，《政策與理論》，第七卷，第二期，頁7-18。

吳東野，1996，〈「單一選區兩票制」選舉方法之探討：德國、日本、俄羅斯選舉之實例比較〉，《選舉研究》，第三卷，第一期，頁69-102。

吳東野，1999，〈我國立法院全國不分區委員制度之研究〉，《選舉研究》，第六卷，第一期，頁143-174。

吳重禮，1998，〈國民黨初選制度效應的再評估〉，《選舉研究》，第五卷，第二期，頁129-160。

吳重禮，2002a，〈SNTV的省思：弊端肇因或是代罪羔羊〉，《問題與研究》，第四十一卷，第三期，頁45-60。

吳重禮，2002b，〈民意調查應用於提名制度的爭議：以1998年第四屆立法委員選舉民主進步黨初選民調為例〉，《選舉研究》，第九卷，第一期，頁81-111。

吳重禮，2008a，《政黨與選舉：理論與實踐》，台北：三民書局。

吳重禮，2008b，〈立法委員選舉制度改革的省思：匡正弊端或是治絲益棼〉，「如何評估選制變遷：方法論的探討」學術研討會（由政治大學選舉研究中心主辦），7月5日，台北。

吳密察，1989，〈日據時期之地方選舉〉，《台中縣志》，卷六，〈選舉志〉，第一冊，台中縣政府編印。

吳親恩，2006，〈選制改革的影響：從SNTV到「並立式單一選區兩票制」〉，收錄於吳重禮、吳玉山主編，《憲政改革－背景、運作與影響》，台北：五南圖書出版公司，頁271-303。

周良黛，1997，〈選舉制度對憲政運作之影響〉，《理論與政策》，第十一卷，第二期，頁69-95。

周祖誠，1993，〈國民黨初選制度的效應〉，《理論與政策》，第七卷，第二期，頁35-48。

林忠伸，1994，〈中國國民黨提名政策之研究：民國81年台中縣第二屆立委選舉〉，東海大學政治學研究所碩士論文。

林佳龍，1999，〈總統選制的選擇與效應〉，《新世紀智庫論壇》，第六期，頁44-65。

林順德，1999，〈我國政黨初選與提名制度之研究：比較第四屆立法委員選舉民進黨與新黨初選制度〉，東海大學政治學研究所碩士論文。

林嘉誠，1994a，〈政黨組織屬性與黨內提名制度〉，《國家政策雙周刊》，第九十二期，頁2-3。

林嘉誠，1994b，〈絕對多數宜先考慮〉，《聯合晚報》，1月25日，版2。

林繼文，1997，〈制度選擇如何可能：論日本之選舉制度改革〉，《台灣政治學刊》，第二期，頁63-106。

林繼文，1999，〈單一選區兩票制與選舉制度改革〉，《新世紀智庫論壇》，第六期，頁69-79。

林繼文，2003，〈選舉制度：國會改革的基礎工程〉，收錄瞿海源、林繼文、王業立、黃秀端、顧忠華合著，《解構國會——改造國會》，台北：允晨文化，頁14-51。

林繼文，2006，〈政府體制、選舉制度與政黨體系：一個配套論的分析〉，《選舉研究》，第十三卷，第二期，頁1-35。

林繼文，2008，〈以輸為贏：小黨在日本單一選區兩票制下的參選策略〉，《選舉研究》，第十五卷，第二期，頁37-66。

施正鋒，1995，〈誰是黨的主人？：檢討民進黨提名制度〉，《國會雙週刊》，第五十八期，頁16-17。

胡盛儀、陳小京、田穗生，2001，《中外選舉制度比較》，北京：商務印書館。

徐永明，2002，〈單一選區兩票制政治衝擊的模擬〉，《新世紀智庫論壇》，第十七期，頁6-16。

徐永明，2004，〈選制改革與國會運作正常化〉，《新世紀智庫論壇》，第二十七期，頁108-110。

徐永明、陳鴻章，2002，〈老狗學把戲：立委選舉政黨提名的有效性〉，《東吳政治學報》，第十五期，頁87-121。

徐永明、陳鴻章，2004，〈多席次選舉中政黨的分合：以台灣區域立委選舉為例〉，《選舉研究》，第十一卷，第一期，頁127-169。

馬嶽、蔡子強，2003，《選舉制度的政治效果：港式比例代表制的經驗》，香港：香港城市大學出版社。

倪炎元，1992，〈投票制有時會改變選舉結果〉，《中國時報》，3月14日，版2。

郭秋慶，1996，《德國選舉制度與政黨政治》，台北：志一出版社。

梁玉英，1999，〈香港首屆立法會直選與政黨體系的發展〉，《中國大陸研究》，第四十二卷，第二期，頁3-18。

梁世武，2008，《單一選區兩票制》，台北：台灣商務印書館。

盛杏湲，1998，〈政黨配票與候選人的集散度：1983年至1995年台灣地區立法委員選舉的分析〉，《選舉研究》，第五卷，第二期，頁129-160。

盛治仁，2006，〈單一選區兩票制對未來台灣政黨政治發展之可能影響探討〉，《台灣民主季刊》，第三卷，第二期，頁63-86。

郭銘峰，2011，〈並立式混合選制下兩票之連動效果：日本眾議員選舉政黨重複提名策略與成效〉，台灣大學政治學系博士論文。

許介鱗，1996，〈小選區制，問題不小〉，《聯合報》，10月21日，版11。

張台麟，1995，《法國總統的權力》，台北：志一出版社。

張世熒，2005，《選舉研究——制度與行為途徑》，台北：新文京開發。

陳明通與林繼文，1998，〈台灣地方選舉的起源與國家社會關係轉變〉，收錄於陳明通、鄭永年主編，《兩岸基層選舉與政治社會變遷》，頁23-70，台北：月旦。

陳坤森，1998，〈紐西蘭選舉制度改革的政治效應分析〉，「世紀末的選舉」學術研討會（由政治大學選舉研究中心主辦），10月17日至18日，台北。

陳思蓉，1994，〈影響選舉結果比例性偏差的因素：21個民主國家實例探討〉，東海大學政治學研究所碩士論文。

陳陸輝、周應龍，2008，〈如何評估單一選區兩票制下候選人票與政黨票之間的聯動關係〉，收錄於黃紀、游清鑫主編，《如何評估選制變遷：方法論的探討》，頁151-172，台北：五南圖書出版公司。

陳義彥、黃麗秋，1992，《選舉行為與政治發展》，台北：黎明文化。

陳新民，1996，《憲法學導論》，台北：三民書局。

黃秀端，2002，〈單一選區與複數選區相對多數決制下的選民策略投票〉，《東吳政治學報》，第十三期，頁37-75。

黃信達、王業立，2008，〈選制變革對地方政治生態的影響：研究方法的探討〉，收錄於黃紀、游清鑫主編，《如何評估選制變遷：方法論的探討》，頁175-195，台北：五南圖書出版公司。

黃紀，2001，〈一致與分裂投票：方法論的探討〉，《人文及社會科學集刊》，第十三卷，第五期，頁541-574。

黃紀，2008，〈單一選區兩票並立制下選民之投票抉擇：分析方法之探討〉，收錄於黃紀、游清鑫主編，《如何評估選制變遷：方法論的探討》，頁129-150，台北：五南圖書出版公司。

黃紀、王鼎銘、郭銘峰，2008，〈混合選制下選民之一致與分裂投票：1996年日

本眾議員選舉自民黨選票之分析〉，《選舉研究》，第十五卷，第二期，頁1-36。

黃紀、王鼎銘、郭銘峰，2005，〈日本眾議院1993及1996年選舉自民黨之選票流動分析〉，《人文及社會科學集刊》，第十七卷，第四期，頁853-883。

黃紀、游清鑫主編，2008，《如何評估選制變遷：方法論的探討》，台北：五南圖書出版公司。

黃家興，1997，〈民進黨提名制度與黨內派系〉，東海大學政治學研究所碩士論文。

黃德福，1990，〈選舉、地方派系與政治轉型：78年底三項公職人員選舉之省思〉，《中山社會科學季刊》，第五卷，第一期，頁84-96。

黃德福，1993，〈選舉制度與政黨競爭〉，《政策與理論》，第七卷，第四期，頁1-21。

傅恆德，1997，〈絕對多數制有代表性正當性〉，《聯合報》，7月15日，版11。

游盈隆，1984，〈投票行為研究的源起與發展〉，《東吳政治社會學報》，第八期，頁195-229。

游清鑫，1996，〈選舉制度、選舉競爭與選舉策略：84年北市南區立委選舉策略之個案研究〉，《選舉研究》，第三卷，第一期，頁137-177。

游清鑫，1999，〈競選策略的個案研究：1998年民進黨台北市南區立法委員選舉的探討〉，《選舉研究》，第六卷，第二期，頁163-190。

游清鑫，2008，〈如何評估選區重劃的政治效果〉，收錄於黃紀、游清鑫主編，《如何評估選制變遷：方法論的探討》，頁21-48，台北：五南圖書出版公司。

楊日青、李培元、劉兆隆、林文斌譯，Andrew Heywood原著，2002，《最新政治學新論》，台北：韋伯文化事業出版社。

楊虔豪，2020，〈韓國引入超複雜的席次計算新制〉，https://www.voicettank.org/single-post/2020/01/01/010101?fbclid=IwAR0BMtEIgtIHLyL2xOO8ZIS2sTwsFf_ND_IHO6Lq9h54-9smSiBiM_MR42k。

楊泰順，1991，《選舉》，台北：永然圖書公司。

楊與齡，1995，〈複數選區違憲論〉，《法令月刊》，第四十六卷，第四期，頁3-5。

雷競旋，1989，《選舉制度》，台北：洞察出版社。

董保城、周從郁（譯），1994，《德國選舉法規彙編》，台北：中央選舉委員會。

葛永光，1995，〈政黨提名制度：幾個概念性問題的探討〉，《理論與政策》，第

九卷，第三期，頁75-82。

趙永茂，1997，《台灣地方政治的變遷與特質》，台北：翰蘆。

廖益興，1994，〈民進黨的派系政治與提名制度〉，《國家政策雙周刊》，第九十二期，頁8-9。

蔡子強，1998，《香港選舉制度透視》，香港：明報出版社。

蔡啟清，1986，《選舉與選舉行為》，台北：徐氏基金會。

蔡學儀，2003，《解析單一選區兩票制》，台北：五南圖書出版公司。

劉淑惠，1994，〈國民黨黨內提名方式的演變（1950-1994）〉，《國家政策雙周刊》，第九十二期，頁6-7。

劉義周，1991，〈國民黨責任區輔選制效果之研究〉，「政黨政治與民主憲政」學術研討會（由財團法人民主基金會主辦），收錄於民主基金會編印，《政黨政治與民主憲政學術研討會論文集(3)》，頁269-298。

劉義周，1994，〈美國總統初選制度的變遷：民主參與價值與舉才功能間的擺盪〉，收錄於彭錦鵬主編，《美國政黨與利益團體》，台北：中央研究院歐美研究所，頁225-244。

劉義周，2001，〈戳破初選民調的民主神話〉，《新新聞》，第七四〇期，頁88-81。

鄭牧心，1988，《台灣議會政治四十年》，台北：自立晚報。

鄭明德，2004，《一脈總相承：派系政治在民進黨》，台北：時英出版社。

蘇子喬、王業立，2010，〈為何廢棄混合式選舉制度？——義大利、俄羅斯與泰國選制改革之研究〉，《東吳政治學報》，第二十八卷，第三期，頁1-81。

蘇子喬、王業立，2012，〈總統與國會選制對政黨體系的綜合影響：跨國分析〉，《問題與研究》，第五十一卷，第四期，頁35-70。

蘇子喬、王業立，2013，〈選擇投票制與英國國會選制改革〉，《東吳政治學報》，第三十一卷，第二期，頁71-137。

蘇子喬、王業立，2018，〈選舉制度與憲政體制的制度組合：半總統制民主國家的跨國分析〉，《選舉研究》，第二十五卷，第一期，頁1-36。

蘇子喬、許友芳，2016，〈從德國選舉法修正論我國立委選制改革：聯立制的適用性〉，《政治科學論叢》，第六十七期，頁1-50。

蘇永欽，1994，〈選總統需要絕對多數〉，《聯合報》，1月5日，版11。

蘇永欽，2000，〈選制出了什麼問題？〉，《聯合報》，3月23日，版15。

薄慶玖，1994，《地方政府與自治》，台北：五南圖書出版公司。

謝相慶，1995，〈選舉制度與選舉結果不比例現象：跨國性比較研究的檢討〉，

《選舉研究》，第二卷，第二期，頁137-170。

謝相慶，1999，〈日本眾議院議員新選舉制度及其政治效應：以1996年選舉為例〉，《選舉研究》，第六卷，第二期，頁45-87。

謝復生，1992，《政黨比例代表制》，台北：理論與政策雜誌社。

謝復生，1993，〈從勸退、退黨看黨紀問題〉，《中國時報》，11月4日，版9。

謝復生，1995，〈制度不改，黨紀無存〉，《中國時報》，5月7日，版11。

謝復生，1996，〈改革選舉制度，紐、日大選可供借鏡〉，《中國時報》，10月28日，版11。

薩孟武，1983，《政治學》，台北：三民書局。

蕭怡靖、黃紀，2010，〈單一選區兩票制下的一致與分裂投票：2008年立法委員選舉的探討〉，《台灣民主季刊》，第七卷，第三期，頁1-43。

Przeworski, Adam, Michael Alyares, José Antonio Cheibub & Femando Limongi，梁崇民譯，1997，〈何者使民主體制得以存續？〉，收錄於田弘茂、朱雲漢、Larry Diamond、Marc Plattner主編，《鞏固第三波民主》，台北：業強，頁468-500。

日文部分

宮川隆義，1995，《選舉的結構：制度改革的影響》，東京：日本實業出版社。

高部正男，1998，《透視選舉推動指南》，東京：行政株式會社。

英文部分

Abrams, Robert, 1980, Foundations of Political Analysis: An Introduction to the Theory of Collective Choice, New York: Columbia University Press.

Arrow, Kenneth, 1951, Social Choice and Individual Values, New Haven, CT: Yale University Press.

Asher, Herbert, 1980, Presidential Elections and American Politics, Homewood, IL: Dorsey Press.

Baker, Andy, and Ethan Scheiner, 2004, "Adaptive Parties: Party Strategic Capacity under Japanese SNTV", Electoral Studies, Vol. 23, No. 2, pp. 251-278.

Bawn, Kathleen, 1993, "The Logic of Institutional Preferences: German Electoral Law as a Social Choice Outcome", American Journal of Political Science, Vol. 37, No. 4, pp. 965-989.

Bawn, Kathleen, and Michael F. Thies, 2003, "A Comparative Theory of Electoral Incentives: Representing the Unorganized under PR, Plurality and Mixed Member Systems", Journal of Theoretical Politics, Vol. 15, No. 1, pp. 5-32.

Benoit, Kenneth, 2004, "Models of Electoral System Change", Electoral Studies, Vol. 23, No. 3, pp. 363-389.

Benoit, Kenneth, 2006, "Duverger's Law and the Study of Electoral Systems", French Politics, Vol. 4, pp. 68-83.

Best, Judith, 1975, The Case Against Direct Election of the President: A Defense of the Electoral College, Ithaca, NY: Cornell University Press.

Bickel, Alexander M., 1971, Reform and Continuity, New York: Haper & Row.

Black, Duncan, 1948, "On the Rationale of Group Decision-Making", Journal of Political Economy, Vol. 56, pp. 23-34.

Black, Duncan, 1958, Theory of Committees and Elections, Cambridge: Cambridge University Press.

Blais, André, and R. K. Carty, 1992, "The Psychological Impact of Electoral Laws: Measuring Duverger's Elusive Factor", British Journal of Political Science, Vol. 21, pp. 79-93.

Blais, André, Louis Massicotte, and Agnieszka Dobrzynska, 1997, "Direct Presidential Elections: A World Summary", Electoral Studies, Vol. 16, No. 4, pp. 441-455.

Bogdanor, V., and D. Butler, eds., 1983, Democracy and Elections: Electoral Systems and Their Political Consequences, Cambridge: Cambridge University Press.

Boix, Carles, 1999, "Setting the Rules of the Game: The Choice of Electoral Systems in Advanced Democracies", American Political Science Review, Vol. 93, No. 3, pp. 609-624.

Brams, Steven J., 1979, The Presidential Election Game, New Haven, CT: Yale University Press.

Brams, Steven J., and Peter C. Fishburn, 1984, "Some Logical Defects of the Single Transferable Vote", in Arend Lijphart, and Bernard Grofman, eds., Choosing an Electoral System, New York: Praeger, pp. 147-151.

Buchanan, James, and Gordon Tullock, 1962, The Calculus of Consent, Ann Arbor, MI: University of Michigan Press.

Butler, David, and Donald Stokes, 1974, Political Change in Britain, New York: St. Martin's Press.

Butler, David, Howard R. Penniman, and Austin Ranney, eds., 1981, Democracy at the Polls, Washington, D.C.: American Enterprise Institute.

Butler, David, and Dennis Kavanagh, 2002, The British General Election of 2001, New York: Palgrave.

Cain, Bruce E., 1984, The Reapportionment Puzzle, Berkeley, CA: University of California Press.

Campbell, Angus, Philip E. Converse, Warren E. Miller, and Donald E. Stokes, 1960, The American Voter, New York: John Wiley.

Carey, John M., Richard G. Niemi, and Lynda W. Powell, 1997, "Incumbency and the Probability of Reelection in State Legislative Elections", Paper Presented in the Annual Meeting of the American Political Science Association, Washington, D.C., August 28, 1997.

Carlson, Matthew M., 2006, "Electoral Reform and the Evolution of Informal Norms in Japan", Asian Survey, Vol. 46, No. 3, pp. 362-380.

Carstairs, Andrew McLaren, 1980, A Short History of Electoral Systems in Western Europe, London: George Allen & Unwin.

Choi, Jungug, 2006, "Institutional Interaction and Strategic Voting in Korea's New Mixed Electoral System", Journal of International and Area Studies, Vol. 13, No. 2, pp. 111-122.

Choy, Chi-keung, and Ma Ngok, 1999, "The Electoral System and Party Politics in Hong Kong", Issues & Studies, Vol. 35, pp. 167-194.

Christensen, Raymond V., and Paul E. Johnson, 1995, "Toward a Context-Rich Analysis of Electoral Systems: The Japanese Example", American Journal of Political Science, Vol. 39, No. 3, pp. 575-598.

Christensen, Raymond V., 1998, "The Effect of Electoral Reforms on Campaign Practice in Japan: Putting New Wine into Old Bottles", Asian Survey, Vol. 38, No. 10, pp. 986-1004.

Colomer, Josep M., 2004, Handbook of Electoral System Choice, New York: Palgrave Macmillan.

Colomer, Josep M., 2005, "It's Parties That Choose Electoral Systems (or, Duverger's Laws Upside Down)", Political Studies, Vol. 53, No. 1, pp. 1-21.

Cooper, John F., 1998, Taiwan's Mid-1990s Elections: Taking the Final Steps to Democracy, London: Praeger.

Cox, Gary W., 1990, "Centripetal and Centrifugal Incentives in Electoral Systems", American Journal of Political Science, Vol. 34, No. 4, pp. 903-935.

Cox, Gary W., 1991, "SNTV and d'Hondt are 'Equivalent'", Electoral Studies, Vol. 10, pp. 348-352.

Cox, Gary W., and Frances Rosenbluth, 1993, "The Electoral Fortunes of Legislative Factions in Japan", American Political Science Review, Vol. 87, pp. 577-589.

Cox, Gary W., 1994, "Strategic Voting Equilibria under the Single Nontransferable Vote", American Political Science Review, Vol. 88, pp. 608-621.

Cox, Gary W., and Emerson M. S. Niou, 1994, "Seat Bonuses under the Single Non-Transferable Vote System: Evidence from Japan and Taiwan", Comparative Politics, Vol. 26, pp. 221-235.

Cox, Gary W., and Frances Rosenbluth, 1994, "Reducing Nomination Errors: Factional Competition and Party Strategy in Japan", Electoral Studies, Vol. 13, pp. 4-16.

Cox, Gary W., 1996, "Is the Single Nontransferable Vote Superproportional ? Evidence from Japan and Taiwan", American Journal of Political Science, Vol. 40, No. 3, pp. 740-755.

Cox, Gary W., and Frances M. Rosenbluth, 1996, "Factional Competition for the Party Endorsement: The Case of Japan's Liberal Democratic Party", British Journal of Political Science, Vol. 26, pp. 259-269.

Cox, Gary W., 1997, Making Votes Count: Strategic Coordination in the World's Electoral Systems, New York: Cambridge University Press.

Cox, Gary W., and Michael F. Thies, 1998, "The Cost of Intraparty Competition: The Single, Non-transferable Vote and Money Politics in Japan", Comparative Political Studies, Vol. 31, pp. 267-291.

Cox, Gary W., Frances McCall Rosenbluth, and Michael F. Thies, 1999, "Electoral Reform and the Fate of Factions: The Case of Japan's Liberal Democratic Party", British Journal of Political Science, Vol. 29, pp. 33-56.

Cox, Gary W., Frances M. Rosenbluth, and Michael F. Thies, 2000, "Electoral Rules, Career Ambitions, and Party Structure: Comparing Factions in Japan's Upper and Lower Houses", American Journal of Political Science, Vol. 44, No. 1, pp. 115-122.

Cox, Karen E., and Leonard J. Schoppa, 2002, "Interaction Effects in Mixed-Member Electoral Systems: Theory and Evidence from Germany, Japan, and Italy", Comparative Political Studies, Vol. 35, No. 9, pp. 1027-1053.

Cummings, Milton C. Jr., and David Wise, 1985, Democracy under Pressure, Orlando, FL: Harcourt Brace Jovanovich.

Curtis, Gerald L., 1992, "Japan", in David Butler, and Austin Ranney, eds., Electioneering, Oxford: Clarendon Press.

Czudnowski, Moshe M., 1975, "Political Recruitment", in Fred I. Greenstein, and Nelson W. Polsby, eds., Handbook of Political Science: Volume 2, Micropolitical Theory, Reading, MA: Addison-Wesley.

Derbyshire, J. Denis, and Ian Derbyshire,1996, Political Systems of the World, New York: St. Martin's Press.

Donovan, Mark, 1995, "The Politics of Electoral Reform in Italy", International Political Science Review, Vol. 16, No. 1, pp. 47-64.

Downs, Anthony, 1957, An Economic Theory of Democracy, New York: Harper & Row.

Dummett, Michael, 1984, Voting Procedures, Oxford: Clarendon Press.

Dunleavy, Patric, and Helen Margetts, 1995, "Understanding the Dynamics of Electoral Reform", International Political Science Review, Vol. 16, No. 1, pp. 9-29.

Duverger, Maurice, 1966, Political Parties: Their Organization and Activity in the Modern State, Translated by Barbara and Robert North, New York: Wiley.

Duvergèr, Maurice, 1986, "Duverger's Law: Forty Years Later", in Bernard Grofman, and Arend Lijphart, eds., Electoral Laws and Their Political Consequences, New York: Agathon Press, pp. 69-84.

Enelow, James M., and Melvin J. Hinich, 1984, The Spatial Theory of Voting: An Introduction, Cambridge: Cambridge University Press.

Epstein, Leon D., 1993, Political Parties in Western Democracies, New Brunswick, NJ: Transaction Books.

Farquharson, Robin, 1969, Theory of Voting, New Haven, CT: Yale University Press.

Farrell, David M., 1997, Comparing Electoral Systems, New York: Prentice Hall.

Farrell, David M., 2001, Electoral Systems: A Comparative Introduction, New York: Palgrave.

Ferrara, Federico, 2004, "Electoral Coordination and the Strategic Desertion of Strong Parties in Compensatory Mixed Systems with Negative Vote Transfers", Electoral Studies, Vol. 23, No. 3, pp. 391-413.

Ferrara, Federico, Erik S. Herron, and Misa Nishikawa, 2005, Mixed Electoral Systems: Contamination and Its Consequences, New York: Palgrave Macmillan.

Fisher, S. L., 1973, "The Wasted Vote Thesis: West German Evidence", Comparative Politics, Vol. 5, pp. 293-299.

Flanigan, William H., and Nancy Zingale, 1991, Political Behavior of the American Electorate, Boston: Allyn & Bacon.

Fowler, B., 1998, "Hungarian Parliamentary Elections, May 1998", Electoral Studies, Vol. 17, No. 2, pp. 257-262.

Gallagher, Michael, and Michael Marsh, eds., 1988, Candidate Selection in Comparative Perspective: The Secret Garden of Politics, London: SAGE.

Gallagher, Michael, Michael Laver, and Peter Mair, 1992, Representative Government in Western Europe, New York: McGraw-Hill.

Gallagher, Michael, 1998, "The Political Impact of Electoral System Change in Japan and New Zealand, 1996", Party Politics, Vol. 4, No. 2,, pp. 203-228.

Gallagher, Michael, 2001, "The Japanese House of Councillors Election 1998 in Comparative Perspective", Electoral Studies, Vol. 20, No. 4,, pp. 603-625.

Gallagher, Michael, and Paul Mitchell, 2008, The Politics of Electoral Systems, Oxford:

Oxford University Press.

Golder, Matt, 2005, "Democratic Electoral Systems around the World", Electoral Studies, Vol. 24, No. 1, pp. 103-121.

Goldey, D. B., and A. F. Knapp, 1996, "The French Presidential Election of 23 April-7 May 1995", Electoral Studies, Vol. 15, No. 1, pp. 97-109.

Grofman, Bernard, and Arend Lijphart, eds., 1986, Electoral Laws and Their Political Consequences, New York: Agathon Press.

Grofman, Bernard, Sung-Chull Lee, Edwin A. Winckler, and Brian Woodall, eds., 1999, Elections in Japan, Korea, and Taiwan under the Single Non-Transferable Vote: The Comparative Study of an Embedded Institution, Ann Arbor, MI: The University of Michigan Press.

Grofman, Bernard, 1999, "SNTV: An Inventory of Theoretically Derived Propositions and a Brief Review of the Evidence from Japan, Korea, Taiwan, and Alabama", in Bernard Grofman, Sung-Chull Lee, Edwin A. Winckler, and Brian Woodall, eds., Elections in Japan, Korea, and Taiwan under the Single Non-Transferable Vote: The Comparative Study of an Embedded Institution, Ann Arbor, MI: The University of Michigan Press, pp. 375-416.

Gschwend, Thomas, 2007, "Ticket-Splitting and Strategic Voting under Mixed Electoral Rules: Evidence from Germany", European Journal of Political Research, Vol. 46, No. 1, pp. 1-23.

Harrop, Martin, and William L. Miller, 1987, Elections and Voters: A Comparative Introduction, London: Macmillian.

Hizen, Yoichi, 2007, "The Effect of Dual Candidacy on Voting Decisions", Japanese Journal of Political Science, Vol. 7, No. 3, pp. 289-366.

Ho, Karl, 1999, "The Hong Kong Legislative Election of 1998", Electoral Studies, Vol. 18, No. 3, pp. 438-445.

Horiuchi, Yusaku, and Jun Saito, 2003, "Reapportionment and Redistribution: Consequence of Electoral Reform in Japan", American Journal of Political Science, Vol. 47, No. 4, pp. 669-682.

Hsieh, John Fuh-Sheng, Emerson M. S. Niou, and Philip Paolino, 1997, "Strategic Voting in the 1994 Taipei City Mayoral Election", Electoral Studies, Vol. 16, No. 2, pp. 153-163.

Hsieh, John Fuh-sheng, and Richard G. Niemi,1999, "Can Duverger's Law Be Extended to SNTV? The Case of Taiwan's Legislative Yuan Elections", Electoral Studies, Vol. 18, No. 1, pp. 101-116.

Huang, Teh-fu, 1995, "Electoral Competition and the Evolution of the Kuomintang", Issues & Studies, Vol. 31, No. 5, pp. 91-120.

Huntington, Samuel P., 1991, The Third Wave: Democratization in the Late Twentieth Century, Norman, OK: University of Oklahoma Press.

International IDEA, 2002, The International IDEA Handbook of Electoral System Design, Stockholm, Sweden: International IDEA.

James, Peter, 2003, The German Electoral System, Burlington, VT: Ashgate.

Jesse, Neal G., 1999, "Candidate Success in Multi-Member Districts: An Investigation of Duverger and Cox", Electoral Studies, Vol. 18, No. 3, pp. 323-340.

Jones, Mark, 1995, Electoral Laws and the Survival of Presidential Democracies, Notre Dame: University of Notre Dame Press.

Johnston, R. J., and C. J. Pattie, 2002, "Campaigning and Split-Ticket Voting in New Electoral Systems: The First MMP Elections in New Zealand, Scotland and Wales", Electoral Studies, Vol. 21, No. 4, pp. 583-600.

Jupp, James, 1968, Political Parties, London: Routledge & Kegan Paul.

Karp, Jeffrey A., Jack Vowles, Susan A. Banducci, and Todd Donovan, 2002, "Strategic Voting, Party Activity, and Candidate Effects: Testing Explanations for Split Voting in New Zealand's New Mixed System", Electoral Studies, Vol. 21, No. 1, pp. 1-22.

Katz, Richard S., 1980, A Theory of Parties and Electoral Systems, Baltimore, MD: The Johns Hopkins University Press.

Katz, Richard S., 1986, "Intraparty Preference Voting", in Bernard Grofman, and Arend Lijphart, eds., Electoral Laws and Their Political Consequences, New York: Agathon Press, pp. 85-103.

Katz, Richard S., 1996, "Electoral Reform and the Transformation of Party Politics in Italy", Party Politics, Vol. 2, No. 1, pp. 31-53.

Key, V. O., Jr., 1966, The Responsible Electorate, Cambridge, MA: Harvard University Press.

Kirchheimer, Otto, 1966, "The Transformation of the Western European Party Systems", in Joseph LaPalombara, and Myron Weiner, eds., Political Parties and Political Development, Princeton, NJ: Princeton University Press.

Klingemann, Hans-Dieter, ed., 2009, The Comparative Study of Electoral Systems, Oxford: Oxford University Press.

Kohno, Masaru, 1997, "Voter Turnout and Strategic Ticket-Splitting under Japan's New Electoral Rules", Asian Survey, Vol. 37, No. 5, pp. 429-440.

Kostadinova, Tatiana, 2002, "Do Mixed Electoral Systems Matter?: A Cross-National Analysis of Their Effects in Eastern Europe", Electoral Studies, Vol. 21, No. 1, pp. 23-34.

Laakso, Markku, and Rein Taagepera, 1979, "Effective Number of Parties: A Measure with Application to West Europe", Comparative Political Studies, Vol. 12, pp. 3-27.

Lakeman, Enid, 1970, How Democracies Vote: A Study of Electoral Systems, London: Faber and Faber.

Laver, Michael, and Norman Schofield,1990, Multiparty Government: The Politics of Coalition in Europe, Oxford: Oxford University Press.

LeDuc, Lawrence, Richard G. Niemi, and Pippa Norris, eds., 1996, Comparing Democracies: Elections and Voting in Global Perspective, Thousand Oaks, CA: SAGE.

Lentini, Peter, 1995, Elections and Political Order in Russia: The Implications of the 1993 Elections to the Federal Assembly, Budapest: Central European University Press.

Lijphart, Arend, 1984, Democracies: Patterns of Majoritarian and Consensus Government in Twenty-One Countries, New Haven, CT: Yale University Press.

Lijphart, Arend, and Bernard Grofman, 1984, Choosing an Electoral System: Issues and Alternatives, New York: Praeger.

Lijphart, Arend, Rafael Lopez Pintor, and Yasunori Sone, 1986, "The Limited Vote and the Single Nontransferable Vote: Lessons from the Japanese and Spanish Examples", in Bernard Grofman, and Arend Lijphart, eds., Electoral Laws and Their Political Consequences, New York: Agathon Press, pp. 154-169.

Lijphart, Arend, 1991, "Constitutional Choices for New Democracies", Journal of Democracy, Vol. 2, pp. 72-84.

Lijphart, Arend, 1994, Electoral Systems and Party System: A Study of Twenty-Seven Democracies, 1945-1990, New York: Oxford University Press.

Lijphart, Arend, 1999, Patterns of Democracy: Government Forms and Performance in Thirty-Six Countries, New Haven, CT: Yale University Press.

Lin, Jih-wen, 1997, "The Politics of Abandoning SNTV: The East Asian Experience", Paper Presented in the XVII World Congress, International Political Science Association, Seoul, Korea, August 17-21, 1997.

Lin, Jih-wen, 2002, "Electoral Systems, Voter Preference, and Effective Number of Parties: The East Asian Cases", Journal of Electoral Studies, Vol. 9, No. 1, pp. 131-171.

Lin, Jih-wen, 2003, "Looking for the Magic Number: The Optimal District Magnitude for Political Parties in d'Hondt PR and SNTV", Electoral Studies, Vol. 22, No. 1, pp. 49-63.

Lin, Jih-wen, 2006, "The Politics of Reform in Japan and Taiwan", Journal of Democracy, Vol. 17, No. 2, pp. 118-131.

Lipset, Seymour M., and Stein Rokkan, eds., 1967, Party Systems and Voter Alignments: Cross-National Perspective, New York: Free Press.

Longley, Lawrence D., and Alan G. Braun, 1975, The Politics of Electoral College Reform, New Haven, CT: Yale University Press.

Mackie, Thomas, and Richard Rose, 1991, The International Almanac of Electoral History, Washington, D.C.: Congressional Quarterly.

Maeda, Ko, 2006, "The General Election in Japan, September 2005", Electoral Studies, Vol. 25, No. 3, pp. 621-627.

Maeda, Ko, 2008, "Re-examining the Contamination Effect of Japan's Mixed Electoral System Using Treatment-Effect Model", Electoral Studies, Vol. 27, No. 4, pp. 723-731.

Massicotte, Louis, and André Blais, 1999, "Mixed Electoral Systems: A Conceptual and Empirical Survey", Electoral Studies, Vol. 18, No. 3, pp. 341-366.

McAllister, Ian, and Stephen White, 2000, "Split Ticket Voting in the 1995 Russian Duma Elections", Electoral Studies, Vol. 19, No. 4, pp. 563-576.

Moser, Robert G., and Ethan Scheiner, 2004, "Mixed Electoral Systems and Electoral System Effects: Controlled Comparison and Cross-National Analysis", Electoral Studies, Vol. 23, No. 4, pp. 575-599.

Murray, David, 1998, "Thailand's Recent Electoral Reforms", Electoral Studies, Vol. 17, No. 4, pp. 525-535.

Nie, Norman H., Sidney Verba, and John R. Petrocik, 1976, The Changing American Voter, Cambridge, MA: Harvard University Press.

Nishikawa, Misa, and Erik S. Herron, 2004, "Mixed Electoral Rules' Impact on Party Systems", Electoral Studies, Vol. 23, No. 4, pp. 753-768.

Norris, Pippa, and Joni Lovenduski, 1995, Political Recruitment: Gender, Race, and Class in the British Parliament, Cambridge: Cambridge University Press.

Norris, Pippa, 1997, "Choosing Electoral Systems: Proportional, Majoritarian and Mixed Systems", International Political Science Review, Vol. 18, No. 3, pp. 297-312.

Norris, Pippa, 2004, Electoral Engineering: Voting Rules and Political Behavior, Cambridge: Cambridge University Press.

Nurmi, Hannu, 1987, Comparing Voting Systems, Dordrecht, Holland: D. Reidel.

Ordeshook, Peter C., 1986, Game Theory and Political Theory, Cambridge: Cambridge University Press.

Peirce, Neal R., 1968, The People's President, New York: Simon and Schuster.

Pekkanen, Robert, Benjamin Nyblade, and Ellis S. Krauss, 2006, "Electoral Incentives in Mixed-Member Systems: Party, Posts, and Zombie Politicians in Japan", American Political Science Review, Vol. 100, No. 2, pp. 183-193.

Pious, Richard M., 1986, American Politics and Government, New York: McGraw-Hill.

Polsby, Nelson W., and Aaron Wildavsky, 1980, Strategies of American Electoral Politics, New York: Charles Scribner's Sons.

Rae, Douglas W., 1971, The Political Consequences of Electoral Laws, New Haven, CT:

Yale University Press.

Ranney, Austin, 1979, "The Political Parties: Reform and Decline", in Anthony King, ed., The New American Political System, Washington, D.C.: American Enterprise Institute.

Ranney, Austin, 1981, "Candidate Selection", in David Butler, Howard R. Penniman, and Austin Ranney, eds., 1981, Democracy at the Polls, Washington, D.C.: American Enterprise Institute.

Ranney, Austin, 2001, Governing: An Introduction to Political Science (8th edition), Upper Saddle River, NJ: Prentice-Hall.

Reed, Steven R., 1990, "Structure and Behaviour: Extending Duverger's Law to the Japanese Case", British Journal of Political Science, Vol. 20, pp. 335-356.

Reed, Steven R., 1996, "Seats and Votes: Testing Taagepera in Japan", Electoral Studies, Vol. 15, No. 1, pp. 71-81.

Reed, Steven R., 2003, Japanese Electoral Politics: Creating a New Party System, New York: RoutledgeCurzon.

Reed, Steven R., and Ethan Scheiner, 2003, "Electoral Incentives and Policy Preferences: Mixed Motives Behind Party Defection in Japan", British Journal of Political Science, Vol. 33, pp. 469-490.

Reed, Steven R., 2007, "Duverger's Law is Working in Japan", Japanese Journal of Electoral Studies, Vol. 22, pp. 96-106.

Reeve, Andrew, and Alan Ware, 1992, Electoral Systems: A Comparative and Theoretical Introduction, New York: Routledge.

Reynolds, Andrew, Ben Reilly, and Andrew Ellis, 2005, Electoral System Design: The New International IDEA Handbook, Stockholm, Sweden: International IDEA.

Riker, William H., 1982a, Liberalism Against Populism: A Confrontation Between the Theory of Democracy and Theory of Social Choice, San Francisco: W. H. Freeman (1988 reissued by Waveland Press).

Riker, William H., 1982b, "The Two-Party System and Duverger's Law: An Essay on the History of Political Science", American Political Science Review, Vol. 76, pp. 753-766.

Riker, William H., 1986, "The Duverger's Law Revisited", in Bernard Grofman, and Arend Lijphart, eds., Electoral Laws and Their Political Consequences, New York: Agathon Press, pp. 19-42.

Rose, Richard, 2000, International Encyclopedia of Elections, Washington, D.C.: CQ Press.

Sakamoto, Takayuki, 1999, "Explaining Electoral Reform: Japan versus Italy and New Zealand", Party Politics, Vol. 5, No. 4, pp. 419-438.

Sartori, Giovanni, 1976, Parties and Party Systems: A Framework for Analysis, Cambridge: Cambridge University Press.

Sartori, Giovanni, 1986, "The Influence of Electoral Systems: Faulty Laws or Faulty Methods?", in Bernard Grofman, and Arend Lijphart, eds., Electoral Laws and Their Political Consequences, New York: Agathon Press, pp. 43-68.

Schaap, Ross D., 2005, "The House of Representatives' Election in Japan, November 2003", Electoral Studies, Vol. 24, No. 1, pp. 136-142.

Schattschneider, E. E., 1942, Party Government, New York: Holt, Rinehart and Winston.

Schimmelfennig, Frank, 2000, "International Socialization in the New Europe: Rational Action in an Institutional Environment", European Journal of International Relations, Vol. 6, No. 1, pp. 109-139.

Schmidt, Steffen W., Mack C. Shelley, II, and Barbara A. Bardes, 1989, American Government and Politics Today, St. Paul, MN: West.

Schoen, Harald, 1999, "Split-Ticket Voting in German Federal Elections, 1953-90: An Example of Sophisticated Balloting?", Electoral Studies, Vol. 18, No. 4, pp. 473-496.

Schumpeter, Joseph A., 1976, Capitalism, Socialism and Democracy, New York: Haper & Row.

Schwartz, Thomas, 1986, The Logic of Collective Choice, New York: Columbia University Press.

Shea, John C., 1987, American Government and Politics, New York: St. Martin's Press.

Shugart, Matthew S., and John Carey, 1992, Presidents and Assemblies: Constitutional Design and Electoral Dynamics, New York: Cambridge University Press.

Shugart, Matthew S., and Martin P. Wattenberg, eds., 2001, Mixed-Member Electoral Systems: The Best of Both Worlds?, Oxford: Oxford University Press.

Spafford, D., 1972, "Electoral Systems and Voters' Behavior: Comment and a Further Test", Comparative Politics, Vol. 5, pp. 129-134.

Stepan, Alfred, and Cindy Skach, 1993, "Constitutional Frameworks and Democratic Consolidation: Parliamentarianism versus Presidentialism", World Politics, Vol. 46, No. 1, pp. 1-12.

Tien, Hung-Mao, ed., 1996, Taiwan's Electoral Politics and Democratic Transition: Riding the Third Wave, New York: M.E. Sharpe.

Taagepera, Rein, and Matthew Sobert Shugart, 1989, Seats & Votes: The Effects & Determinants of Electoral Systems, New Haven, CT: Yale University Press.

Thies, Michael F., 2002, "The General Election in Japan, June 2000", Electoral Studies, Vol. 21, No. 1, pp. 147-154.

Vowles, Jack, 1995, "The Politics of Electoral Reform in New Zealand", International Political Science Review, Vol. 16, No. 1, pp. 95-115.

Wada, Junichiro, 1996, The Japanese Election System: Three Analytical Perspectives, New

York: Routledge.

Wang, Yeh-Lih, 1996, "The Political Consequences of the Electoral System: Single Non-transferable Voting in Taiwan", Issues & Studies, Vol. 32, No. 8, pp. 85-104.

Watson, Richard A., 1984, The Presidential Contest, New York: John Wiley.

Wright, Jack F. H., 1986, "Australian Experience with Majority-Preferential and Quota-Preferential Systems", in Bernard Grofman, and Arend Lijphart, eds., Electoral Laws and Their Political Consequences, New York: Agathon Press, pp. 124-138.

Wu, Nai-teh, 1987, The Politics of a Regime Patronage System: Mobilization and Control within an Authoritarian Regime, Ph.D. Dissertation, Department of Political Science, University of Chicago.

Wu, Tung-yeh, and Jaushieh Joseph Wu, 1997, "Dying But Dying Hard: Taiwan's Multi-Member District, SNTV Electoral System", Paper Presented in the Institutional Choice Workshop, Sponsored by Chinese Association of Political Science, Taipei, August 23, 1997.

網路資料庫

ACE The Electoral Knowledge Network
http://aceproject.org/epic-en?question=ES005&f=b
IPU PARLINE database on national parliaments
http://www.ipu.org/parline-e/parlinesearch.asp
Freedom House
http://www.freedomhouse.org/uploads/fiw11/ElectoralDemocraciesFIW2011.pdf
United Nations, Department of Economic and Social Affairs, Population Division (2015). World Population Prospects: The 2015 Revision
http://esa.un.org/unpd/wpp/index.htm
Wikipedia
http://en.wikipedia.org/wiki/List_of_countries_and_outlying_territories_by_total_area

附錄一　美國總統選舉制度的探討：直接選舉或間接選舉

第一節　前言

　　2020年的美國總統大選，由於幾個搖擺州（swing states）的計票爭議，引起了世人廣泛的矚目，連帶的也使許多人對於美國總統選舉所使用特殊的「選舉人團」（Electoral College）制度感到好奇。本書在此特別介紹美國這個非常特殊的總統選舉制度，以提供讀者參考。

　　每四年一度的總統大選年（presidential election year），美國的民主、共和兩黨便會由當年的年初自新罕布什爾州（New Hampshire）開始（近年來亦有一些州，如愛荷華州，會搶在更早的時候舉辦黨團幹部投票等活動），在各州舉辦總統候選人黨內提名的初選（presidential primaries）活動。等到各州的初選活動完成後，兩黨即要分別召開全國黨代表大會（national convention）正式提名該黨的總統、副總統候選人。而在11月初，全美超過2億的合格選民將投票選出下一屆的美國總統。然而事實上，這個世界上第一個採行總統制國家的人民，並非真的直接投票選出他們的總統。依照美國憲法的規定，總統係由各州的「選舉人」（electors）所選出，任何候選人須獲得選舉人所組成的「選舉人團」總數的過半數選票才能當選。然而到底什麼是選舉人團制度？它的選舉方式為何？它有什麼利弊得失？它與直接選舉有何實質上的差異？本文擬就這幾方面分別加以探討。

第二節　選舉人團制度簡介

選舉人團制度是美國非常獨特的總統選舉方式。在每四年的總統大選時，兩黨都已正式推出總統候選人，但在選舉日（總統大選年的11月的第一個星期一後的星期二），選民投票的對象表面上是投給各政黨的總統候選人或獨立參選人，而事實上卻是投給各政黨在各州中所提出的總統選舉人名單。雖然早在1988年的總統大選時，就已有40州的選票只見總統候選人的黨籍、姓名而沒有各黨所提的總統選舉人名單，然而根據美國憲法第2條第1項及1804年通過的第十二修正案的規定，只有選舉人才擁有憲法所賦予的權利來選舉美國總統。

各州的選舉人數目，根據憲法第2條第1項的規定，是該州的聯邦參議員（每州兩名）加上聯邦眾議員（依人口比例產生，但每州至少一名）數目之和。所以每州選舉人數目不一，但至少三名。首都華盛頓特區雖非一州，但根據1961年所通過的憲法第二十三修正案的意旨，仍可比照州的計算方式而擁有三張選舉人票。

從18世紀末以來，美國人口一直在增加，版圖也不斷在擴大，眾議員數目也隨著人口之增加與州數的增多而有所調整，故選舉人團總數也一直在變動。此種情況一直到1912年美國國會將眾議員總數固定在435名後，才使得選舉人團數目成為現在的538名。但根據每十年一次的人口普查的結果，各州眾議員的數目將隨人口的增減而做調整（但總數固定在435名），故各州的選舉人團數目仍互有增減。以加州為例，其選舉人票數已從1940年代的25張增加到2021年至2030年的54張；而紐約州卻在相同的時間內從47張減至目前的28張。近年來美國東北各州的人口不斷地南移至陽光帶各州及加州，故紐約等州的眾議員數目一直在減少；而南方及西部各州眾議員數目卻不斷在增加。但無論如何，在現在的總統大選中，全美國共有538張選舉人票，得到選舉人票數超過一半者（即270張以上），即可當選美國總統。最新2021年至2030年總統大選各州的選舉人票數，可參見表一。

表一　2021年至2030年美國總統大選各州選舉人票數

State		State		State	
Alabama	9	Kentucky	8	North Dakota	3
Alaska	3	Louisiana	8	Ohio	17
Arizona	11	Maine	4	Oklahoma	7
Arkansas	6	Maryland	10	Oregon	8
California	54	Massachusetts	11	Pennsylvania	19
Colorado	10	Michigan	15	Rhode Island	4
Connecticut	7	Minnesota	10	South Carolina	9
Delaware	3	Mississippi	6	South Dakota	3
D.C.	3	Missouri	10	Tennessee	11
Florida	30	Montana	4	Texas	40
Georgia	16	Nebraska	5	Utah	6
Hawaii	4	Nevada	6	Vermont	3
Idaho	4	New Hampshire	4	Virginia	13
Illinois	19	New Jersey	14	Washington	12
Indiana	11	New Mexico	5	West Virginia	4
Iowa	6	New York	28	Wisconsin	10
Kansas	6	North Carolina	16	Wyoming	3

資料來源：https://www.census.gov/data/tables/2020/dec/2020-apportionment-data.html

　　在聯邦制的精神下，美國總統選舉是以州為單位。任何候選人（政黨）只要在一州中得到的選民票數比對手多一票，即可囊括該州所有的選舉人票（緬因州及內布拉斯加州除外，此二州是以各個國會議員選區為範圍來決定每張選舉人票的歸屬），此即所謂「勝者全拿」（winner-take-all）原則。影響所及，大州即顯得比較重要。以2020年總統大選為例，一些人口較多的州，如加州（55票），德州（38票），紐約州（29票），佛羅里達州（29票）、賓州（20票）等（上述幾個州在2021年人口普查、選區重劃後，選舉人票數已有所變更），在大選時都為兵家必爭之地；而阿拉斯加、懷俄明、蒙大拿、佛蒙特、德拉瓦等州只有三票，則

候選人自然不會給予太多關愛的眼神。在勝者全拿的原則下，最極端的情況將是，任何候選人只要在最大的11州的選民票數上各贏一票，即使在其餘的39州加上華盛頓特區全部得零票也可當上美國總統。

選民在11月初投完票之後，獲勝政黨的選舉人將在當年12月第二個星期三之後的第一個星期一，在各州的州政府會議廳（State Capitol）集合投票選出總統與副總統。在早期，選舉人對於候選人投票後，得票最高者當選總統，次高票者當選副總統。但在1800年時，傑佛遜（Thomas Jefferson）與布爾（Aaron Burr）各獲得73張選舉人票，後由眾議院經過36次投票後，才選出傑佛遜為第三任總統。為了防止同樣的事件重演，1804年所通過的憲法第十二修正案，規定選舉人要分別投票選出總統與副總統。

選舉人在各州的投票結果將直接送至首都華盛頓，而在隔年的1月初，由參議院主席（副總統兼任）在國會兩院聯席會議中當眾開票，超過選舉人團票半數者當選。如果沒有總統候選人得票超過半數，則依照憲法第十二修正案的規定，將選擇最高票的三人，由眾議院立刻投票選出。眾議院在投票時，每州僅有一票，以過半數（即26票）當選。而如果沒有副總統候選人得票超過半數，則由參議院就得票最高的兩位候選人之中投票選出，參議員每人一票，以過半數（即51票）當選。到目前為止，眾議院只有兩次機會選舉總統，分別是1800年選出傑佛遜，以及1824年選出亞當斯（John Quincy Adams）；而參議院則只有在1837年行使過一次選舉副總統的職權，選出強森（Richard M. Johnson）為副總統。而新當選的總統與副總統於1月20日宣誓就職（1934年以前為3月4日）。

以2020年的美國總統大選為例，投票日是2020年11月3日。但在法律上，選舉人團的正式開票，卻等到2021年1月6日，才在國會聯席會議中，由副總統彭斯（Mike Pence）宣布民主黨候選人拜登（Joe Biden）當選下一任的美國總統。在此次總統大選中（參見表二），拜登得票率是51.31%（在25州及華盛頓特區獲勝）；共和黨候選人川普（Donald Trump）得票率是46.86%（也在25州獲勝）。但拜登卻贏得了306張選舉

表二　2020年美國總統大選結果統計

候選人	拜登	川普
總有效票數	158,383,403	
選舉人團票數	538	
總得票數	81,268,924	74,216,154
總得票率	51.31%	46.86%
贏得州數	25+1	25
選舉人團票數	306	232
選舉人團得票率	56.88%	43.12%

資料來源：https://www.fec.gov/resources/cms-content/documents/2020presgeresults.pdf

人票（56.88%）而擊敗現任總統川普，挑戰成功。

第三節　選舉人團的來源

　　美國為什麼會採行如此奇特的方式來選舉總統？它是如何被創造出來的？要回答這個問題，我們必須探究選舉人團誕生的政治環境與歷史背景。在1787年費城的制憲會議（constitutional convention）上，總統選舉方式是美國制憲先賢們所面臨最棘手的問題之一。在長達近四個月的會議進行期間，許多方案都曾經被反覆的討論、折衝、妥協與表決。這許多的總統選舉方案可大致歸納成三大類：一、由國會選舉；二、由人民直接投票選舉；三、由中介的選舉人來選舉。茲分別介紹如後：

一、由國會選舉：這是最早出現的總統選舉版本。此種選舉方式受到主張「強勢國會、弱勢總統」代表們的支持；然而強調行政權的代表卻大力反對。後來此方案在摩理斯（Gouverneur Morris）、麥迪遜（James Madison）等人強調三權分立理念及擔心國會專政等理由下遂遭擱置。然而後來的憲法在各方妥協下仍保留了此方案的部分精神，亦即如果無人能獲得過半數的選舉人票，總統、副總統仍交由國

會投票決定。

二、由人民直接投票選舉：此方案在制憲會議時多數代表並不贊同。因此他們感覺當時剛成立的美國民主程度尚未成熟到可由人民直接選舉總統。當時只有少數與會代表，如威爾遜（James Wilson）、摩理斯、麥迪遜等人贊同此一方案。威爾遜首先提出此一構想，他認為當時紐約州、麻州直選州長的經驗顯示人民直選總統將是一種方便而成功的方式。因此他主張國會兩院及總統均應由人民直接投票選出，以使他們之間能彼此獨立行使職權。摩理斯更進一步指出，行政首長應為人民的守護者（the Guardian of the People）以對抗議會專制；而既然身為人民的守護者，就應由人民來指定。而當時反對的人士則認為，一般人民資訊不足，直選可能使人民易受少數具有群眾魅力的野心政客所誤導。他們認為人民欠缺足夠的判斷力來決定人選，並且廣土眾民，各州同時進行直選不易。而小州的代表則擔心，如果人民都投給所熟悉的本州候選人，則大州的總統候選人容易當選。另外也有代表指出，直選易引起動亂，實不宜貿然採行。因此在1787年的制憲會議上，此方案兩度提出均以懸殊的比數遭到否決。然而在會議的辯論過程中，「直選派」卻因此推翻了早先由國會來選舉總統的共識，而為未來的妥協方案（亦即由選舉人選舉總統）打下基礎。

三、中介選舉人方案：對於許多制憲代表而言，此方案僅是他們的次佳選擇。鑑於直選方案乏人支持，威爾遜遂提出以選舉人來選舉總統的構想。此方案提出後，獲得許多代表的支持。一些歷史學家相信，1777年馬里蘭州憲法中，州參議員的選舉方式可能即為此方案的原始藍本。後來經過反覆討論後所得到的折衷方案，即成為現今美國憲法第2條中所規定的總統選舉方式，因此在這個選舉人制度中，處處充滿著妥協的色彩。首先，它是以人口數為基礎來分配各州的選舉人名額，亦即參議員人數與眾議員人數之和，此種方式對大州較有利。而如果沒有候選人能獲得過半數的選舉人票，則改由國會選舉。在國會投票時，每州一票，此點卻對小州較有利。並且規定國會如需投票，

必須在選舉人票計票完畢後立即舉行，以防止利益交換或舞弊。而為了顧及各州的權益，因此將各州選舉人產生的方式，交由各州議會來決定。此種選舉人方式，除了少許變更外，大致完整地保留至今。而「選舉人團」一詞，則一直到19世紀中葉才出現在正式的文獻上。

選舉人制度當初的構想，是想選出一批才德兼備的賢能之士、地方仕紳來行使選舉總統的職權，以期能選出最佳的總統人選。但在當初的制憲會議中，並未釐清這些選舉人的角色。究竟他們是「委任代表」或是「法定代表」？究竟他們應完全忠實地反映本州的民意或是應本諸自己的良知良能來選賢與能？選舉人團制度實施至今，曾發生10餘次選舉人沒投給本州獲勝的總統候選人，例如在1976年，華盛頓州的一位共和黨籍的選舉人，並未投給在該州獲勝的共和黨候選人福特（Gerald Ford），而投給了當時並非候選人的雷根（Ronald Reagan）。在2000年，來自華盛頓特區的一位民主黨籍的選舉人，為抗議華盛頓特區至今仍然沒有自己的國會議員，而投下了棄權票，使高爾（Albert Gore）實際上僅獲得266張選舉人票。而在2004年，明尼蘇達州的10張選舉人票中，有一票投給民主黨的副總統候選人愛德華茲（John Edwards）。儘管現在已有20多個州立法規定選舉人應是純粹的委任代表，不能有自己的獨立作為，但也有許多學者認為此種限制並不合乎美國憲法的精神，因此仍有半數的州並未做此規定。

另外憲法中也未規定究竟這些選舉人應如何產生，而將這個問題完全交由各州來決定。因此在過去百年間，這個問題也一直引起廣泛的爭議：這些選舉人應由各州議會直接指派？或由區域選舉中產生？或由全州普選產生？儘管到了今日，美國的政黨政治已臻成熟，各政黨都提出一份該州的選舉人名單，在全州普選的原則下，如某黨獲勝，則該黨即囊括該州所有的選舉人名額，且選舉人在今日已多成為酬庸性質或榮譽象徵，但依據美國憲法的規定，各州仍有權力決定選舉人的產生方式。例如1969年，緬因州即曾通過法律，規定該州的四個選舉人，二人由全州選出（參議員選區）；而另二人則分別由二個眾議員選區中產生。後來內布拉斯州也採

取類似的方式產生該州的選舉人。

　　除此之外，美國憲法中並未規定各州必須採取「勝者全拿」原則來產生該州的選舉人。換言之，憲法並未禁止各州可使用政黨得票比例或其他的方式來分配該州的選舉人。各州之所以採用「勝者全拿」方式僅是為了強化在總統大選時各州的影響力。直到今日，美國仍有48個州與華盛頓特區（緬因州與內布拉斯州除外），是採勝者全拿的方式決定該州選舉人的產生。舉例而言，在1960年的大選中，伊利諾州若採用政黨比例代表方式分配選舉人，則甘迺迪（John F. Kennedy）可得14票；而尼克森（Richard Nixon）可得13票，則伊州對於大選結果的影響力實際上僅有一票。但在勝者全拿原則下，甘迺迪囊括該州27張選舉人票，成為當年大選獲勝的關鍵因素。在1960年的大選中，甘迺迪在伊州所獲得的實際選民票數為2,377,846票；而尼克森獲得2,368,988票，當時只要有4,430張票轉投給尼克森，則尼克森將可贏得伊州的27張選舉人票。

　　另外在制憲之初，規定總統當選所需票數是選舉人票之過半數（majority）而非相對多數（plurality）亦是另一項妥協的產物。其用意是預期如此國會將經常有機會來選舉總統，尤其是當有眾多候選人在競選總統時，要獲得過半數的選舉人票並不容易。而當眾議院選舉總統時，由於每州一票，小州的影響力將大增，這是當時制憲會議時，來自小州的代表們所打的如意算盤。無奈人算不如天算，隨著後來政黨政治的興起，兩黨政治也逐漸成形，在1824年以後，國會即不曾有機會選舉總統。但如果有第三黨崛起，則國會選舉總統的機會必然大增。1968年，由於華萊士（George Wallace）的參選，並奪得了46張選舉人票，差一點讓尼克森無法獲得過半數的選舉人票。而1992年的裴洛（Ross Perot）雖然聲勢浩大，一舉拿下了1,900多萬張選票（占全部選票的19%），但卻無法在任何一州獲勝，因此無法取得任何一張選舉人票。

　　如果候選人無法取得過半數的選舉人票，在制憲之初，本擬由參議院來選舉總統。但有代表認為參議員乃間接選舉產生（1913年的第十七修正案才改成人民直選），並且已擁有條約批准權、人事同意權及總統彈劾

審判權，若其再有總統選舉權，恐怕權力會過於膨脹，而使總統成為其傀儡，故主張應由眾議院選舉之。但由於眾議院係依人口比例產生，小州較為吃虧，故最後妥協的結果是在眾議院有機會投票選舉總統時，每州只有一票。

第四節　對於選舉人團制度的批評

由以上的討論中可得知，選舉人團制度是早期美國制憲之時政治妥協下的產物，雖然一直延用至今，但自1826年開始便出現批評的聲浪，國會議員與法政學者對此制度的辯論未曾歇止，並不斷有改革方案的提出。批評者認為此種選舉制度至少有下列幾項缺陷：

首先，在勝者全拿的原則下，人口眾多的大州其重要性至為凸顯。大州由於擁有較多的選舉人票，故較受到候選人的重視，影響所及這幾個大州中若干具有特殊影響力的利益團體或工會，尤其受到候選人的爭相拉攏，而成為大選時舉足輕重的角色。另外在選舉期間候選人實力較接近的搖擺州（swing states），自然也會受到較多的重視。而其餘人口較少的州及候選人實力相差懸殊的州，在大選期間往往成為「次等公民」而備受冷落。

然而從另一個角度而言，由於每州至少三票，故許多小州選舉人票之比重也被高估。表面上是一人一票，但實際上票票並不等值。以1980年的人口普查資料推算，阿拉斯加州的一張選舉人票大約代表10萬1,000名選民；而紐約州的一張選舉人票卻代表了大約50萬名選民。

其次，在勝者全拿的原則下，可能會發生全民得票較少者卻因選舉人團票數較多而當選的矛盾現象，在表三中，假設候選人A在某次選舉中分別在加州及紐約州獲勝。而候選人B卻在德州及密西根州領先。全民總票數方面，候選人B較候選入A多出150萬票，然而在選舉人票方面，候選人A卻獲得84票；而候選人B僅獲得54票。因此，選舉人團的投票結果在實質上並不必然等於人民直接投票的結果。在美國歷任的總統中，就曾出現五次這種矛盾的狀況。

表三　候選人（A、B）得票情形模擬表

候選人 州別	A	B	選舉人票
加州	8,000,000	7,500,000	55（A）
德州	5,000,000	7,000,000	38（B）
紐約州	4,500,000	4,200,000	29（A）
密西根州	2,000,000	2,300,000	16（B）
總計	19,500,000	21,000,000	138

　　在1876年，共和黨的海斯（Rutherford B. Hayes）雖然在選民總票數上落後民主黨的提爾登（Samuel J. Tilden）25萬多票，但卻因選舉人團票多一票（185票比184票）正好超過半數而當選美國第十九任總統。而在1888年，共和黨的哈里遜（Benjamin Harrison）在選民總票數上落後民主黨的克里佛蘭（Grover Cleveland）9萬多票，也是因為選舉人團票超過半數（233票比168票）而當選美國第二十三任總統。在2000年的總統大選中，小布希在選民總票數上也落後高爾，而佛羅里達州的計票爭議在最高法院的裁定下，也因選舉人團票數正好超過半數（271票）而當選美國總統。而在2016年，川普在選民總票數上落後民主黨的希拉蕊‧柯林頓（Hillary Clinton）將近300萬票，也是因為選舉人團票超過半數（304票比227票）而當選美國總統。

　　最特別的例子出現在1824年。在當年的總統大選中共有四位主要的候選人（參見表四）。當時美國有24個州共261張選舉人票，傑克遜（Andrew Jackson）以15萬2,900多張選民票和99張選舉人票在11州中獲勝，領先亞當斯（John Quincy Adams）在七州獲勝而得到的84張選舉人票與11萬5,000多張選民票。但由於無人超過選舉人團票半數（131張選舉人票），依據憲法第十二修正案，應於1825年1月初在國會開票後，立即由眾議院進行總統選舉。但由於眾議院選舉只取前三名候選人，因此克雷（Henry Clay）不得列於眾議院的選票名單上。在眾議院選舉時每州只有

一票，由該州選出之眾議員自行決定應支持何人，且不一定要與大選時各州多數選民所支持的候選人相同。在1824年11月初大選過後，各候選人預估能夠得到各州支持的數目，仍然沒有人能超過半數（參見表五），後來克雷便與亞當斯交換條件，將其掌握的三州鐵票轉而支持亞當斯，使得後者在眾議院投票時獲得過半數的13票而順利入主白宮，而克雷也成為後來的國務卿，這便是美國歷史上因選舉人團制度而發生著名的「腐敗交易」（corrupt bargain）事件。在此次選舉中，傑克遜無論在選民票數上，選舉人票數上，甚至贏得的州數上皆超過亞當斯，卻仍然落敗，這可說是美國選舉人團制度的一大諷刺。

表四　1824年美國總統大選結果分析

候選人	選舉人票數	贏得州數
傑克遜	99	11
亞當斯	84	7
克勞福	41	3
克雷	37	3
總計	261	24

資料來源：Abrams（1980: 256-260）；Ordeshook（1986: 412-414）。

表五　1824年候選人在眾議院獲支持的州數統計

候選人	在眾議院獲支持的州數
傑克遜	7
亞當斯	10
克勞福	4
克雷	3
總計	24

資料來源：Abrams（1980: 256-260）；Ordeshook（1986: 412-414）。

　　另外在1968年的大選中，由於華萊士的參選並奪得46張選舉人票，也使得共和黨的尼克森與民主黨的韓佛瑞（Hubert H. Humphrey）大受威脅。許多學者指出，選舉人團制度只適用於兩黨制，任何第三勢力的崛起而使得總統必須由眾議院來決定的話，則類似前述「腐敗交易」的情況都有可能再度發生。另一個潛在問題是，如果總統選舉真的必須在眾議院舉行，由於每州只有一票，故只需獲得26票即可當選。然而小州如德拉瓦州只有一名眾議員，如他屬民主黨必然投票支持民主黨的候選人，儘管該州選民可能一面倒地支持共和黨籍的總統候選人。但如果像內華達州擁有二名眾議員，一屬民主黨，一屬共和黨，則在眾議院投票時，該州到底應支持何人？因為何任一票都可能具有關鍵性的影響，任何一州的眾議員們如所屬政黨的數目正好平手，則想要達成妥協絕非易事。另外如果總統選舉真的必須在眾議院舉行，也可能會出現眾議院所選出的總統，是普選中得票落後的候選人。而由眾議院與參議院分別選出總統與副總統，理論上甚至可能出現總統與副總統分屬不同政黨的怪異現象。

　　在1960年的總統大選中，甘迺迪雖然以303張選舉人票擊敗尼克森的219張選舉人票，但兩人在選民得票率上，卻分別是49.5%與49.3%。在1984年的選舉中，雷根與孟岱爾（Walter Mondale）分別得到59%與41%的選票支持，但是選舉人團票數卻是525票比13票，相差至為懸殊。而在1980年，以獨立身分參選的安德遜（John Anderson）雖然奪得570多萬張選票，但選舉人票卻繳了白卷。1992年的裴洛拿下第三黨創紀錄的1,900多萬張選票，但卻仍然無法贏得任何一張選舉人票。上述情況使得許多人懷疑此種選舉人團制度是否真的能確實反映出民意，或者是所謂的一人一票、票票等值原則。另外在歷次的選舉中，曾出現14次總統當選人的全民得票率低於50%，而成為所謂的「少數總統」，有人認為此種情形對於政局穩定也可能會產生不利的影響。

第五節　改革或維持現狀？

　　百年來美國的總統選舉制度一直備受爭議，各種改革的方案也不斷被提出。例如在1967年，美國律師協會（American Bar Association）曾建議以公民直選來取代選舉人團制度後，正式的憲法修正案也在國會中提出。1969年9月，此公民直選的修憲案曾在眾議院中獲得通過，然而在1970年參議院的表決過程中，卻因許多小州及南方各州參議員的反對而未能通過。1977年，類似的修憲案再度被提出，但在1979年參議院投票時再一次的遭到否決。

　　另外也有人建議仍保留選舉人團形式，但以政黨得票比例來分配各州的選舉人數目以取代勝者全拿原則，此提案雖然在1950年在參議院中獲得通過，但眾議院卻否決了此案。而在1965年及1967年，也有人建議以眾議員小選區的方式產生選舉人代表，但也因未獲多數議員支持而告擱置。

　　1978年，由民間人士所組成的二十世紀基金會（the Twentieth Century Fund）提出另一項改革方案。在此方案中仍保留原來的選舉人團制度，但給予各州及華盛頓特區各增加二名選舉人，這額外的102選舉人（National Bonus）的票歸於全民得票較多的候選人所有，因此得以確保選民得票最多的候選人在選舉人團票數上也必然能夠領先，而能夠避免過去曾發生三次的矛盾現象（2000年及2016年又出現二次）。此方案並且建議取消各州的選舉人於12月中旬齊集於各州的州政府會議廳投票的手續，以避免過去選舉人改投他人的情形再度發生。但此方案並未受到國會議員的高度重視。而在1980年代以後，參、眾兩院對於改革總統選舉制度的熱潮已過，近年來並未有重要的憲法修正案再度在國會中被提出。然而2000年、2016年、2020年總統大選所出現的計票爭議與「少數總統」的問題，是否會引發改革總統選舉制度的呼聲再度響起，則仍有待進一步的觀察。

　　反對繼續維持選舉人團制度的人士，除了前文中所列舉的理由外，

並指出此制度至今已淪為酬庸性質，選舉人除了有機會參觀總統就職大典外，並無特殊功能，並且選完即解散，實無必要繼續存在。而在21世紀的今日，教育普及、社會進步、資訊發達，整個環境與兩百多年前已有天壤之別，故實施公民直選應無任何技術上的困難，加上選舉人團制度有諸多潛在的弊端，故應早日廢止。

　　儘管美國政界及學界有許多人反對繼續維持選舉人團制度，但國會卻始終未能通過廢止的法案。來自人口眾多的大州的議員們擔心任何的改變將導致該州在勝者全拿的原則下所享有的政治影響力大為降低。而人口稀少的小州卻害怕若改為公民直選將使得現在擁有的被高估的選舉人票比重的優勢也遭剝奪，而使得這些小州在未來的總統選戰中顯得更無足輕重。

　　另外亦有學者指出，在選舉人團制度下，使得候選人及政黨必須顧及各種經濟、地理、政治因素，而不會只代表某種經濟團體或階級的利益。而若廢除選舉人團制度，亦有可能會促使美國走向多黨政治，而破壞了美國兩黨政治的傳統。許多政治學者深信，兩黨政治體系是化解社會衝突與有效處理權力轉移的一種重要機制，實不宜輕言變更。而無論改採直接民選或比例分配選舉人名額，都有可能鼓勵第三黨的崛起，而對美國的政治生態產生重大的變化。至於兩大黨的領袖們當然也不願意見到其他政黨有出頭的機會，而威脅到雙方百年來的既得利益。然而亦有學者，如法國的杜弗傑，認為單一選區相對多數決制才是形成兩黨制的主因，而與選舉人團制無理論上的關係。亦有學者更進一步指出，美國的兩黨制與整個政治、社會、文化及總統制皆有密切關聯，總統選舉人團制度的變更，是否會影響到兩黨政治的發展，實值得更進一步的探討。但反對改變的人士仍然擔心，在總統直選的情況下，易使得具有群眾魅力但缺乏政黨支持或行政資歷的野心政客容易出頭，而將國家帶往不可預知的未來。在無法預測改變到底是好是壞的情況下，許多政界人士並不熱衷改變此一行之已久的總統選舉方式。

　　另外也有人，如甘迺迪總統即曾指出，儘管選舉人團制度在當時是政治妥協下的產物，但其設計方式與美國聯邦制度的精神息息相關，並已成

為美國政治制度的特徵之一，實不宜輕言更動。由此看來，已成為美國政治傳統之一的總統選舉人團制度如果要透過修憲加以變更，恐怕仍有好長的一段路要走。

附錄二 1994年至2020年台灣各項公職人員選舉投票率

1994年至2020年台灣各項公職人員選舉投票率（%）

選舉種類	選舉日期	投票率*
1994年台灣省長選舉	民國83年12月03日	76.15
1994年台灣省議員選舉	民國83年12月03日	76.32
1994年直轄市市長選舉（台北市）	民國83年12月03日	78.53
1994年直轄市市長選舉（高雄市）	民國83年12月03日	80.58
1994年直轄市議員選舉（台北市）	民國83年12月03日	78.54
1994年直轄市議員選舉（高雄市）	民國83年12月03日	80.65
1995年立法委員選舉（區域含原住民選區）	民國84年12月02日	67.65
1996年總統選舉（第九任）	民國85年03月23日	76.04
1996年國民大會代表選舉（區域含原住民選區）	民國85年03月23日	76.21
1997年縣（市）長選舉	民國86年11月29日	65.92
1998年縣（市）議員選舉	民國87年01月24日	62.65
1998年鄉、鎮、縣轄市長選舉	民國87年01月24日	64.03
1998年鄉、鎮、縣轄市民代表選舉[1]	民國87年06月13日	62.20
1998年村里長選舉	民國87年06月13日	66.08
1998年立法委員選舉（區域含原住民選區）	民國87年12月05日	68.09
1998年直轄市市長選舉（台北市）	民國87年12月05日	80.89
1998年直轄市市長選舉（高雄市）	民國87年12月05日	80.41
1998年直轄市議員選舉（台北市）	民國87年12月05日	80.88
1998年直轄市議員選舉（高雄市）	民國87年12月05日	80.45
2000年總統選舉（第十任）	民國89年03月18日	82.69

---

[1] 1998年台灣省村里長投票率達66.08%，鄉鎮市民代表投票率62.2%；此外，台北市里長選舉競爭激烈，但投票率僅39.1%；高雄市里長投票率57.05%。資料來源：〈基層選舉揭曉 國民黨仍居優勢〉，《聯合報》，1998年6月14日，版1。

1994年至2020年台灣各項公職人員選舉投票率（%）（續）

選舉種類	選舉日期	投票率*
2001年立法委員選舉（區域含原住民選區）	民國90年12月01日	66.16
2001年縣（市）長選舉	民國90年12月01日	66.45
2002年縣（市）議員選舉	民國91年01月26日	55.62
2002年鄉、鎮、縣轄市長選舉	民國91年01月26日	57.07
2002年鄉、鎮、縣轄市民代表選舉	民國91年06月08日	62.27
2002年村里長選舉	民國91年06月08日	59.41
2002年直轄市市長選舉（台北市）	民國91年12月07日	70.61
2002年直轄市市長選舉（高雄市）	民國91年12月07日	71.38
2002年直轄市議員選舉（台北市）	民國91年12月07日	70.63
2002年直轄市議員選舉（高雄市）	民國91年12月07日	71.40
2004年總統選舉（第十一任）	民國93年03月20日	80.28
2004年立法委員選舉（區域含原住民選區）	民國93年12月11日	59.16
2005年國民大會代表選舉	民國94年05月14日	23.35
2005年縣（市）長選舉	民國94年12月03日	66.22
2005年縣（市）議員選舉	民國94年12月03日	66.25
2005年鄉、鎮、縣轄市長選舉	民國94年12月03日	67.04
2006年鄉、鎮、縣轄市民代表選舉	民國95年06月10日	54.50
2006年村里長選舉[2]	民國95年06月10日	51.60
2006年直轄市市長選舉（台北市）	民國95年12月09日	64.52
2006年直轄市市長選舉（高雄市）	民國95年12月09日	67.93
2006年直轄市議員選舉（台北市）	民國95年12月09日	64.54
2006年直轄市議員選舉（高雄市）	民國95年12月09日	67.97
2008年立法委員選舉（區域含原住民選區）	民國97年01月12日	58.50
2008年立法委員選舉（不分區及僑居國外國民選舉投票率）	民國97年01月12日	58.28

2　2006年中華民國鄉鎮市民代表暨台灣省、福建省及高雄市村里長選舉本應於2006年6月10日
（星期六）舉行投開票，但台灣省部分縣市因當日豪雨災害，73個投票所，47名鄉鎮市民代
表、48名村里長應選名額，改期於同年6月17日（星期六）舉行投開票。而台北市村里長選
舉則因上屆選舉日期不一致，故於同年12月30日（星期六）舉行。

1994年至2020年台灣各項公職人員選舉投票率（%）（續）

選舉種類	選舉日期	投票率*
2008年總統選舉（第十二任）	民國97年03月22日	76.33
2009年縣（市）長選舉	民國98年12月05日	63.34
2009年縣（市）議員選舉	民國98年12月05日	63.39
2009年鄉、鎮、縣轄市長選舉	民國98年12月05日	64.11
2010年鄉、鎮、縣轄市民代表選舉	民國99年06月12日	57.34
2010年縣市村里長選舉[3]	民國99年06月12日	55.18
2010年直轄市市長選舉（台北市）	民國99年11月27日	70.65
2010年直轄市市長選舉（新北市）	民國99年11月27日	71.25
2010年直轄市市長選舉（台中市）	民國99年11月27日	73.15
2010年直轄市市長選舉（台南市）	民國99年11月27日	71.01
2010年直轄市市長選舉（高雄市）	民國99年11月27日	72.52
2010年直轄市議員選舉（台北市）	民國99年11月27日	70.65
2010年直轄市議員選舉（新北市）	民國99年11月27日	71.29
2010年直轄市議員選舉（台中市）	民國99年11月27日	73.21
2010年直轄市議員選舉（台南市）	民國99年11月27日	71.09
2010年直轄市議員選舉（高雄市）	民國99年11月27日	72.60
2010年直轄市里長選舉（台北市）	民國99年11月27日	70.72
2010年直轄市里長選舉（新北市）	民國99年11月27日	71.45
2010年直轄市里長選舉（台中市）	民國99年11月27日	73.31
2010年直轄市里長選舉（台南市）	民國99年11月27日	71.17
2010年直轄市里長選舉（高雄市）	民國99年11月27日	72.72
2012年總統選舉（第十三任）	民國101年01月14日	74.38
2012年立法委員選舉（區域含原住民選區）	民國101年01月14日	74.47
2012年立法委員選舉（不分區及僑居國外國民選舉投票率）	民國101年01月14日	74.33
2014年直轄市市長選舉（台北市）	民國103年11月29日	70.46

3　2010年縣市村里長選舉區僅有14縣三市：宜蘭縣、桃園縣、新竹縣、苗栗縣、彰化縣、南投縣、雲林縣、嘉義縣、屏東縣、台東縣、花蓮縣、澎湖縣、基隆市、新竹市、嘉義市、金門縣、連江縣。

1994年至2020年台灣各項公職人員選舉投票率（%）（續）

選舉種類	選舉日期	投票率*
2014年直轄市市長選舉（新北市）	民國103年11月29日	61.65
2014年直轄市市長選舉（桃園市）	民國103年11月29日	62.73
2014年直轄市市長選舉（台中市）	民國103年11月29日	71.93
2014年直轄市市長選舉（台南市）	民國103年11月29日	65.88
2014年直轄市市長選舉（高雄市）	民國103年11月29日	66.44
2014年直轄市議員選舉（台北市）	民國103年11月29日	70.46
2014年直轄市議員選舉（新北市）	民國103年11月29日	61.72
2014年直轄市議員選舉（桃園市）	民國103年11月29日	62.81
2014年直轄市議員選舉（台中市）	民國103年11月29日	72.00
2014年直轄市議員選舉（台南市）	民國103年11月29日	65.99
2014年直轄市議員選舉（高雄市）	民國103年11月29日	66.55
2014年直轄市里長選舉（台北市）	民國103年11月29日	70.45
2014年直轄市里長選舉（新北市）	民國103年11月29日	61.80
2014年直轄市里長選舉（桃園市）	民國103年11月29日	62.93
2014年直轄市里長選舉（台中市）	民國103年11月29日	72.03
2014年直轄市里長選舉（台南市）	民國103年11月29日	66.04
2014年直轄市里長選舉（高雄市）	民國103年11月29日	66.63
2014年縣（市）長選舉	民國103年11月29日	70.40
2014年縣（市）議員選舉	民國103年11月29日	70.45
2014年鄉、鎮、縣轄市長選舉	民國103年11月29日	71.32
2014年鄉、鎮、縣轄市民代表選舉	民國103年11月29日	71.35
2014年直轄市原住民區長選舉	民國103年11月29日	80.93
2014年直轄市原住民區民代表選舉	民國103年11月29日	80.94
2014年村里長選舉[4]	民國103年11月29日	67.71
2016年總統選舉（第十四任）	民國105年01月16日	66.27

4　2014年以後村里長選舉區有六直轄市13縣三市：台北市、新北市、桃園市、台中市、台南市、高雄市、宜蘭縣、新竹縣、苗栗縣、彰化縣、南投縣、雲林縣、嘉義縣、屏東縣、台東縣、花蓮縣、澎湖縣、金門縣、連江縣、基隆市、新竹市、嘉義市。

1994年至2020年台灣各項公職人員選舉投票率（%）（續）

選舉種類	選舉日期	投票率*
2016年立法委員選舉（區域含原住民選區）	民國105年01月16日	66.34
2016年立法委員選舉（不分區及僑居國外國民選舉投票率）	民國105年01月16日	66.25
2018年直轄市市長選舉（台北市）	民國107年11月24日	65.95
2018年直轄市市長選舉（新北市）	民國107年11月24日	64.00
2018年直轄市市長選舉（桃園市）	民國107年11月24日	60.63
2018年直轄市市長選舉（台中市）	民國107年11月24日	67.46
2018年直轄市市長選舉（台南市）	民國107年11月24日	64.01
2018年直轄市市長選舉（高雄市）	民國107年11月24日	73.54
2018年直轄市議員選舉（台北市）	民國107年11月24日	65.99
2018年直轄市議員選舉（新北市）	民國107年11月24日	64.16
2018年直轄市議員選舉（桃園市）	民國107年11月24日	60.82
2018年直轄市議員選舉（台中市）	民國107年11月24日	67.58
2018年直轄市議員選舉（台南市）	民國107年11月24日	64.09
2018年直轄市議員選舉（高雄市）	民國107年11月24日	73.55
2018年直轄市里長選舉（台北市）	民國107年11月24日	65.91
2018年直轄市里長選舉（新北市）	民國107年11月24日	64.09
2018年直轄市里長選舉（桃園市）	民國107年11月24日	60.75
2018年直轄市里長選舉（台中市）	民國107年11月24日	67.56
2018年直轄市里長選舉（台南市）	民國107年11月24日	64.12
2018年直轄市里長選舉（高雄市）	民國107年11月24日	73.55
2018年縣（市）長選舉	民國107年11月24日	68.87
2018年縣（市）議員選舉	民國107年11月24日	68.79
2018年鄉、鎮、縣轄市長選舉	民國107年11月24日	69.57
2018年鄉、鎮、縣轄市民代表選舉	民國107年11月24日	69.67
2018年直轄市原住民區長選舉	民國107年11月24日	80.45
2018年直轄市原住民區民代表選舉	民國107年11月24日	80.45
2018年村里長選舉	民國107年11月24日	67.02

1994年至2020年台灣各項公職人員選舉投票率（%）（續）

選舉種類	選舉日期	投票率*
2020年總統選舉（第十五任）	民國109年01月11日	74,90
2020年區域立法委員選舉	民國109年01月11日	75.13
2020年全國不分區立法委員選舉	民國109年01月11日	74.86
2020年平地原住民立法委員選舉	民國109年01月11日	62.30
2020年山地原住民立法委員選舉	民國109年01月11日	68.60

說明：*投票率為投票數對選舉人數。

資料來源：中央選舉委員會與政大選舉研究中心，歷屆公職人員選舉資料庫。

中央選舉委員會網站，http://www.cec.gov.tw。

附錄三　主要民主國家投票年齡、投票率與婦女的在議會的席位比率

主要民主國家投票年齡、投票率與婦女的在議會的席位比率*

No.	國家名稱	議會名稱	議會原稱	成員產生方式	投票年齡**	最近一次選舉**	投票率***（%）	是否有強制投票*****	法定總席位	婦女的在議會的席位比率**	任期	選舉制度****	備註
1	ALBANIA	Parliament	Kuvendi i Shqipërisë	直接選舉	18	25 Apr 2021	46.29%		140	47（33.6%）1	4	比例代表制（Proportional Representation）封閉式政黨名單比例代表制（Closed List Proportional Representation）	
2	ANDORRA	General Council	Consell General	直接選舉	18	07 Apr 2019	68.33%		28	12（42.9%）	4	混合制（Mixed System）並立制（Parallel Systems）（Mixed Member Majoritarian, MMM）	14席採封閉式政黨名單比例代表制。14席採經對多數決（absolute majority vote）。

1 Inter-Parliamentary Union（以下簡稱IPU）的資料庫中沒有阿爾巴尼亞（ALBANIA）的數據，維基百科也未提及性別比例，故數據資料來自 NDI（National Democratic Institute）所撰寫的〈阿爾巴尼亞：2021年4月議會選舉報告〉，網址為：https://www.ndi.org/publications/albania-april-2021-parliamentary-election-report。

主要民主國家投票年齡、投票率與婦女的在議會的席位比率＊（續）

No.	國家名稱	議會名稱	議會原稱	成員產生方式	投票年齡**	最近一次選舉**	投票率***（%）	是否有強制投票****	法定總席位	婦女的任議會的席位比率***	任期	選舉制度****	備註
3	ANTIGUA AND BARBUDA	House of Representatives	同左	直接選舉	18	21 Mar 2018	76.51%		18	2 (11.1%)	5	多數決制 (Plurality/Majority)	領先者當選制 (First Past The Post, FPTP)	1席為議長，為被指定的成員。
		Senate	同左	委任制 (Appointed)	不適用	26 Mar 2018	NA		17	9 (52.9%)	5	不適用 (Not applicable)	-	總督（the Governor General）根據總理與反對黨領袖的建議任命。
4	ARGENTINA	Chamber of Deputies	Cámara de Diputados	直接選舉	16	27 Oct 2019	80.86%	有，且強制執行，對象有年齡（18-70歲）上的規定。	257	102 (40.2%)	4	比例代表制	封閉式政黨名單比例代表制	每兩年改選三分之一的國會議員
		Senate	Senado	直接選舉	16	27 Oct 2019	78.27%	有，且強制執行，對象有年齡（18-70歲）上的規定。	72	29 (38.9%)	6	比例代表制	封閉式政黨名單比例代表制	每兩年改選三分之一的國會議員。政黨名單須至少有30%的女性候選人有真正當選的機會。
5	AUSTRALIA	House of Representatives	同左	直接選舉	18	18 May 2019	92.41%	有，且強制執行，對象為18歲以上的公民。	151	46 (30.5%)	3	多數決制	選擇投票制 (Alternative Vote, AV)	
		Senate	同左	直接選舉	18	18 May 2019	68.52%		76	37 (48.7%)	6	比例代表制	單記可讓渡比例代表制 (Single Transferable Vote Proportional Representation, STV PR)	除了代表聯邦領土的4位參議員之外，每三年改選二分之一的國會議員。

主要民主國家投票年齡、投票率與婦女的在議會的席位比率*（續）

No.	國家名稱	議會名稱	議會原稱	成員產生方式	投票年齡**	最近一次選舉***	投票率***（%）	是否有強制投票****	法定總席位	婦女的在議會的席位比率**	任期	選舉制度***	備註
6	AUSTRIA	National Council	Nationalrat	直接選舉	16	29 Sep 2019	75.59%		183	72（39.3%）	5	比例代表制　開放式政黨名單比例代表制（Open List Proportional Representation）	
		Federal Council	Bundesrat	間接選舉	不適用	NA	NA		61	22（36.1%）	5或6	不適用　-	由總統決定議員數以及9個聯邦省分所分配到的席位。其依據為每個聯邦省分的人口比例。議員的任期是五年還是六年，是根據議員們所代表的省分而定。
7	BAHA-MAS	House of Assembly	同左	直接選舉	18	10 May 2017	86.91%		39	5（12.8%）	5	多數決制　領先者當選制	
		Senate	同左	委任制	不適用	24 May 2017	NA		16	7（43.8%）	5	不適用　-	16名均由總督（the Governor General）指派任命。
8	BARBA-DOS	House of Assembly	同左	直接選舉	18	24 May 2018	60.1%		30	6（20%）	5	多數決制　領先者當選制	

主要民主國家投票年齡、投票率與婦女的在議會的席位比率*（續）

No.	國家名稱	議會名稱	議會原稱	成員產生方式	投票年齡***	最近一次選舉**	投票率****（%）	是否有強制投票*****	法定總席位	婦女的在議會的席位比率***	任期	選舉制度****	備註
		Senate	同左	委任制	不適用	05 Jun 2018	NA		21	8（38.1%）	5	不適用	21名均由總督指派任命。12個根據總理的建議，2個根據反對黨領袖的建議，以及7個由總督自行決定。
		Chamber of Representatives / House of Representatives	Volksvertegenwoordigers / Chambre des Representants	直接選舉	18	26 May 2019	87.28%	有法律規定，且強制執行。2	150	64（42.7%）	5	比例代表制	彈性政黨名單比例代表制（Flexible List Proportional Representation）政黨名單必須提供同等數量的男性和女性候選人。此外，名單上的前兩名候選人必須來自不同的性別。之後，政黨可以根據自己的選擇對候選人進行排序，而無需考慮性別。
9	BELGIUM	Senate	Senaat / Senat	間接選舉	18	04 Jul 2019	NA		60	28（46.7%）	5	不適用	50席由社群與區域議會選出。另外10席由50位參議員根據眾議院的選舉結果再選出，其中6位荷蘭語，4位法語。

2　比利時（BELGIUM）自2019年起有部分區域在省和地方選舉中已取消強制投票。

主要民主國家投票年齡、投票率與婦女的在議會的席位比率*（續）

No.	國家名稱	議會名稱	議會原稱	成員產生方式	投票年齡**	最近一次選舉**	投票率***（%）	是否有強制投票****	法定總席位	婦女的在議會的席位應比率***	任期	選舉制度***	備註
10	BELIZE	House of Representatives	同左	直接選舉	18	11 Nov 2020	81.86%		32	4 (9.68%)	5	多數決制 / 領先者當選制	議長可從國會外部挑選並指派，因為議長的身分使其成為國會的一員。
		Senate	同左	委任制	不適用	11 Dec 2020	NA		14	5 (35.7%)	5	不適用 / -	總統占1席。6席根據總理的建議來任命，3席根據反對黨領袖的建議來任命，1席根據宗教事務委員會的建議來任命，1席根據商業與工業業商會與商務貿易局的建議來任命，最後1席根據全國貿易聯合會與公民社會指導委員會的建議來任命。另外1席由從議長，議長可從國會外部挑選並指派，因為議長的身分使其成為國會的一員。

主要民主國家投票年齡、投票率與婦女的在議會的席位比率*（續）

No.	國家名稱	議會名稱	議會原稱	成員產生方式	投票年齡**	最近一次選舉**	投票率****（%）	是否有強制投票*****	法定總席位	婦女的在議會的席位比率***	任期	選舉制度****		備註
11	BHUTAN	National Assembly	Gyelyong Tshogdu	直接選舉	18	18 Oct 2018	71.46%		47	7（14.9%）	5	多數決制	領先者當選制	
		National Council	Gyelyong Tshogde	直接選舉／委任制	18	20 Apr 2018	54.27%		25	4（16%）	5	多數決制	領先者當選制	其中5席由國王指派與任命。
12	BOLIVIA（即Plurinational State of BOLIVIA）	Chamber of Deputies	Cámara de Diputados	直接選舉	18	18 Oct 2020	88.42%	有法律規定，且強制執行。	130	60（46.2%）	5	混合制	並立制	70席加7席（原住民席位）均採單一選區相對多數制（plurality vote in single-member constituencies）。53席採封閉式政黨名單比例代表制。2013年10月通過的新法，增加7席原住民席位。
		Chamber of Senators	Cámara de Senadores	直接選舉	18	18 Oct 2020	88.42%		36	20（55.6%）	5	比例代表制	封閉式政黨名單比例代表制	九州各選出4名參議員。採頓特法（D'Hondt method）分配席位。
13	BOTSWANA	National Assembly	同左	直接選舉／間接選舉	18	23 Oct 2019	83.51%		63	7（10.8%）	5	多數決制	領先者當選制	57席採單一選區相對多數制。4席採間接選舉，由議會其他成員通過無記名提名。

主要民主國家投票年齡、投票率與婦女的在議會的席位比率*（續）

No.	國家名稱	議會名稱	議會原稱	成員產生方式	投票年齡**	最近一次選舉**	投票率****（%）	是否有強制投票****	法定總席位	婦女的在議會的席位比率**	任期	選舉制度****		備註
														投票選出，2席是檢察總長（Attorney-General），為當然成員。
14	BRAZIL	Chamber of Deputies	Camara dos Deputados	直接選舉	16（16歲可投，18-70歲強制登記。）	07 Oct 2018	79.8%		513	77（15%）	4	比例代表制	開放式政黨名單比例代表制	採複數選區，26個複數選區加上1個聯邦區。
		Federal Senate	Senado Federal	直接選舉	16（16歲可投，18-70歲強制登記。）	07 Oct 2018	79.8%	有，且執行，對象有年齡（18-70歲）上的規定。	81	11（13.6%）	8	多數決制	領先者當選制	81席採複數選舉區相對多數制（plurality vote in multi-member constituencies），27個選區，每區3席。每四年交替更換三分之一與三分之二的國會議員。

主要民主國家投票年齡、投票率與婦女的在議會的席位比率*（續）

No.	國家名稱	議會名稱	議會原稱	成員產生方式	投票年齡**	最近一次選舉***	投票率****（%）	是否有強制投票*****	法定總席位**	婦女的在議會的席位比率**	任期	選舉制度***	備註
15	BULGARIA	National Assembly	Narodno Sabranie	直接選舉	18	04 Apr 2021	49.11%		240	57 (23.8%)	4	比例代表制 / 封閉式政黨名單單比例代表制	31個複數選區，每個選區有4至16名代表。按人口比例計算。政黨和聯盟必須獲得至少4%的國家級有效選票才能獲得席位。
		National Assembly	Assemblée Nationale	直接選舉	18	22 Nov 2020	50.7%		127	8 (6.3%)	5	比例代表制 / 封閉式政黨名單單比例代表制	45個複數選區，每個選區有2至9個席位。16席在一個全國性的選區中，按比例代表制被選出。
16	BURKINA FASO³	Senate	Sénat	間接選舉／委任制	18	22 Nov 2020	NA		89	NA	6	不適用	-	39席由區域治理委員會（regional governing councils）間接選舉產生、21席由特殊利益集團間接選舉產生，剩下的席位由總統補之。

3　比對IPU、International IDEA與ElectuionGuide三個資料庫，對於布吉納法索（BURKINA FASO）的議會結構的認定有歧異。IPU與International IDEA都認定為一院制，僅有ElectuionGuide資料庫中認定是兩院制（其指稱National Assembly與Senate共同組成，前者由National Assembly資料庫認定有127席、後者89席，Senate成立於2013年5月，成員由間接選舉與委任制混合產生）。再查證維基百科與美國CIA: The World Factbook後，本附錄採用IPU資料庫中對一院制的認定，但仍保留各自的席次。

主要民主國家投票年齡、投票率與婦女的在議會的席位比率＊（續）

No.	國家名稱	議會名稱	議會原稱	成員產生方式	投票年齡**	最近一次選舉**	投票率***(%)	是否有強制投票****	法定總席位	婦女的在議會的席位比率***	任期	選舉制度****		備註
17	CANADA	House of Commons	Chambre des Communes	直接選舉	18	21 Oct 2019	65.95%		338	98 (29%)	4	多數決制	領先者當選制	總督根據總理的推薦任命。沒有設定條款。參議員可以任職到75歲。當眾議院解散重選時，參議院運作也暫時中止，直到新的眾議院選出後，再重新召回參議院成員。
		Senate	Sénat	委任制	不適用	NA	NA		105	45 (49.5%)	NA	不適用	-	
18	CAPE VERDE (即CABO VERDE)	National Assembly	Assembleia Nacional	直接選舉	18	18 Apr 2021	57.46%		72	26 (36.1%)	5	比例代表制	封閉式政黨名單比例代表制	
19	CHILE	Chamber of Deputies	Cámara de Diputados	直接選舉	18	19 Nov 2017	46.53%		155	19 (12.3%)	4	比例代表制	開放式政黨名單單比例代表制	2017年前採二項式選制（Binomial Electoral System）。
		Senate	Senado	直接選舉	18	19 Nov 2017	46.53%		50	6 (14%)	8	比例代表制	開放式政黨名單單比例代表制	每四年改選三分之一的國會議員。

主要民主國家投票年齡、投票率與婦女的在議會的席位比率*（續）

No.	國家名稱	議會名稱	議會原稱	成員產生方式	投票年齡***	最近一次選舉**	投票率****（%）	是否有強制投票*****	法定總席位	婦女的在議會的席位比率**	任期	選舉制度****	備註
20	COLOMBIA	House of Representatives	Cámara de Representantes	直接選舉	18	11 Mar 2018 - 18 Mar 2018	48.98%		172	25 (15.1%)	4	比例代表制	政黨名單比例代表制（可變動的）	政黨可以選擇封閉式或開放式的政黨名單，大部分都選擇開放式。
		Senate	Senado de la República	直接選舉	18	11 Mar 2018 - 18 Mar 2018	48.83%		108	31 (30.4%)	4	比例代表制	政黨名單比例代表制（可變動的）	政黨可以選擇封閉式或開放式的政黨名單，大部分都選擇開放式。有保留2席原住民席位。
21	COSTA RICA	Legislative Assembly	Asamblea Legislativa	直接選舉	18	04 Feb 2018	64.34%	有法律規定，但不強制執行。	57	26 (45.6%)	4	比例代表制	封閉式政黨名單比例代表制	
22	CROATIA	Croatian Parliament	Hrvatski Sabor	直接選舉	18	05 Jul 2020	46.44%		151	45 (29.8%)	4	比例代表制	封閉式政黨名單比例代表制	其中有8席少數民族席位，由相對多數決選出：塞爾維亞少數民族3席、匈牙利與義大利少數民族各1席，捷克和斯洛伐克少數民族共享1席，其他少數民族2席，另有3席保

主要民主國家投票年齡、投票率與婦女的在議會的席位比率*（續）

No.	國家名稱	議會名稱	議會原稱	成員產生方式	投票年齡**	最近一次選舉**	投票率***(%)	是否強制投票****	法定總席位	婦女的在議會的席位比率**	任期	選舉制度****		備註
23	CYPRUS	House of Representatives	Vouli Anti-prosopon	直接選舉	18	30 May 2021	65.72%		80	8 (14.3%)	5	比例代表制	開放式政黨名單比例代表制	留給海外居民。採頓特法加上5%門檻計算席位。其中56名保留給希臘－塞浦路斯族群（the Greek-Cypriot community），另外24名由土耳其族群選出（the Turkish-Cypriot community），但自1963年起，即閒處於空缺狀態，目前也維持空缺狀態。
24	CZECH REPUBLIC（即CZECHIA）	Chamber of Deputies	Poslanecká Sněmovna	直接選舉	18	20 Oct 2017 - 21 Oct 2017	60.79%		200	44 (22%)	4	比例代表制	彈性政黨名單比例代表制	採頓特法加上5%門檻計算席位，兩黨聯盟的門檻為10%，依此類推。
		Senate	Senát	直接選舉	18	02 Oct 2020 - 10 Oct 2020	41.41%		81	12 (14.8%)	6	多數決制	兩輪決選制（Two-Round System, TRS）	每兩年改選三分之一的國會議員。

主要民主國家投票年齡、投票率與婦女的在議會的席位比率＊（續）

No.	國家名稱	議會名稱	議會原稱	成員產生方式	投票年齡＊＊	最近一次選舉＊＊＊	投票率＊＊＊＊（%）	是否有強制投票＊＊＊＊＊	法定總席位	婦女的在議會的席位比率＊＊	任期	選舉制度＊＊＊＊		備註
25	DEN-MARK	The Danish Parliament	Folketinget	直接選舉	18	05 Jun 2019	84.6%		179	70 (39.1%)	4	比例代表制	開放式政黨名單比例代表制	採複數選區，以及改良後的聖拉噶最高平均數計算席位。最多四年，首相可以在四年任期的任何時候宣布重選。（modified version of the Sainte-Laguë method）
26	DOMI-NICA	House of Assembly	同左	直接選舉／委任制	18	06 Dec 2019	53.66%		32	8 (38.1%)	5	多數決制[4]	領先者當選制	21席單一選區。9席委任席位，由國家元首根據總理與反對黨領袖的建議來任命。2席當然成員（議長與檢察總長）。
27	DO-MINICAN REPUBLIC	Chamber of Deputies	Cámara de Diputados	直接選舉	18或已婚者	05 Jul 2020	53.16%		190	53 (27.9%)	4	比例代表制	開放式政黨名單比例代表制	178席採複數選區，用領特法計算席次；有7席

4　比對IPU、International IDEA與ElectuionGuide三個資料庫，對於多明尼克（DOMINICA）的選舉制度及認定有歧異。僅有IPU認定為比例代表制，其他兩個以及維基百科都認定為多數決制。故本表採多數決制。

主要民主國家投票年齡、投票率與婦女的在議會的席位比率* （續）

No.	國家名稱	議會名稱	議會原稱	成員產生方式	投票年齡**	最近一次選舉***	投票率***（%）	是否有強制投票****	法定總席位	婦女的在議會的席位比率**	任期	選舉制度***		備註
		Senate	Senado	直接選舉	18或已婚者	05 Jul 2020	58.12%		32	4 （12.5%）	4	多數決制	領先者當選制	為海外僑民席位，有5席分配給在全國至少獲得1%選票的政黨，優先考慮那些沒有贏得178個選區席位的政黨。32席採單一選區相對多數決。
28	ECUADOR	National Congress	Asamblea Nacional	直接選舉	16	07 Feb 2021	81%	有，且強制執行，對象有年齡（18-65歲）上的規定，但16-18與65歲以上，以及武裝部隊和國家警察不強制。	137	52 （38%）	4	混合制	並立制	116席採單一選區相對多數決。15席採開放式政黨名單比例代表。6席採複多數選區相對多數制，該席位保留給海外的厄瓜多爾人。該國於2012年進行選區重劃，以更加符合比例代表制。
29	EL SALVADOR	Legislative Assembly	Asamblea Legislativa	直接選舉	18	28 Feb 2021	44.96%		84	23 （27.4%）	3	比例代表制	開放式政黨名單單一比例代表制	

主要民主國家投票年齡、投票率與婦女的在議會的席位比率*（續）

No.	國家名稱	議會名稱	議會原稱	成員產生方式	投票年齡**	最近一次選舉***	投票率****（%）	是否有強制投票*****	法定總席位	婦女的在議會的席位比率**	任期	選舉制度****	備註
30	ESTONIA	The Estonian Parliament	Riigikogu	直接選舉	18	03 Mar 2019	63.67%		101	26 (25.7%)	4	比例代表制	開放式政黨名單比例代表制	
31	FIJI[5]	Parliament	同左	直接選舉	18	14 Nov 2018	71.92%		51	10 (19.6%)	4	比例代表制	開放式政黨名單比例代表制	
32	FINLAND	Parliament	Eduskunta	直接選舉	18	14 Apr 2019	72.03%		200	94 (47%)	4	比例代表制	開放式政黨名單比例代表制	14個複數選區，以頓特法計算席位。1席在奧蘭省（The Province of Aland）選出，採單一選區相對多數制。
33	FRANCE	National Assembly	Assemblée Nationale	直接選舉	18	11 Jun 2017 - 18 Jun 2017	42.64%；48.7%		577	225 (39%)	5	多數決制	兩輪決選制	採單一選區絕對多數制（absolute majority vote in single-member constituencies）。在第二輪投票中，以相對多數票即可當選。

5　斐濟（FIJI）直至2013年，其憲法規劃國會仍為兩院制。2013年後，在新憲法架構下，該國國會改為一院制。

主要民主國家投票年齡、投票率與婦女的在議會的席位比率*（續）

No.	國家名稱	議會原稱	成員產生方式	投票年齡**	最近一次選舉**	投票率***（%）	是否有強制投票*****	法定總席位	婦女的在議會的席位比率**	任期	選舉制度***		備註
	Senate	Sénat	間接選舉	18	27 Sep 2020	NA		348	121（34.8%）	6	不適用	-	由地方選舉代表團（departmental electoral colleges）間接選出。昔日參議員任期為九年，每三年改選三分之一。2007年起採取過渡措施，2014年起所有議員任期都定六年。每三年改選二分之一的國會議員。
34	GEORGIA 喬治亞	Sakartvelos Parlamenti Parliament	直接選舉	18	31 Oct 2020 - 21 Nov 2020	56.11%		150	31（20.7%）	4	混合制[6]	並立制	120席透過比例代表制選出，另外30席將採單一選區絕對多數制。2020年大選，政黨門檻為3%，並允許政黨組成選舉聯盟。但從2024年開始，門檻改為5%，不再允許選舉聯盟。

6 喬治亞（GEORGIA）根據2017年憲法修正案，議會將在2024年為完全比例代表制。

主要民主國家投票年齡、投票率與婦女的在議會的席位比率*（續）

No.	國家名稱	議會名稱	議會原稱	成員產生方式	投票年齡**	最近一次選舉**	投票率****（%）	是否有強制投票*****	法定總席位	婦女的在議會的席位比率**	任期	選舉制度****	備註
35	GERMA-NY	Federal Diet	Deutscher Bundestag	直接選舉	18	24 Sep 2017	76.16%		598	218 (30.8%)	4	混合制　聯立制（Mixed Member Proportional System, MMP）	單一選區相對多數制與政黨名單比例代表制的席位約各占一半；但因補償席位（compensatory seats）與延伸席位（overhang seats）使得每次選舉後的總席位都可能不同。目前第十九屆國會共有709名成員，是迄今為止規模最大的。
		Federal Council	Bundesrat	委任制	不適用	NA	NA		69	25 (36.2%)	NA	不適用　-	由聯邦州（federal states, 德文 Länder）政府指派委任。聯邦參議院議員沒有固定的任期，其任期由聯邦政府代表的聯邦州所決定。分配給一個州的選票數量是基於其人口量是基於其人口

主要民主國家投票年齡、投票率與婦女的在議會的席位比率＊（續）

No.	國家名稱	議會名稱	議會原稱	成員產生方式	投票年齡**	最近一次選舉**	投票率***（%）	是否有強制投票*****	法定總席位	婦女的在議會的席位比率**	任期	選舉制度****		備註
														搋減（degressive proportionality）的形式呈現。小州的選票比起按人口比例分配的票數為多。一個州的所有選票部是集體投票的，反無論是贊成、反對還是棄權。
36	GHANA	Parliament	同左	直接選舉	18	07 Dec 2020	78.89%		275	40 （14.6%）	4	多數決制	領先者當選制	採單一選區。
37	GREECE	Hellenic Parliament	Vouli Ton Ellinon	直接選舉	17	07 Jul 2019	57.91%	有法律規定，但不強制執行。	300	62 （20.7%）	4	比例代表制	開放式政黨名單比例代表制	政黨需要取得3%的得票率才能分配到席次。50席留給選後的第一大黨，以確保其苦若作為執政黨能夠維持多數執政。250個席位來自56個選區：其中48個選區數選8個複數選區。8個單一選區採相對多數決。一選區選民僅能

主要民主國家投票年齡、投票率與婦女的在議會的席位比率*（續）

No.	國家名稱	議會名稱	議會原稱	成員產生方式	投票年齡**	最近一次選舉**	投票率***（%）	是否有強制投票****	法定總席位	婦女的在議會的席位比率***	任期	選舉制度***		備註
														就250個席位投票。
38	GRENADA	House of Representatives	同左	直接選舉	18	13 Mar 2018	73.6%		15	7 (46.7%)	5	多數決制	領先者當選制	採單一選區。
		Senate	同左	委任制	不適用	27 Apr 2018	NA		13	4 (30.8%)	5	不適用[7]	-	總督根據總理與少數黨領袖的建議來任命。其中根據總理建議而任命的有10席，根據反對黨領袖建議而任命的有3席。
39	GUATE-MALA	Congress of the Republic	Congreso de la República	直接選舉	18	16 Jun 2019	62.16%		158[8]	31 (19.4%)	4	比例代表制	封閉式政黨名單比例代表制	其中127名省級（departmental-level）席位，透過22個複數選區相對多數決選出。選出：31名屬於

7　IPU所持意見不同，認為格瑞那達（GRENADA）參議院為多數決制，此可能為誤植。

8　瓜地馬拉（GUATEMALA）在2020年1月以後的國會選舉將增加兩個個席位將變成160席。

主要民主國家投票年齡、投票率與婦女的在議會的席位比率＊（續）

No.	國家名稱	議會名稱	議會原稱	成員產生方式	投票年齡**	最近一次選舉**	投票率***（%）	是否有強制投票****	法定總席位	婦女的在議會的席位比率**	任期	選舉制度***	備註
													全國性（nation-wide）的代表，在該全國性的選區中被選出。採頓特法分配席次。
40	GUYANA	National Assembly (Parliament of the Co-operative Republic of Guyana)	同左	直接選舉	18	02 Mar 2020	72.58%		65	23 (35.4%)	5	比例代表制[9] 封閉式政黨名單比例代表制	採黑爾商數（Hare quota）計算選票。其中25席分配給10個選區、40席屬於全國性選區。該國會允許最多4名非選舉產生的部長與2名非選舉產生的國會秘書長並非選舉產生，他（或她）將因為議長的身分使其成為國會的一員，也因此國會成員最多可達72位。

9 IPU所持意見不同，認為圭亞那（GUYANA）國民議會為混合制。

主要民主國家投票年齡、投票率與婦女的在議會的席位比率*（續）

No.	國家名稱	議會名稱	議會原稱	成員產生方式	投票年齡**	最近一次選舉**	投票率***（%）	是否有強制投票****	法定總席位	婦女的在議會的席位比率***	任期	選舉制度***		備註
41	HUNGARY	National Assembly	Országgyül-és	直接選舉	18	08 Apr 2018	69.68%		199[10]	23 (11.6%)	4	混合制	聯立制	106席單一選區相對多數制選出，92席採政黨名單比例代表制選出。
42	ICELAND	Parliament	Althingi / Althing	直接選舉	18	28 Oct 2017	81.2%		63	24 (38.1%)	4	比例代表制	開放式政黨名單比例代表制	9個補償席位根據相同的開放名單給予政黨。主要目的在確保國會中政黨席位比率接近全國得票比率。政黨必須確定跨過5%的門檻限制，才能獲得這些補償席位。
43	INDIA	House of the People	Lok Sabha	直接選舉／委任制	18	11 Apr 2019 - 19 May 2019	67.4%		545	78 (14.4%)	5	多數決制	領先者當選制	採單一選區。其中有2席是委任席位。印度憲法規定人民院會議員席位最多可達552席：

10 匈牙利（HUNGARY）根據2011年12月23日通過的新選舉法，首度允許少數民族參與選舉。同時，將國會議員席位從原來的386席減少到199席。

主要民主國家投票年齡、投票率與婦女的在議會的席位比率*（續）

No.	國家名稱	議會名稱	議會原稱	成員產生方式	投票年齡**	最近一次選舉**	投票率***(%)	是否有強制投票****	法定總席位	婦女的在議會的席位比率***	任期	選舉制度***	備註
													530席代表各邦，20席為中央直轄區，另外，總統可提名、任命2位僑居印度的英國人以代表該社群（the Anglo-Indian Community），但最多就2位。而且是任總統覺得該社群在國會中有代表性不足的情況。
		Council of States	Rajya Sabha	間接選舉／委任制	NA	19 Jun 2020 - 02 Nov 2020	NA		245	27 (11.2%)	6	不適用	233席間接選舉，由各邦與中央直轄區的立法會議選出，12席委任席位，由總統提名任命之，每兩年改選三分之一的國會議員。

主要民主國家投票年齡、投票率與婦女的在議會的席位比率*（續）

No.	國家名稱	議會名稱	議會原稱	成員產生方式	投票年齡**	最近一次選舉***	投票率****(%)	是否有強制投票*****	法定總席位	婦女的在議會席位比率***	任期	選舉制度***	備註
44	INDONE-SIA[11]	House of Representatives	Dewan Perwakilan Rakyat Republik Indonesia (DPR-RI)	直接選舉	17或已婚者	17 Apr 2019	83.86%		575[12]	100 (17.4%)	5	比例代表制　開放式政黨名單比例代表制	每個政黨名單必須包括至少30%的女性候選人，有4%的政黨門檻，席位分配是通過單輪拉哥最高平均數完成的。
		Regional Representative Council	Dewan Perwakilan Daerah Republik Indonesia (DPD-RI)	直接選舉	17或已婚者	17 Apr 2019	NA		136	NA	5	多數決制　單記非讓渡投票制(Single Non-Transferable Vote, SNTV)	每個省都在無黨派的基礎上選舉4名成員，以代表省級的利益。只提供建議，沒有直接的立法權。
45	IRELAND	House of Representatives	Dáil Éireann	直接選舉	18	08 Feb 2020	62.88%		160[13]	36 (22.5%)	5	比例代表制　單記可讓渡比例代表制	採複數選區。

11　比對IPU、International IDEA與ElectuionGuide三個資料庫，對於印尼（INDONESIA）的議會結構的認定有些歧異。基本上印尼國會（Majelis Permusyawaratan Rakyat＜MPR＞、人民協商會議）是由Dewan Perwakilan Rakyat Republik Indonesia（DPR-RI）與Dewan Perwakilan Daerah Republik Indonesia（DPD-RI）共同組成，前者575席，後者為136席，後者無直接立法權。因此本附錄採用IPU資料庫中對一院制的認定。但仍保留各自的席次。

12　印尼（INDONESIA）在2019年之前的總席位為560席。

13　愛爾蘭（IRELAND）選舉委員會在2017年6月27日建議將眾議院分成39個選區，席次從158增加到160席。議會根據選舉委員會的建議通過了《2017年下議院選舉（選區修訂）法案》，正式將席次從158席增加到160席。

主要民主國家投票年齡、投票率與婦女的在議會的席位比率＊（續）

No.	國家名稱	議會名稱	議會原稱	成員產生方式	投票年齡**	最近一次選舉**	投票率***(%)	是否有強制投票******	法定總席位	婦女的在議會的席位比率***	任期	選舉制度*****		備註
		Senate	Seanad Éireann	間接選舉／委任制	18	30 Mar 2020 - 31 Mar 2020	NA		60	15 (30.6%)	5	不適用	-	除了43名來自候選人平台（panels of candidates）之外，柏林大學與都柏林大學各選出3名。11席委任席位，由總理提名委任。
46	ISRAEL	Parliament	Knesset	直接選舉	18	23 Mar 2021	67.44%		120	29 (24.2%)	4	比例代表制	封閉式政黨名單比例代表制	全國為一個選區，政黨鬥鑑為3.25%。
47	ITALY	Chamber of Deputies	Camera dei Deputati	直接選舉	18	04 Mar 2018	69.35%		630	225 (35.7%)	5	混合制	並立制	232席採單一選區採相對多數制。386席採比例代表制。12席由住在外國的義大利人選出。
		Senate	Senato della Repubblica	直接選舉	25	04 Mar 2018	75.23%		321	113 (35.3%)	5	混合制	並立制	116席採單一選區採相對多數制。193席採比例代表制。6席由住在外國的義大利人選出。6席當然成員，由總統任命，可終身任職。除非他們自願放棄。

主要民主國家投票年齡、投票率與婦女的在議會的席位比率＊（續）

No.	國家名稱	議會名稱	成員產生方式	投票年齡**	最近一次選舉**	投票率***(%)	是否有強制投票****	法定總席位	婦女的在議會的席位比率***	任期	選舉制度****		備註
48	JAMAICA	House of Representatives	直接選舉	18	03 Sep 2020	37.36%		63	18 (28.6%)	5	多數決制	領先者當選制	採單一選區。
		Senate 同左	委任制	不適用	15 Sep 2020	NA		21	8 (38.1%)	5	不適用	-	總督根據總理與反對黨領袖建議來任命。執政黨獲得13席位，少數黨獲得8個席位。
49	JAPAN	House of Representatives Shugiin	直接選舉	18	22 Oct 2017	53.68%		465[14]	47 (10.1%)	4	混合制	並立制	289席採單一選區相對多數制。176席採封閉式政黨名單比例代表制。
		House of Councillors Sangiin	直接選舉	18	21 Jul 2019	48.8%		245[15]	56 (22.9%)	6	混合制	並立制	147席採單記非讓渡投票制。98席採開放式政黨名單比例算法計算席位。每三年改選二分之一的國會議員。

（第一列議會名稱「House of Representatives」之議會原稱為「同左」）

14 日本（JAPAN）2017年6月重劃選區，並將眾議院席位從475席減少到465席，目的是減少人口稠密區與稀少區之間的投票差距。
15 日本（JAPAN）自2022年起參議院席位增額為248席。

主要民主國家投票年齡、投票率與婦女的在議會的席位比率*（續）

No.	國家名稱	議會名稱	議會原稱	成員產生方式	投票年齡**	最近一次選舉**	投票率***（%）	是否有強制投票*****	法定總席位	婦女的在議會的席位比率***	任期	選舉制度****	備註
50	KIRIBATI	House of Assembly	Maneaba ni Maungatabu	直接選舉	18	14 Apr 2020 - 22 Apr 2020	75.67%		46	4 (8.9%)	4	多數決制 絕對多數制	有單一選區亦有複數選區，採絕對多數，必要時舉行兩輪決選（absolute majority vote in two-rounds if needed）。其中1席委任席位，為巴納巴族群（Banaban community）的配額，該族群的大部分人口居住在斐濟的拉比島（island of Rabi）上，故由拉比評議會領袖（the Rabi Council of Leader）來指派。另外，1席當然成員為檢察總長，若檢察總長正好是民選議員，那麼國會議員的總數就為45位。

主要民主國家投票年齡、投票率與婦女的在議會的席位比率*（續）

No.	國家名稱	議會名稱	議會原稱	成員產生方式	投票年齡**	最近一次選舉**	投票率***（%）	是否有強制投票*****	法定總席位	婦女的在議會的席位比率**	任期	選舉制度***	備註
51	KOSOVO	Assembly	Kuvendi i Kosovës / Skupština Kosova	直接選舉	18	14 Feb 2021	48.84%		120	43（35.8%）**16**	4	比例代表制 開放式政黨名單單比例代表制	其中20席保留給員有政治實體（political entities）的少數民族；10席給塞爾維亞（Serbian）族群團體。另外10席保留給其他的少數族群團體。有30%的婦女保障名額：選票上每三個候選人至少要有一位女性選人，以確保婦女最少30%的保障額度。非少數黨派的選舉門檻為5%。席次分配採聖拉古方式分配。

16 IPU的資料庫中沒有科索沃（KOSOVO）的數據，維基百科也未提及性別比例，故數據資料來自NDI（National Democratic Institute）所撰寫的〈科索沃選舉後分析：2021年議會選舉〉，網址為：https://www.ndi.org/publications/kosovo-post-election-analysis-february-2021-parliamentary-elections。

主要民主國家投票年齡、投票率與婦女的在議會的席位比率*（續）

No.	國家名稱	議會名稱	議會原稱	成員產生方式	投票年齡**	最近一次選舉**	投票率***(%)	是否有強制投票****	法定總席位	婦女的在議會的席位比率**	任期	選舉制度***		備註
52	LATVIA	Parliament	Saeima	直接選舉	18	06 Oct 2018	54.58%		100	31 (31%)	4	比例代表制	彈性政黨名單比例代表制	席位分配採聖拉噶方式。有5%的政黨門檻。
53	LESOTHO	National Assembly	同左	直接選舉	18	03 Jun 2017	46.4%		120	27 (22.9%)	5	混合制	聯立制	80席採單一選區相對多數制。40席採封閉式政黨名單比例代表制。
		Senate	同左	委任制／世襲制	不適用	11 Jul 2017	NA		33	8 (25.8%)	5	不適用	-	22席採世襲席位。由22位部落酋長（Principal Chief）擔任。11席採委任席位。由國王根據國家政務委員會（Council of State）的建議指派。
54	LIBERIA	House of Representatives	同左	直接選舉	18	10 Oct 2017	72.49%		73	7 (9.9%)	6	多數決制	領先者當選制	採單一選區。
		The Liberian Senate	同左	直接選舉	18	08 Dec 2020	37.42%		30	1 (3.33%)	9	多數決制	領先者當選制	採複數選區。2011年之前，選區裡票數最高者稱為資深派。

主要民主國家投票年齡、投票率與婦女的在議會的席位比率*（續）

No.	國家名稱	議會名稱	議會原稱	成員產生方式	投票年齡**	最近一次選舉**	投票率***(%)	是否有強制投票*****	法定總席位	婦女的在議會的席位比率***	任期	選舉制度****	備註
													參議員（Senior Senators），任期九年，次高者稱為初級參議員（Junior Senators），任期六年。2011年後，所有參議員任期均為九年。任期交錯，每個選區選舉第一位參議員，三年後是第二位參議員，接下來是六年中間斷，之後再針對第一位參議員席位舉行選舉。
55	LIECH-TENSTEIN	Diet	Landtag	直接選舉	18	07 Feb 2021	78.01%		25	7 (28%)	4	比例代表制　開放式政黨名單比例代表制	採總數選區，政黨有8%的選舉門檻。
56	LITHU-ANIA	Parliament	Seimas	直接選舉	18	11 Oct 2020 - 25 Oct 2020	47.8%	有，且強制執行。	141	38 (27%)	4	混合制　並立制	71席採單一選區絕對多數制，70席採開放式政黨名單比例代表制。

主要民主國家投票年齡、投票率與婦女的在議會的席位比率*（續）

No.	國家名稱	議會名稱	議會原稱	成員產生方式	投票年齡**	最近一次選舉***	投票率***（%)	是否有強制投票*****	法定總席位***	婦女的在議會的席位比率***	任期	選舉制度***	備註
57	LUXEM-BOURG	Chamber of Deputies	Chambre des Députés	直接選舉	18	14 Oct 2018	89.66%	有，且強制執行，對象有年齡（18-75歲）上的規定。[17]	60	12（20%)	5	比例代表制 / 開放式政黨名單比例代表制	有4個複數選區。
58	MADA-GASCAR	National Assembly	Antenimier-ampirenena	直接選舉	18	27 May 2019	40%		151	27（17.9%)	5	混合制 / 並立制	87席採單一選區相對多數制。64席採複數選區，封閉式政黨比例代表制。
		Senate	Antenimie-randoholona	間接選舉／委任制	不適用	11 Dec 2020	NA		63[18]	2（11.1%)	5	不適用 / -	42席採間接選舉，每個省分7位，由選舉團（electoral college）選出。21席採委任席位，由元首指派。

17　外國公民（僅在地方和歐洲選舉中）在盧森堡（LUXEMBOURG）居住滿五年後即可登記投票。這是一種自由選擇，不是必要的；但是，一旦符合條件的外國公民登記投票，他們就必須投票。資料來源：https://en.wikipedia.org/wiki/Compulsory_voting。

18　2019年4月馬達加斯加（MADAGASCAR）總統拉喬利納（Andry Rajoelina）宣布了廢除參議院。5月高等憲法法院裁定修改參議院的總統的總統命令符合憲法，將法定成員人數從目前的63席減少到18席（即每個省分配二席，共12席，採間接選舉，加上六席總統委任席位）。新規定將在2021年參議院目前本屆任期結束後適用。准違反對票杯葛。

主要民主國家投票年齡、投票率與婦女的在議會的席位比率*（續）

No.	國家名稱	議會名稱	成員產生方式	投票年齡**	最近一次選舉***	投票率***（%）	是否有強制投票****	法定總席位	婦女的在議會的席位比率***	任期	選舉制度****	備註
59	MALAWI	National Assembly	同左	18	21 May 2019	73.35%		193	44 (22.9%)	5	多數決制[19]	領先者當選制	採單一選區。議會於2020年2月24日通過了《議會和總統選舉法》（Parliamentary and Presidential Elections Act）修正法案，將議員和地方議員的任期延長一年，以便在2025年總統、議會和地方選舉得以一起舉行。
60	MALTA	House of Representatives	Il-Kamra Tad-Deputati	16	03 Jun 2017	92.06%		67[20]	10 (14.9%)	5	比例代表制	單記可讓渡比例代表制	13個複數選區，每區選出5席，罪性席位最多4席，以確保得票最多的政黨擁有多數席位。

19 比對IPU、ElectuionGuide與CIA: The World Facebook三個資料庫，惟有IPU認定馬拉威（MALAWI）屬其他系統，並使用領先者當選制搭配全額連記法（Block Vote, BV），但除了IPU之外，並無其他資料庫（包括維基百科）有此說法，故此處採用較為貼近的實際狀況的多數決與領先者當選制。

20 馬爾他（MALTA）國會原本為65席，2013年當選的議會卻有69席，多出的四席，分配給擁有最多選票的政黨，以確保其立法多數（legislative majority）的地位。之後，2016年憲法法院增加二個席位，以矯正2013年計票程序，所以現在為67席。

主要民主國家投票年齡、投票率與婦女的在議會的席位比率＊（續）

No.	國家名稱	議會名稱	議會原稱	成員產生方式	投票年齡**	最近一次選舉***	投票率***（%）	是否有強制投票****	法定總席位	婦女的在議會的席位比率***	任期	選舉制度***	備註
61	MARSHALL ISLANDS	Parliament	Nitijela	直接選舉	18	18 Nov 2019	37.84%		33	2 (6.1%)	4	多數決制	領先者當選制	採複數選區。
62	MAURITIUS	National Assembly	Assemblée Nationale	直接選舉／委任制	18	07 Nov 2019	76.97%		70	14 (20%)	5	多數決制	領先者當選制	62席採複數選區相對多數制。8席（最多8席）採委任制，由選舉委員會任命，為確保種族多樣性，選舉委員會將席位授予獲得最多選票或非政黨的落選候選人，以救濟國會中社群代表的不平衡。
63	MEXICO	Chamber of Deputies	Cámara de Diputados	直接選舉	18	06 Jun 2021	52.66%		500	241 (48.2%)	3	混合制	聯立制	300席採單一選區相對多數制。200席採封閉式政黨名單比例代表制。
	MEXICO	Senate	Cámara de Senadores	直接選舉	18	01 Jul 2018	63.01%		128	63 (49.2%)	6	混合制	聯立制	96席採複數選區相對多數制：32個複數選區，每區選出3席。32席採封閉式政黨

主要民主國家投票年齡、投票率與婦女的任議會的席位比率*（續）

No.	國家名稱	議會名稱	議會原稱	成員產生方式	投票年齡**	最近一次選舉***	投票率****（%）	是否有強制投票*****	法定總席位	婦女的任議會的席位比率******	任期	選舉制度****	備註
													名單比例代表制。
64	MICRO-NESIA （即FED-ERATED STATES OF MICRO-NESIA）	Congress	同左	直接選舉	18	02 Mar 2021	NA		14	0 (0%)	2或4	多數決制	10席採單一選區相對多數制，任期二年。4席採比例代表制。任期四年。從Yap、Chuuk、Pohnpei與Kosrae等四個邦選出。密克羅尼西亞沒有政黨；所有候選人都以獨立人士身分參選。密克羅尼西亞聯邦是世界上僅有的、從未選舉女性進入其國家立法機構的國家之一。
65	MONACO	National Council	Conseil National	直接選舉	18	11 Feb 2018	70.35%		24	8 (33.3%)	5	比例代表制	開放式透過政黨名單或各種名單中選舉候選人，採用pana-chage方式選出24席：16席採複數選區相對多數制，8席採開放式名單比例代表制。

主要民主國家投票年齡、投票率與婦女的在議會的席位比率*（續）

No.	國家名稱	議會名稱	議會原稱	成員產生方式	投票年齡**	最近一次選舉**	投票率***（%）	是否有強制投票*****	法定總席位	婦女的在議會會的席位比率**	任期	選舉制度***		備註
													式政黨名單比例代表制。
66	MONGO-LIA	State Great Hural	Ulsiin Ih Hural	直接選舉	18	24 Jun 2020	73.65%		76	13（17.3%）	4	混合制[21]	-	6個單一選區與20個複數選區。48席採相對多數制。28席採封閉式政黨名單比例代表制。有5%的政黨門檻。2012年後首度採行混合制。
67	MONTE-NEGRO	Parliament	Skupstina	直接選舉	18	30 Aug 2020	76.64%		81	18（22.2%）	4	比例代表制	封閉式政黨名單單比例代表制	採頓特法計算席次，有3%的政黨門檻，如果少數群體沒有一個達到該比例，會調整該門檻達到0.7%。2011年之前，有5席保留給特殊選區中的阿爾巴尼亞少數

21 比對IPU、ElectuionGuide與CIA: The World Facebook三個資料庫，准有IPU認定蒙古（MONGOLIA）屬多數決制，並搭配全額連記法（Block Vote, BV），但除了IPU之外，並無其他資料庫（包括維基百科）有此說法，故此處採用較為貼近的實際狀況的混合制。

主要民主國家投票年齡、投票率與婦女的在議會的席位比率*（續）

No.	國家名稱	議會名稱	成員產生方式	投票年齡**	最近一次選舉**	投票率***（%）	是否有強制投票*****	法定總席位	婦女的在議會的席位比率***	任期	選舉制度****	備註
												族群（Albanian minority）。但2011年9月的修正案中裁除該保留席位。
68	NAMIBIA	National Assembly	直接選舉／委任制	18	27 Nov 2019	60.38%		104	41 (42.7%)	5	比例代表制	封閉式政黨名單單比例代表制	14個複數選區，96席採封閉式政黨名單單比例代表制，8席為委任席位。由總統直接任命，無投票實權。
		National Council	間接選舉	不適用	15 Dec 2020	NA		42	6 (14.3%)	5	不適用	-	由14個區域委員會（regional council）選出，每區各3名。
69	NAURU	Parliament	直接選舉	20	24 Aug 2019	96.85%	有，且強制執行。	19	2 (10.5%)	3	多數決制	多數決制	19席採Dowdall system（一種修改後的博爾達計數制<Borda Count System>，適用於複數選區）。

主要民主國家投票年齡、投票率與婦女的在議會的席位比率*（續）

No.	國家名稱	議會名稱	議會俗稱	成員產生方式	投票年齡**	最近一次選舉***	投票率****（%）	是否有強制投票*****	法定總席位	婦女的在議會的席位比率***	任期	選舉制度***	備註
70	NEPAL	House of Representatives	Pratimidhi sabhā	直接選舉	18	26 Nov 2017 - 07 Dec 2017²²	78.24%		275	6 (3.6%) 23	5	混合制	165席採單一選區相對多數制。110席採封閉式政黨名單比例代表制。採聖拉噶最高平均數計算席位。有3%的政黨門檻限制。
		National Assembly	Râṣṭriya Sabhā	間接選舉	不適用	23 Jan 2020	NA		59	22 (37.9%)	6	不適用	-	每兩年更新三分之一的席位。
71	NETHERLANDS	House of Representatives	Tweede Kamer der Staten-Generaal	直接選舉	18	17 Mar 2021	78.71%		150	59 (39.3%)	4	比例代表制	彈性政黨名單比例代表制	採複數選區。
		Senate	Eerste Kamer der Staten-Generaal	間接選舉	不適用	27 May 2019	NA		75	29 (38.7%)	4	比例代表制	彈性政黨名單比例代表制	由12個省級議會透過比例代表投票間接選出。

22 尼泊爾（NEPAL）根據2015年憲法的過渡性規定，在憲法付諸實行後，2015年9月20日制憲國民代表大會（the Constituent Assembly）轉型為立法國會（Legislature-Parliament）。立法國會的任期於2017年10月14日結束。本屆眾議院隨即於2017年11月26日與12月7日選出。

23 檢視IPU的資料庫數據，發現尼泊爾（NEPAL）在2017年12月大選後，國會中女性議員所占的比例大幅滑落至六位，僅占總比例的3.6%，與歷年及2018年數據相差甚多。經過查核後，2017年12月尼泊爾改選了眾議院（House of Representatives）、省議會（Provincial Assembly）與國民議會（National Assembly），女性議員數分為17位、六位與21位，比例為5.1%、3.6%與37.5%。為了資料的一致性，仍以IPU提供的數據為主。查核資料可參見：Bishnu Raj Upreti, Drishti Upreti, Yamuna Ghale, "Nepali Women in Politics: Success and Challenges", Journal of International Women's Studies, Vol. 21, No. 2（April 2020），pp. 87-88.

主要民主國家投票年齡、投票率與婦女的在議會的席位比率*（續）

No.	國家名稱	議會名稱	議會原稱	成員產生方式	投票年齡**	最近一次選舉**	投票率***（%）	是否有強制投票****	法定總席位	婦女的在議會的席位比率***	任期	選舉制度***	備註
72	NEW ZEALAND	House of Representatives	同左	直接選舉	18	17 Oct 2020	82.24%		120	58 (48.3%)	3	混合制[24] 聯立制	72席採單一選區相對多數制。包括7個毛利人（Maori）的選區。48席採封閉式政黨名單比例代表制。採聖拉喝最高平均數計算最高席位。有延伸席位（overhang seat）的制度。毛利人從1867年起在議會中有代表。1893年婦女獲得投票權。
73	NORWAY	Parliament	Storting	直接選舉	18	11 Sep 2017	78.22%		169	70 (41.4%)	4	比例代表制 開放式政黨名單比例代表制	19個複數選區。採聖拉喝最高平均數計算席位。在全國性選區獲得超過4%但卻沒有在各選區中贏得席次的政黨，將獲得的平衡性補償性席位。

24 IPU的資料庫顯示紐西蘭（NEW ZEALAND）選制為比例代表制。

主要民主國家投票年齡、投票率與婦女的在議會的席位比率*（續）

No.	國家名稱	議會名稱	議會原稱	成員產生方式	投票年齡**	最近一次選舉***	投票率****（%）	是否有強制投票*****	法定總席位	婦女的在議會的席位比率**	任期	選舉制度****		備註
														席位（compensatory leveling seats）。
74	PALAU	House of Delegates	同左	直接選舉	18	03 Nov 2020	60.9%		16	1 (6.3%)	4	多數決制	領先者當選制	採單一選區。
		Senate	同左	直接選舉	18	03 Nov 2020	60.9%		13[25]	1 (7.7%)	4	多數決制	全額連記制 (Block Vote, BV)	全國為一個選區。在2016年的選舉中，當選部是無黨派人士。
75	PANAMA	National Assembly	Asamblea Nacional	直接選舉	18	05 May 2019	70.71%		71	15 (21.1%)	5	混合制	並立制	45席（人口稠密區）採開放式政黨名單比例代表制。26席（偏遠鄉鎮區）採單一選區相對多數制。

25 帛琉（PALAU）議席重劃委員會（the Reapportionment Commission）每八年組成一次，主要針對參議院的議席重新分配案或選區重劃案，待規劃案成為法律後公布執行。2008年起，參議院議席由九席增至13席，就是基於2007年該委員會的修正案。

主要民主國家投票年齡、投票率與婦女的在議會的席位比率*（續）

No.	國家名稱	議會名稱	議會原稱	成員產生方式	投票年齡**	最近一次選舉**	投票率***（%）	是否有強制投票*****	法定總席位	婦女的在議會的席位比率***	任期	選舉制度****		備註
76	PAPUA NEW GUINEA	National Parliament	同左	直接選舉	18	24 Jun 2017 - 08 Jul 2017	51.62%		111	0 (0%)	5	多數決制	選擇投票制	採單一選區制。89席從開放選區（open electorates）中選出，20席從省級選區（provincial electorates）中選出，再加上Bouganville自治省和國家首都區2區。憲法允許最多126個席位。
77	PARA-GUAY	Chamber of Deputies	Cámara de Diputados	直接選舉	18	22 Apr 2018	60.88%	2018年起不強制執行。對象年齡（18-75歲）上的規定。	80	11 (13.8%)	5	比例代表制	封閉式政黨名單比例代表制	採複數選區。
		Chamber of Senators	Cámara de Senadores	直接選舉	18	22 Apr 2018	61.02%	有。且強制執行，對象年齡（18-75歲）上的規定。	45	9 (20%)	5	比例代表制	封閉式政黨名單比例代表制	全國為一個選區。
78	PERU	Congress of the Republic	Congreso de la República	直接選舉	18	11 Apr 2021	70.08%	有，且強制執行，對象有年齡（18-70歲）上的規定。	130	NA	5	比例代表制	開放式政黨名單比例代表制	採複數選區。2018年的公投通過限制國會議員的連任任期，規定只能連任一次；有5%的選舉門檻，使用頓特法分配席位。

主要民主國家投票年齡、投票率與婦女的在議會的席位比率*（續）

No.	國家名稱	議會名稱	議會原稱	成員產生方式	投票年齡**	最近一次選舉**	投票率***(%)	是否有強制投票****	法定總席位	婦女的在議會的席位比率***	任期	選舉制度***	備註
79	PHILIP-PINES	House of Representatives	Kapulungan Ng Mga Kinatawan	直接選舉	18	13 May 2019	75.4%		297	85 (28%)	3	混合制　並立制	238席採單一選區相對多數制，屬於地區代表。59席採比例代表制，屬少數族裔代表。有2%的選舉門檻。
		Senate	Senado	直接選舉	18	13 May 2019	74.31%		24	7 (29.2%)	6	全額連記制	每三年改選二分之一的國會議員。
80	POLAND	Sejm	同左	直接選舉	18	13 Oct 2019	61.74%		460	132 (28.7%)	4	比例代表制　開放式政黨名單比例代表制	41個複數選區。政黨門檻為5%，政黨聯盟門檻為8%，少數群體不受門檻限制。
		Senate	Senat	直接選舉	18	13 Oct 2019	61.74%		100	24 (24%)	4	多數決制　領先者當選制	採單一選區。
81	PORTU-GAL	Assembly of the Republic	Assembleia da Republica	直接選舉	18	06 Oct 2019	54.5%		230	89 (38.7%)	4	比例代表制　封閉式政黨名單比例代表制	22個複數選區。採頓特法計算席位。其中，4席為葡萄牙海外公民代表，從2個選區中選出。

主要民主國家投票年齡、投票率與婦女的在議會的席位比率*（續）

No.	國家名稱	議會名稱	議會原稱	成員產生方式	投票年齡**	最近一次選舉**	投票率***（%）	是否有強制投票****	法定總席位	婦女的在議會的席位比率***	任期	選舉制度****	備註
82	REPUBLIC OF KOREA（即 SOUTH KOREA）	National Assembly	Kuk Hoe	直接選舉	18	15 Apr 2020	66.21%		300	57（19%）	4	混合制 聯立制[26]	246採單一選區相對多數制。54席採封閉式政黨名單比例代表制。採席位補償數分配席位，要通過比例代表制贏得席位，政黨門檻為5%或至少獲得5個席次。
83	REPUBLIC OF MOL-DOVA	Parliament	Parliament	直接選舉	18	24 Feb 2019	51.98%		101	26（25.7%）	4	比例代表制 封閉式政黨名單比例代表制	51席採單一選區，獨立候選人的門檻為2%，單一政黨的門檻為5%，兩黨聯盟的門檻為7%，三個或更多政黨聯盟為9%，三分之一的登記選民出來投票，該次選舉才算有效。

26 韓國歸類為聯立制有一點奇怪，這一次韓國使用的叫做準聯立制，並且因為太複雜，可能只會施行一次，並且這裡還是以並立制為主，所以有一點難歸類，在書中已另有說明。

主要民主國家投票年齡、投票率與婦女的在議會的席位比率*（續）

No.	國家名稱	議會名稱	議會原稱	成員產生方式	投票年齡**	最近一次選舉**	投票率***（%）	是否有強制投票****	法定總席位	婦女的在議會的席位比率***	任期	選舉制度***		備註
84	ROMANIA	Chamber of Deputies	Camera Deputatilor	直接選舉	18	06 Dec 2020	31.94%		330	61（18.5%）	4	混合制	改良的聯立制（Modified Mixed-Member Proportional System）	政黨必須通過5%的全國選票或至少4個選區20%的門檻。沒有固定的保留席位，有為少數族裔設計較低的選舉門檻（單一選區達10%）。
		Senate	Senat	直接選舉	18	06 Dec 2020	31.94%		136	25（18.4%）	4	混合制	改良的聯立制	
85	SAINT KITTS AND NEVIS	National Assembly	同左	直接選舉／委任制	18	05 Jun 2020	58.41%		14或15席，取決於總檢察長。	4（25%）	5	多數決制	領先者當選制	11席採單一選區，3席為委任席位。總理根據總理（2席）與反對黨領袖（1席）的建議來任命。1席為當然成員（檢察總長）。

主要民主國家投票年齡、投票率與婦女的在議會的席位比率*（續）

No.	國家名稱	議會名稱	議會原稱	成員產生方式	投票年齡**	最近一次選舉**	投票率***（%）	是否有強制投票*****	法定總席位	婦女的在議會的席位比率***	任期	選舉制度****	備註
86	SAINT LUCIA	House of Assembly	同左	直接選舉	18	06 Jun 2016	53.45%		17	2 (11.8%)	5	多數決制 / 領先者當選制	採單一選區。
		Senate	同左	委任制	不適用	12 Jul 2016	NA		11	3 (27.3%)	5	不適用 / -	11名均由總督指派委任，其中6名來自總理（the Prime Minister）的建議，3名來自反對黨領袖的建議，最後2名由總督諮詢過宗教、經濟和社會團體後，自己提名。
87	SAINT VINCENT AND THE GRENADINES	House of Assembly	同左	直接選舉／委任制	18	05 Nov 2020	66.95%		23	4 (18.2%)	5	多數決制 / 領先者當選制	15席採單一選區。6席由總督指派委任，其中4名代表政府，2名代表反對黨。2席為當然成員（議長與檢察總長）。

主要民主國家投票年齡、投票率與婦女的在議會的席位比率*（續）

No.	國家名稱	議會名稱	議會原稱	成員產生方式	投票年齡**	最近一次選舉***	投票率****（%）	是否有強制投票*****	法定總席位	婦女的在議會的席位比率***	任期	選舉制度****		備註
88	SAMOA	Legislative Assembly	Fono	直接選舉	21	09 Apr 2021	69.47%	有，2018年大通過，2021年大選中首次實施。	51[27]	5 (9.8%)[28]	5	多數決制	領先者當選制	51個單一選區。
89	SAN MA-RINO	Great and General Council	Consiglio Grande e Generale	直接選舉	18	08 Dec 2019	55.73%		60	19 (31.7%)	5	比例代表制	政黨名單比例代表制	使用頓特法分配席次。有3.5%的政黨門檻。如果沒有政黨獲得多數席位，或者最大的兩個政黨在選舉後三十天內無法組建聯合政府，即將在兩席位最多的政黨之間重新選舉。

27 薩摩亞（SAMOA）2019年1月29日通過的憲法修正案：51個選區各選出一名成員組成，不再有領土選區。婦女必須占立法議會10%。這意味著如果沒有女性成功當選，議會人數增加至56個。

28 2021年4月薩摩亞（SAMOA）國會選舉，執政黨的HRPP黨和在野的FAST黨各贏得25個立法議會席位，這在最終計數中得到到證實。另一席為獨立人士Tuala Iosefo Ponifasio。然而，薩摩亞的女性候選人Ali'imalemanu Alofa Tuuau被宣布當選，由於女性只占當選成員的9.8%，不符合憲法要求女性至少占比10%的規定。因此一名HRPP黨的女性獲選他宣布當選，國會總席位於是增加到52。HRPP的席位總數增加到26席後，Tuala Iosefo Ponifasio宣布他將推翻了Tuuau，形成FAST一邊，形成HRPP和FAST都擁有26個席位的僵局，各方勢力的角力引發薩摩亞的憲政危機，隨後在5月17日薩摩亞最高法院推翻了Tuuau的任命。讓FAST在議會中占多數——讓FAST在議會中以26比25的多數票領先。5月21日，薩摩亞上訴法院拒絕擱置最高法院對Tuuau任命的裁決，確認FAST在議會中占多數（指意中至少10%的席位由女性擔任）。6月2日，上訴法院裁定該條款的目的意味著女性議員到的人數應四捨五入為6，但維持最高法院關於Tuuau的任命違憲且無效的裁決。理由是配額不應應用於最終結果，而是在所有重大選舉後資料。故仍保留五之後再來處置。見維基百科「2021 Samoan general election」與「2021 Samoan constitutional crisis」條目的原始資料（5席比51席）的比例。

主要民主國家投票年齡、投票率與婦女的在議會的席位比率*（續）

No.	國家名稱	議會名稱	議會原稱	成員產生方式	投票年齡**	最近一次選舉**	投票率****（%）	是否有強制投票*****	法定總席位	婦女的在議會的席位比率***	任期	選舉制度****		備註
														個最受歡迎的聯盟間舉行決選，獲勝者皆將獲得額外席位（bonus seats），以確保其多數。如果得票最多的聯盟未能贏得35個席位，將被賦予額外席位。在2019年6月公投批准後，首次應用。
90	SAO TOME AND PRINCIPE	National Assembly	Assembleia Nacional	直接選舉	18	07 Oct 2018	80.65%		55	8 (14.6%)	4	比例代表制	封閉式政黨名單 單比例代表制	7個複數選區。
91	SEN-EGAL[29]	National Assembly	Assemblée Nationale	直接選舉	18	30 Jul 2017	53.66%		165	69 (41.8%)	5	混合制	並立制	35個選區：單一選區與複數選區兼有。90席採簡單多數決搭配政黨連記制（Party Block Vote, PBV）、60所政

29　塞內加爾（SENEGAL）原為兩院制，但2012年9月塞內加爾舉行國民議會及參議院聯合大會，投票通過了取消參議院和國家副總統職位的法案。故現為一院制。

主要民主國家投票年齡、投票率與婦女的在議會的席位比率*（續）

No.	國家名稱	議會名稱	議會原稱	成員產生方式	投票年齡**	最近一次選舉***	投票率***(%)	是否有強制投票****	法定總席位	婦女的在議會的席位比率***	任期	選舉制度****	備註
92	SERBIA	National Assembly	Narodna skupština	直接選舉	18	21 Jun 2020	48.88%		250	97 (38.8%)	4	比例代表制 / 封閉式政黨名單比例代表制	全國為一個選區，使用頓特法分配席位。有3%的政黨門檻，少數民族名單沒有門檻。 黨名單比例代表制。15席由海外選民投票選出。政黨名單採男女交錯排列的拉鍊制度（Zipper System）[30]，規定女性必須占政黨名單上候選人的50%。
93	SEY-CHELLES	National Assembly	Assemblée Nationale	直接選舉	18	22 Oct 2020 - 24 Oct 2020[31]	88.4%		35	8 (24.2%)	5	混合制 / 並立制	2020年成立新選區（從25個增加到26個）。26席採單一選區相對

30 此一制度除了塞內加爾（SENEGAL）外，本表中還有若干國家採行：玻利維亞（BOLIVIA）、哥斯大黎加（COSTA RICA）、厄瓜多爾（ECAUDOR）、法國（FRANCE）、賴索托（LESOTHO）與突尼西亞（TUNISIA）。資料來源：維基百科：https://en.wikipedia.org/wiki/Zipper_system#cite_note-6。

31 塞席爾（SEYCHELLES）原定於2021年舉行的國會選舉，提前一年舉行，與總統選舉同時，以降低選舉成本。

主要民主國家投票年齡、投票率與婦女的在議會的席位比率*（續）

No.	國家名稱	議會名稱	議會原稱	成員產生方式	投票年齡**	最近一次選舉***	投票率***(%)	是否有強制投票****	法定總席位	婦女的在議會的席位比率**	任期	選舉制度***	備註
94	SIERRA LEONE	Parliament	同左	直接選舉	18	07 Mar 2018	84.2%		146	18 (12.3%)	5	多數決制　領先者當選制	多數制。9席採比例代表制。10席額外席位，每獲得全國總選票10%，可獲得一個額外席位。132席採單一選區選出。14席採間接選舉，選出14位酋長（族長），以代表14個省級地區。與2012國會選舉的議員數（112席）相比，有所增加。
95	SLOVA- KIA	National Council	Národná Rada	直接選舉	18	29 Feb 2020	65.81%		150	30 (20%)	4	比例代表制　開放式政黨名單比例代表制	150席由比例代表制（全國為一個選區）產生；單一政黨的選舉門檻為5%，兩黨或三黨聯盟或為7%，四黨或更多政黨聯盟則為10%。席位採用哈根...

主要民主國家投票年齡、投票率與婦女的在議會的席位比率*（續）

No.	國家名稱	議會名稱	議會原稱	成員產生方式	投票年齡**	最近一次選舉**	投票率***（%）	是否有強制投票****	法定總席位	婦女的在議會的席位比率***	任期	選舉制度***	備註
96	SLOVE-NIA	National Assembly	Državni Zbor	直接選舉	18、16歲有工作也可投票。	03 Jun 2018	52.64%		90	22 (24.4%)	4	比例代表制 / 開放式政黨名單單比例代表制	巴赫比紹夫數額（Hagenbach-Bischoff Quata）分配。選民最多可以為他們投票支持的政黨名單上的候選人投4票。8個複數選區，每個選區有11個席位，有4%的政黨門檻。另外2席採博爾達計數制。由義大利裔與匈牙利裔的少數民族註冊選民選出。
		National Council	Državni Svet	間接選舉	不適用	22 Nov 2017 - 23 Nov 2017	NA		40	4 (10.3%)	5	不適用 / -	由利益團體間接選舉出來，立法權力有限：22名地方利益團體代表、6名非商業活動代表、4名雇方（雇主）代表、4名勞方代表與其他身分代表選出。

主要民主國家投票年齡、投票率與婦女的在議會的席位比率*（續）

No.	國家名稱	議會名稱	成員產生方式	投票年齡**	最近一次選舉**	投票率***（%）	是否有強制投票****	法定總席位	婦女的在議會的席位比率***	任期	選舉制度****	備註
97	SOLOMON ISLANDS	National Parliament	同左	直接選舉	18	03 Apr 2019	67.54%		50	2 (4%)	4	多數決制	領先者當選制	表4位（包括農民、手工業者、商人與獨立的專業人士）。採單一選區
98	SOUTH AFRICA	National Assembly	同左	直接選舉	18	08 May 2019	65.99%		400	179 (45.3%)	5	比例代表制	封閉式政黨名單比例代表制	名單區分為全國性與區域性，各選出200席。
		National Council of Provinces	同左	委任制	不適用	23 May 2019	NA		90	21 (38.9%) **32**	5	不適用	-	9個省立法機關各自任命的10個成員組成代表團。10個成員中，6名常任代表（省級立法機構的政黨代表）和4名特別代表（省長和其他3名特派代表）。議會有保護區域利益的特殊權力，包括保護語文化和少數民族之間的語言傳統。

32 IPU的資料庫中，南非（SOUTH AFRICA）上議院席位分配數字不包括36名特別代表席位；因此，上議院百分比是根據54個常任席位計算的。

主要民主國家投票年齡、投票率與婦女的在議會的席位比率*（續）

No.	國家名稱	議會名稱	議會原稱	成員產生方式	投票年齡**	最近一次選舉**	投票率****（%）	是否有強制投票****	法定總席位	婦女的在議會的席位比率**	任期	選舉制度****		備註
99	SPAIN	Congress of Deputies	Congreso de los Diputados	直接選舉	18	10 Nov 2019	70.27%		350	154（44%）	4	比例代表制	封閉式政黨名單單比例代表制	50個複數選區選出348席，採特法分配席位，政黨需達到3%的門檻。另外2席給休達和梅利利亞飛地33（the enclaves of Ceuta and Melilla）採相對多數決選出。
		Senate	Senado	直接選舉／間接選舉	18	10 Nov 2019	70.41%		266	103（39%）	4	多數決制	限制連記制（Limited Vote, LV）	208席採複數選區相對多數制。58席採用間接選舉，由17個自治區的議會選產生。
100	SRI LANKA	Parliament	同左	直接選舉	18	05 Aug 2020	75.89%		225	12（5.4%）	6	比例代表制	開放式政黨名單單比例代表制	196席從22個複數選區數選中選出，採用頓特法計算席次。另外的29席採用全國投票結果，按比例分配給了政黨與獨立團體。

33　飛地指被包圍在另外一個國家境內、和本國不接壤的領土。

主要民主國家投票年齡、投票率與婦女的在議會的席位比率*（續）

No.	國家名稱	議會名稱	議會原稱	成員產生方式	投票年齡***	最近一次選舉**	投票率****（%）	是否有強制投票*****	法定總席位	婦女的在議會的席位比率**	任期	選舉制度****	備註
101	SURINA-ME	National Assembly	Nationale Assemblée	直接選舉	18	25 May 2020	71.66%		51	15 (29.4%)	5	比例代表制 開放式政黨名單比例代表制	10個複數選區，採用頓守法計算席次。選區規模由憲法決定，而非以人口數決定。
102	SWEDEN	Parliament	Riksdag	直接選舉	18	09 Sep 2018	87.18%		349	161 (46.1%)	4	比例代表制 政黨名單比例代表制	310席在29個複數選區被選出，39個調整席位（adjustment seats）用於糾正在分配選區席位時，可能出現的與全國比例上的偏差。參與分配的政黨要有4%的全國選票，或者在各個選區中獲得12%以上的票數。很少補選，因為每一席的替補者會在大選時同時被選出。

主要民主國家投票年齡、投票率與婦女的在議會的席位比率＊（續）

No.	國家名稱	議會名稱	議會原稱	成員產生方式	投票年齡**	最近一次選舉**	投票率****（%）	是否有強制投票*****	法定總席位	婦女的在議會的席位比率**	任期	選舉制度***	備註
103	SWITZER-LAND	National Council	Nationalrat /Conseil National / Consiglio Nazionale	直接選舉	18	20 Oct 2019	45.1%		200	83 (41.5%)	4	比例代表制　開放式政黨名單比例代表制	194席採複數選區、開放式政黨名單比例代表制，6席採相對多數決。
		Council of States	Standerat/ Conseil des Etats/ Consiglio degli Stati	直接選舉	18	20 Oct 2019 - 24 Nov 2019	45.1%	1974年後只有Schaffhau-sen有強制執行，其餘區域部已廢除。	46	12 (26.1%)	4	其他制度　-	參議員的選出方式由各州決定，規定必須採用民主方式。其中36席分給18個全州選區，每區2名代表，採複數制。6席（在6個半州選區）採單一選區相對多數制。4席分給納沙泰爾和汝拉兩區（Neuchâtel and Jura），每區2名，採複數選區政黨名單比例代表制。

主要民主國家投票年齡、投票率與婦女的在議會的席位比率＊（續）

No.	國家名稱	議會名稱	議會原稱	成員產生方式	投票年齡**	最近一次選舉**	投票率***(%)	是否有強制投票****	法定總席位	婦女的在議會的席位比率**	任期	選舉制度***	備註
104	TAIWAN（即 Republic of China）	The Legislative Yuan	同左	直接選舉	20	11 Jan 2020	74.93%		113	47 (41.6%)	4	混合制 並立制	73席採單一選區相對多數決制。6席從原住民區選出（2個複數選區），採以複數投票（採比例游資投票制。全國不分區及僑居國外國民34席，採比例代表制，參與席位分配需達到5%的政黨門檻。
105	TIMOR-LESTE（即EAST TIMOR）	National Parliament	同左	直接選舉	17	12 May 2018	80.98%		65	22 (33.9%)	5	比例代表制 封閉式政黨名單比例代表制	僅1個全國性的選區。採頓特法計算席次，選舉門檻為4%。每四個候選人中必須有一位是女性。
106	TONGA	Legislative Assembly	Fale Alea	直接選舉／間接選舉	21	16 Nov 2017	67%		30	2 (7.7%)	3	多數決制 領先者當選制	17席採單一選區相對多數決制。9席採間接選舉，由世襲國家統治者選出。4席為內閣成員，將自動成為立法機關的成員。

主要民主國家投票年齡、投票率與婦女的在議會的席位比率*（續）

No.	國家名稱	議會名稱	議會原稱	成員產生方式	投票年齡**	最近一次選舉**	投票率***(%)	是否有強制投票****	法定總席位	婦女的在議會的席位比率**	任期	選舉制度***	備註
107	TRINIDAD AND TOBAGO	House of Representatives	同左	直接選舉	18	10 Aug 2020	58.04%		42	11 (26.2%)	5	多數決制	領先者當選制	41席採單一選區相對多數制。1席為多數黨，議長可從國會外部挑選並指派，因為議長的身分使其成為國會的一員。
		Senate	同左	委任制	不適用	28 Aug 2020	NA		31	13 (40.6%)	5	不適用	-	16席由執政黨任命，6席由反對黨任命，另外9席由國家元首任命。
108	TUNISIA	Assembly of People's Representatives	Majlis Nawwab ash-Sha'ab	直接選舉	18	06 Oct 2019	41.7%		217	49 (22.6%)	5	比例代表制	封閉式政黨名單比例代表制	217席從33個複數選區（本土27個選區與海外僑民6個選區）中選出。採最大餘額法（Largest Remainder Method）分配席次。政黨名單強制採男女交錯排列的拉鍊制度，並且要求權有4席以上（包括4席以上

主要民主國家投票年齡、投票率與婦女的在議會的席位比率*（續）

No.	國家名稱	議會名稱	議會原稱	成員產生方式	投票年齡**	最近一次選舉***	投票率****（%）	是否有強制投票*****	法定總席位	婦女的在議會的席位比率***	任期	選舉制度***	備註
													席）的選區，名單的前4位，必須有一位35歲以下的男女候選人。
109	TURKEY	Grand National Assembly of Turkey	Türkiye Büyük Millet Meclisi（T.B.M.M）	直接選舉	18	24 Jun 2018	86.23%	有法律規定，但不強制執行。	600	104 (17.3%)	5	比例代表制	封閉式政黨名單比例代表制	87個複數選區，採頓特法分配席次，政黨有10%的選舉門檻，所有低於該門檻的政黨均不列入席次分配。此外，政黨還必須達下列標準：1.在至少一半的省分分（41個以上）和這些省分至少三分之一的地區正式成立組織；2.必須在41個或更多省分為每個職位提名2名候選人，其政黨候選人才能獲得席位。
110	TUVALU	House of Assembly	Fale I Fono	直接選舉	18	09 Sep 2019	NA		16	1 (6.3%)	4	多數決制	領先者當選制	7個複數選區（每區2席）與1個單一選區。

主要民主國家投票年齡、投票率與婦女的在議會的席位比率*（續）

No.	國家名稱	議會名稱	議會原稱	成員產生方式	投票年齡**	最近一次選舉**	投票率***（%）	是否有強制投票****	法定總席位	婦女的在議會的席位比率***	任期	選舉制度*****	備註
111	UKRAINE	Supreme Council	Verkhovna Rada	直接選舉	18	21 Jul 2019	49.2%		450	87（20.5%）	5	混合制 / 並立制	225席採封閉式政黨名單比例代表制，全國為一個選區，有5%的選舉門檻。225席採單一選區相對多數制。2014年起有26個懸空（suspended）席位，分屬於俄羅斯所占領的克里米亞（Crimea）區和被分離主義者所占領、兩個州的部分地區（parts of Donetsk Oblast and Luhansk Oblast），這些區域沒有舉行投票。
112	UNITED KINGDOM	House of Commons	同左	直接選舉	18	12 Dec 2019	67.55%		650	220（33.9%）	5	多數決制 / 領先者當選制	650席採單一選區相對多數制。

主要民主國家投票年齡、投票率與婦女的在議會的席位比率*（續）

No.	國家名稱	議會名稱	議會原稱	成員產生方式	投票年齡***	最近一次選舉**	投票率****(%)	是否有強制投票*****	法定總席位	婦女的在議會的席位比率**	任期	選舉制度***	備註
		House of Lords	同左	委任制	不適用	NA	NA		790（統計至2021年7月。）	223（28.2%）	世襲	不適用	席位數不固定。皇室根據首相或上議院任命委員會（House of Lords Appointments Commission）的建議任命679位（數量不固定）具終身爵位的貴族擔任之。其他爰有92位（目前僅剩91位）世襲貴族與26位（目前僅剩25位）英格蘭教會的大主教與主教身兼該職位。在The House of Lords Act 1999的改革法案中，終止世襲貴族的席位和投票權，但仍保留其中92席。自2020年5月馬爾伯爵夫人（Margaret of Mar）退

主要民主國家投票年齡、投票率與婦女的在議會的席位比率*（續）

No.	國家名稱	議會名稱	議會原稱	成員產生方式	投票年齡**	最近一次選舉**	投票率**** (%)	是否有強制投票*****	法定總席位	婦女的在議會的席位比率**	任期	選舉制度****	備註
													休後，剩下的91席是由雙貢族席位都是男性。
113	UNITED REPUBLIC OF TAN-ZANIA	National Assembly	Bunge	直接選舉／間接選舉／委任制	18	28 Oct 2020	50.72%		393	141 (36.7%)	5	多數決制　領先者當選制	264席採單一選區相對多數制。113席採間接選舉，由政黨按自己的得票數來選出婦女名額。選出婦女名額。5席保留給Zanzibar半自治區，由地方議會採用相對多數決間接選舉出來，其中婦女保障名額2名。10席為委任名額，由總統指派，其中婦女保障名額5名。另外1席為檢察總長。

主要民主國家投票年齡、投票率與婦女的在議會的席位比率* (續)

No.	國家名稱	議會名稱	議會原稱	成員產生方式	投票年齡**	最近一次選舉***	投票率****（%）	是否有強制投票*****	法定總席位	婦女的在議會的席位比率**	任期	選舉制度****	備註
114	UNITED STATES OF AMERICA	House of Representatives	同左	直接選舉／委任制	18	03 Nov 2020	66.72%		435	117 (27.5%)	2	多數決制　領先者當選制	435席採單一選區相對多數制。另有5位委任代表（delegates）與1位居民代表（Resident Commissioner）允許參與辯論、在委員會中參與與表決，但不得在議會中投票。5位委任代表為美國屬地：分別為哥倫比亞特區（District of Columbia）與美屬薩摩亞（American Samoa）、關島（Guam）、美屬維京群島（US Virgin Islands）與美國聯邦北馬里亞納群島（the U.S. Commonwealth of the

主要民主國家投票年齡、投票率與婦女的在議會的席位比率＊（續）

No.	國家名稱	議會名稱	議會原稱	成員產生方式	投票年齡**	最近一次選舉**	投票率****(%)	是否有強制投票*****	法定總席位	婦女的在議會的席位比率**	任期	選舉制度***	備註
		Senate	同左	直接選舉	18	03 Nov 2020	57.43%		100	25 (25.5%)	6	多數決制 領先者當選制	100席採單一選區相對多數制。每兩年改選三分之一的國會議員。

備註（承上）：Northern Mariana Islands）。1位居民代表為波多黎各（Puerto Rico）。眾議員與委任代表一任兩年，而居民代表一任四年。另外，代表切諾基民族（Cherokee Nation）的第七位代表已被正式提議但尚未就位，而代表喬克托民族（Choctaw Nation）的第八位代表在條約中被提名但目前既未提議也未就位。兩者都在奧克拉荷馬州（Oklahoma）境內。

主要民主國家投票年齡、投票率與婦女的在議會的席位比率*（續）

No.	國家名稱	議會名稱	議會原稱	成員產生方式	投票年齡**	最近一次選舉***	投票率***（%）	是否有強制投票*****	法定總席位	婦女的在議會的席位比率**	任期	選舉制度****		補註
115	URUGUAY	Chamber of Representatives	Cámara de Representantes	直接選舉	18	27 Oct 2019	90.13%	有，且強制執行。	99	19 (19.2%)	5	比例代表制	封閉式政黨名單比例代表制	19個複數選區。使用最高平均數（Highest Averages Method）計算席次。
		Chamber of Senators	Cámara de Senadores	直接選舉	18	27 Oct 2019	90.13%		31	8 (26.7%)	5	比例代表制	封閉式政黨名單比例代表制	全國為一個選區。1席為當然成員（副總統），當參議院票數相同時，副總統的一票將成為關鍵的一票。
116	VANUATU	Parliament	同左	直接選舉	18	19 Mar 2020	52%		52	0 (0%)	4	多數決制	單記非讓渡投票制	8個單一選區與9個複數選區（每個選區2至7席）。在2012、2016年的選舉當都沒有女性當選，2019年大選中發起了＜Vot Woman＞運動，呼籲支持女性候選人並保證女性在議會中的代表比例為50%。

說明：

*　民主國家之認定係以自由之家（Freedom House）2021年所列116個擁有較為嚴格定義的「選舉民主」國家（Electoral Democracies）。與2016年名單相比，僅新增了一個BURKINA FASO（編號16），刪掉了10個國家：BANGLADESH、BENIN、BOSNIA AND HERZEGOVINA、UNION OF THE COMOROS、COTE D'IVOIRE、KENYA、NIGER、NIGERIA、PAKISTAN、ZAMBIA。自由之家在2021年之前出版的《世界自由》（Freedom in the World）報告書中，用「選舉民主」來特定指稱「必須達到某些政治權利與公民自由的最低標準」，此一標準並未計入某些特殊「領土」（例如香港）。「選舉民主」的最低標準要求在選舉過程子類別中必須獲得7分或更高分，以及整體公民自由得分為30分或更高分。為了簡化報告的方法論，自由之家不再強調這一名稱，但基本分數仍然公開可用。因此，本附錄利用2021年公開的數據篩選出符合過去定義的「選舉民主」國家共有116個。

民主國家的資料來自於Freedom House：https://freedomhouse.org/reports/freedom-world/freedom-world-research-methodology?fbclid=IwAR2mcCrGH-agl9a1PTUuV9Zj8poinj_9pfximuTtRzvWnGTt1i2IRNwUZs。

**　投票年齡，最近一次選舉的時間與婦女在議會的席位比率等資料是透過Inter-parliamentary Union資料庫數據篩選整理，網址如下：http://www.ipu.org/parline-e/parlinesearch.asp。比起2016年版，投票制度資料則是透過Inter-parliamentary Union與維基百科等資料庫交叉比對並整理出來。

***　投票率，選舉制度下修的國家有希臘（GREECE）、馬爾他（MALTA）與南非（SOUTH KOREA）。

網址分別為：Inter-parliamentary Union：http://www.ipu.org/parline-e/parlinesearch.asp；IFES Election Guide：http://www.electionguide.org/；維基百科：https://en.wikipedia.org/wiki/Main_Page。INTERNATIONAL IDEA：http://www.idea.int/index.cfm；CIA：The World Factbook：https://www.cia.gov/the-world-factbook/；CIA：The World Factbook。

****　本欄針對該國是否有「強制投票」（Compulsory Voting）進行整理。

一、「強制投票」且強制執行者：除了上述列舉之國家外，還有下列國家也採行：

（一）North Korea：強制投票年齡為17歲，但選票上只會出現一位候選人，因此投票是用來追蹤選民是否在籍，可以投反對票，但對投票者有不利的影響。

（二）Pitcairn Islands。

（三）Singapore：選民名冊修訂之日起年滿21歲的公民必須遵守，但是2020年因全球新冠病毒（COVID-19）流行的影響下，被隔離的選民和需留守的選民並非是強制性的。

（四）Switzerland：瑞士的少數夫豪森郡（Schaffhausen）仍採用。

二、有「強制投票」之規定但卻未強制執行者：除了上述列舉之國家外，還有下列國家也採行：Democratic Republic of the Congo、Costa Rica、Egypt、Greece、Honduras、Thailand與Turkey。（Mexico有爭議故刪除）

三、過去曾經使用「強制投票」，但後來卻廢除者：

（一）Albania：共產主義執政時存在並產生官方宣稱的投票率100%，在1990年11月和1991年1月後的新選舉法中被廢除。

（二）Austria：1924年至1992年間曾經在各級選舉中使用。

（三）Bulgaria：由於選舉投票率低，保加利亞議會於2016年引入強制投票，但憲法法院於次年廢除了該法律，宣布投票權為一種主觀權利，而不是一種必要目義務的公共職能。

（四）Chile：至2012年，憲法仍然規定投票是強制性的。之後，修憲取消了投票的義務，同時建立了登記制度，17歲以上公民將自動造冊，但只有選舉當日滿18歲的公民才有投票的資格。

（五）Cyprus：1960年引進。2017年放棄了強制投票。

（六）Dominican Republic：2010年憲法廢除強制投票的規定。2017年反對黨再度提出建立強制投票制度的議案被否決。

（七）Fiji：2014年廢除。

（八）Guatemala：1990年廢除。

（九）Italy：1945年至1993年使用。未投票者給予隨意或象徵性的制裁（無害制裁：innocuous sanction），例如難以獲得孩童的日間托育場所等等。

（十）Lebanon：自1996年起的選舉法中都予以廢除。

（十一）Netherlands：1917年引進，1967年廢除。

（十二）Panama：巴拿馬現行法律沒有提及任何制裁，也沒有規定投票義務。

（十三）Philippines：在馬可仕（Ferdinand Marcos）統治戒嚴期間（1972-1986）強制執行。

（十四）Portugal：1933年憲法公投使用，但不強制執行。

（十五）Spain：1907年至1923年使用，但未強制執行。

（十六）Switzerland：在19世紀廣泛存在該國的26個州郡，迄今只有沙夫豪森郡（Schaffhausen）仍然保留。

（十七）United States of America（Georgia）：根據1777年憲法第XII條規定，但1789年修訂後的喬治亞州憲法中省略這一規定。

（十八）Venezuela：1993年廢除。

與2016年版本相比，只新增了一個國家Samoa，其他的異動與認列如下：

Bulgaria、Panama：Wiki列入已廢除強制投票，但IPU資料顯示有強制投票，比對INTERNATIONAL IDEA後，仍然保留。

Mexico：Wiki列入有強制投票，但IPU、INTERNATIONAL IDEA資料庫都顯示已經廢除。

Cyprus、Dominican Republic、Guatemala：Wiki、IPU、INTERNATIONAL IDEA資料庫都顯示已經廢除。

France：IPU資料顯示有強制投票，但其他資料庫與文獻都沒有相同的觀點，本表未列入。

Paraguay：Wiki列入已廢除強制投票，IPU資料顯示有強制投票，比對INTERNATIONAL IDEA後，本列入。

整理自：維基百科：https://en.wikipedia.org/wiki/Compulsory_voting；INTERNATIONAL IDEA資料庫：https://www.idea.int/data-tools/data/voter-turnout/compulsory-voting；Inter-parliamentary Union資料庫：https://data.ipu.org/compare?field=country%3A%3Afield_compulsory_voting#map。

附錄四 主要民主國家國會議員人數

主要民主國家國會議員人數*

No.	國家名稱	議會結構**	議會名稱	法定議員數	總人口***（千人）	領土面積（Km²）****	人口密度	總人口/議員數（千人）
1	ALBANIA	Unicameral	Parliament	140	2,878	28,748	105.0	20.6
2	ANDORRA	Unicameral	General Council	28	77	468	164.4	2.8
3	ANTIGUA AND BARBUDA	Bicameral	House of Representatives	18	98	442	222.6	5.4
			Senate	17				5.8
4	ARGENTINA	Bicameral	Chamber of Deputies	257	45,196	2,780,400	16.5	175.9
			Senate	72				627.7
5	AUSTRALIA	Bicameral	House of Representatives	151	25,500	7,692,024	3.3	170.0
			Senate	76				335.5
6	AUSTRIA	Bicameral	National Council	183	9,006	83,871	109.3	49.2
			Federal Council	61				147.6

主要民主國家國會議會議員人數*（續）

No.	國家名稱	議會結構**	議會名稱	法定議員數	總人口***（千人）	領土面積（Km²）****	人口密度	總人口／議員數（千人）
7	BAHAMAS	Bicameral	House of Assembly	39	393	13,943	39.3	10.1
			Senate	16				24.6
8	BARBADOS	Bicameral	House of Assembly	30	287	430	668.3	9.6
			Senate	21				13.7
9	BELGIUM	Bicameral	House of Representatives	150	11,590	30,528	382.7	77.3
			Senate	60				193.2
10	BELIZE	Bicameral	House of Representatives	32	398	22,966	17.4	12.4
			Senate	14				30.6
11	BHUTAN	Bicameral	National Assembly	47	772	38,394	20.2	16.4
			National Council	25				30.9
12	BOLIVIA（即Plurinational State of BOLIVIA）	Bicameral	Chamber of Deputies	130	11,673	1,098,581	10.8	89.8
			Chamber of Senators	36				324.3
13	BOTSWANA	Unicameral	National Assembly	63	2,352	581,730	4.1	37.3
14	BRAZIL	Bicameral	Chamber of Deputies	513	212,559	8,515,767	25.4	414.3
			Federal Senate	81				2,624.2

主要民主國家國會議員人數* (續)

No.	國家名稱	議會結構**	議會名稱	法定議員數	總人口*** (千人)	領土面積 (Km²)****	人口密度	總人口/議員數 (千人)
15	BULGARIA	Unicameral	National Assembly	240	6,948	111,002	64.0	29.0
16	BURKINA FASO	Unicameral[1]	National Assembly	127	20,903	274,200	64.0	164.6
			Senate	89				234.9
17	CANADA	Bicameral	House of Commons	338	37,742	9,984,670	4.2	111.7
			Senate	105				359.4
18	CAPE VERDE (即 CABO VERDE)	Unicameral	National Assembly	72	556	4,033	138.0	7.7
19	CHILE	Bicameral	Chamber of Deputies	155	19,116	756,102	25.7	123.3
			Senate	50				382.3
20	COLOMBIA	Bicameral	House of Representatives	172	50,883	1,141,748	45.9	295.8
			Senate	108				471.1
21	COSTA RICA	Unicameral	Legislative Assembly	57	5,094	51,100	99.8	89.4
22	CROATIA	Unicameral	Croatian Parliament	151	4,105	56,594	73.4	27.2

1 比對Inter-Parliamentary Union（以下簡稱IPU）、International IDEA與ElectuionGuide三個資料庫，對於布吉納法索（BURKINA FASO）的議會結構的認定有歧異。IPU與International IDEA都認定為一院制，僅有ElectuionGuide資料庫中認定是兩院制（其指稱由National Assembly與Senate共同組成，前者127席、後者89席，Senate成立於2013年5月，成員由間接選舉與委任制混合產生）。再查證維基百科與美國CIA: The World Factbook後，本附錄採用IPU資料庫中對一院制的認定，但仍保留各自的席次。

主要民主國家國會議員人數*（續）

No.	國家名稱	議會結構**	議會名稱	法定議員數	總人口***（千人）	領土面積（Km²）****	人口密度	總人口/議員數（千人）
23	CYPRUS	Unicameral	House of Representatives	80	1,207	9,251	130.7	15.1
24	CZECH REPUBLIC（即CZECHIA）	Bicameral	Chamber of Deputies	200	10,709	78,865	138.6	53.5
			Senate	81				132.2
25	DENMARK	Unicameral	The Danish Parliament	179	5,792	43,094	136.5	32.4
26	DOMINICA	Unicameral	House of Assembly	32	72	751	96.0	2.3
27	DOMINICAN RE-PUBLIC	Bicameral	Chamber of Deputies	190	10,848	48,671	224.5	57.1
			Senate	32				339.0
28	ECUADOR	Unicameral	National Assembly	137	17,643	276,841	71.0	128.8
29	EL SALVADOR	Unicameral	Legislative Assembly	84	6,486	21,041	313.0	77.2
30	ESTONIA	Unicameral	The Estonian Parliament	101	1,327	45,227	31.3	13.1
31	FIJI	Unicameral[2]	Parliament	51	896	18,272	49.1	17.9
32	FINLAND	Unicameral	Parliament	200	5,541	338,425	18.2	27.7
33	FRANCE	Bicameral	National Assembly	577	65,274	640,679	119.2	113.1
			Senate	348				187.6

2 斐濟（FIJI）直至2013年，其憲法規劃國會仍為兩院制。2013年後，在新憲法架構下，該國國會改為一院制。

主要民主國家國會議員人數*（續）

No.	國家名稱	議會結構**	議會名稱	法定議員數	總人口***（千人）	領土面積（Km²）****	人口密度	總人口/議員數（千人）
34	GEORGIA	Unicameral	Parliament	150	3,989	69,700	57.4	26.6
35	GERMANY	Bicameral	German Bundestag	598	83,784	357,114	240.4	140.1
			Federal Council	69				1,214.3
36	GHANA	Unicameral	Parliament	275	31,073	238,533	136.6	113.0
37	GREECE	Unicameral	Hellenic Parliament	300	10,423	131,957	80.9	34.7
38	GRENADA	Bicameral	House of Representatives	15	113	344	330.9	7.5
			Senate	13				8.7
39	GUATEMALA	Unicameral	Congress of the Republic	158[3]	17,916	108,889	167.2	113.4
40	GUYANA	Unicameral	Parliament of the Co-operative Republic of Guyana	65	787	214,969	4.0	11.4
41	HUNGARY	Unicameral	National Assembly	199[4]	9,660	93,028	106.7	48.5
42	ICELAND	Unicameral	Parliament	63	341	103,000	3.4	5.4

3　瓜地馬拉（GUATEMALA）在2020年1月後的國會選舉將增加兩個席位變成160席。

4　匈牙利（HUNGARY）根據2011年12月23日通過的新選舉法，首度允許少數民族參與選舉。同時，將國會議員席位從原來的386席減少到199席。

主要民主國家國會議員人數*（續）

No.	國家名稱	議會結構**	議會名稱	法定議員數	總人口***（千人）	領土面積（Km²）****	人口密度	總人口／議員數（千人）
43	INDIA	Bicameral	House of the People	545	1,380,004	3,287,263	464.1	2,532.1
			Council of States	245				5,632.7
44	INDONESIA	Unicameral5	Dewan Perwakilan Rakyat Republik Indonesia（DPR-RI）	575[6]	273,524	1,910,931	151.0	475.7
			Dewan Perwakilan Daerah Republik Indonesia（DPD-RI）	136				2,011.2
45	IRELAND	Bicameral	House of Representatives	160[7]	4,938	70,273	71.7	31.3
			Senate	60				82.3
46	ISRAEL	Unicameral	Parliament	120	8,656	20,770	400.0	72.1

5　比對IPU、International IDEA與ElectuionGuide三個資料庫，對於印尼（INDONESIA）的議會結構的認定有些歧異。基本上印尼國會（Majelis Permusyawaratan Rakyat＜MPR＞、人民協商會議）是由Dewan Perwakilan Rakyat Republik Indonesia（DPR-RI）與Dewan Perwakilan Daerah Republik Indonesia（DPD-RI）共同組成，前者575席，後者為136席，後者無直接立法權。因此本附錄採用IPU資料庫中對一院制的認定，但仍保留各自的席次。

6　印尼（INDONESIA）在2019年之前的總席位為560席。

7　愛爾蘭（IRELAND）選舉委員會在2017年6月27日建議將眾議院分成39個選區，席次從158席增加到160席。最終，議會根據選舉委員會的建議通過了《2017年下議院選舉（選區修訂）法案》，正式將席次從158席增加到160席。

主要民主國家國會議員人數*（續）

No.	國家名稱	議會結構**	議會名稱	法定議員數	總人口***（千人）	領土面積（Km²）****	人口密度	總人口/議員數（千人）
47	ITALY	Bicameral	Chamber of Deputies	630	60,462	301,339	205.6	96.0
			Senate	321				188.4
48	JAMAICA	Bicameral	House of Representatives	63	2,961	10,991	273.4	47.0
			Senate	21				141.0
49	JAPAN	Bicameral	House of Representatives	465[8]	126,476	377,976	346.9	272.0
			House of Councillors	245[9]				522.6
50	KIRIBATI	Unicameral	House of Assembly	46	119	811	147.5	2.6
51	KOSOVO	Unicameral	Assembly	120	1,809[10]	10,887	159.0	15.1
52	LATVIA	Unicameral	Parliament	100	1,886	64,559	30.3	18.9
53	LESOTHO	Bicameral	National Assembly	120	2,142	30,355	70.6	17.6
			Senate	33				64.9

8 日本（JAPAN）2017年6月重劃選區，並將眾議院席位從475席減少到465席，目的是減少人口稀疏區與稀少區之間的投票差距。

9 日本（JAPAN）自2022年起參議院席位將增額為248席。

10 聯合國經濟和社會事務部出版的世界人口展望（2019年版）後往例，將科索沃（KOSOVO）與塞爾維亞（SERBIA）的人口合併計算。因此，科索沃的人口數與密度參考Wikipedia, 科索沃中文條目下的2019年估計值。網址：https://zh.wikipedia.org/wiki/%E7%A7%91%E7%91%E7%B4%A2%E6%9%B2%83

主要民主國家國會國會議員人數*（續）

No.	國家名稱	議會結構**	議會名稱	法定議員數	總人口***（千人）	領土面積（Km²）****	人口密度	總人口/議員數（千人）
54	LIBERIA	Bicameral	House of Representatives	73	5,058	111,369	52.5	69.3
			The Liberian Senate	30	38	160	238.4	168.6
55	LIECHTENSTEIN	Unicameral	Diet	25				1.5
56	LITHUANIA	Unicameral	Parliament	141	2,722	65,300	43.4	19.3
57	LUXEMBOURG	Unicameral	Chamber of Deputies	60	626	2,586	241.7	10.4
58	MADAGASCAR	Bicameral	National Assembly	151	27,691	587,041	47.6	183.4
			Senate	63[11]				439.5
59	MALAWI	Unicameral	National Assembly	193	19,130	118,484	202.9	99.1
60	MALTA	Unicameral	House of Representatives	67[12]	442	316	1,379.8	6.8
61	MARSHALL IS-LANDS	Unicameral	Parliament	33	59	181	328.9	1.8

11　2019年4月馬達加斯加（MADAGASCAR）總統拉喬利納（Andry Rajoelina）宣布了廢除參議院員額的總統法令，5月高等憲法法院裁定修改參議院的總統法令合乎憲法，將法定成員人數從目前的63席減少到18席（即每個省分配一席，共12席，採間接選舉，加上六席總統委任席位）。新規定將在2021年參議院目前本屆本居任期結束後適用。准選及反對票未竟。

12　馬爾他（MALTA）國會原本為65席，2013年當選的議會卻有69席，多出的四席，分配給擁有最多選票的政黨，以確保其立法多數（legislative majority）的地位。2016年憲法法院增加二個席位，以糾正2013年計票程序，所以現在為67席。

主要民主國家國會議員人數* (續)

No.	國家名稱	議會結構**	議會名稱	法定議員數	總人口***（千人）	領土面積（Km²）****	人口密度	總人口／議員數（千人）
62	MAURITIUS	Unicameral	National Assembly	70	1,272	2,040	626.5	18.4
63	MEXICO	Bicameral	Chamber of Deputies	500	128,933	1,964,375	66.3	257.9
			Senate	128				1,007.3
64	MICRONESIA（即FEDERATED STATES OF MICRO-NESIA）	Unicameral	Congress	14	115	702	164.3	8.2
65	MONACO	Unicameral	National Council	24	39	2	26,338.3	1.6
66	MONGOLIA	Unicameral	State Great Hural	76	3,278	1,564,110	2.1	43.1
67	MONTENEGRO	Unicameral	Parliament	81	628	13,812	46.7	7.8
68	NAMIBIA	Bicameral	National Assembly	104	2,541	825,615	3.1	24.4
			National Council	42				60.5
69	NAURU	Unicameral	Parliament	19	11	21	541.7	0.6
70	NEPAL	Bicameral[13]	House of Representa-tives	275	29,137	147,181	203.3	106.0
			National Assembly	59				493.8

13 與2016年的版本相比，尼泊爾（NEPAL）在2017年恢復了國民議會作為尼泊爾聯邦議會的上議院，為諮詢性質，2018年2月7日進行了首次選舉。

主要民主國家國會議員人數* （續）

No.	國家名稱	議會結構**	議會名稱	法定議員數	總人口***（千人）	領土面積（Km²）****	人口密度	總人口/議員數（千人）
71	NETHERLANDS	Bicameral	House of Representatives	150	17,135	41,850	508.2	114.2
			Senate	75				228.5
72	NEW ZEALAND	Unicameral	House of Representatives	120	4,822	270,467	18.3	40.2
73	NORWAY	Unicameral	Parliament	169	5,421	385,207	14.8	32.1
74	PALAU	Bicameral	House of Delegates	16	18	459	39.3	1.1
			Senate	13[14]				1.4
75	PANAMA	Unicameral	National Assembly	71	4,315	75,417	58.0	60.8
76	PAPUA NEW GUINEA	Unicameral	National Parliament	111	8,947	462,840	19.8	80.6
77	PARAGUAY	Bicameral	Chamber of Deputies	80	7,133	406,752	18.0	89.2
			Senate	45				158.5
78	PERU	Unicameral	Congress of the Republic	130	32,972	1,285,216	25.8	253.6

14 帛琉（PALAU）議席重劃委員會（the Reapportionment Commission）每八年組成一次，主要針對參議院的議席重新分配案或選區重劃案，待規劃案成為法律後公布執行。2008年起，參議院議席由九席增至13席，就是基於2007年該委員會的修正案。提出相對修正案成為法律後公布正案。

主要民主國家國會議員人數*（續）

No.	國家名稱	議會結構**	議會名稱	法定議員數	總人口***（千人）	領土面積（Km²）****	人口密度	總人口/議員數（千人）
79	PHILIPPINES	Bicameral	House of Representatives	297	109,581	300,000	367.5	369.0
			Senate	24				4,565.9
80	POLAND	Bicameral	Sejm	460	37,847	312,696	123.6	82.3
			Senate	100				378.5
81	PORTUGAL	Unicameral	Assembly of the Republic	230	10,197	92,226	111.3	44.3
82	REPUBLIC OF KOREA（即SOUTH KOREA）	Unicameral	National Assembly	300	51,269	100,210	527.3	170.9
83	REPUBLIC OF MOLDOVA	Unicameral	Parliament	101	4,034	33,846	122.8	39.9
84	ROMANIA	Bicameral	Chamber of Deputies	330	19,238	238,397	83.6	58.5
			Senate	136				141.5
85	SAINT KITTS AND NEVIS	Unicameral	National Assembly	14或15席，取決於總檢察長。	53	261	204.6	3.5

主要民主國家國會議員人數*（續）

No.	國家名稱	議會結構**	議會名稱	法定議員數	總人口*** (千人)	領土面積 (Km²)****	人口密度	總人口／總議員數 (千人)
86	SAINT LUCIA	Bicameral	House of Assembly	17	184	616	301.0	10.2
			Senate	11				16.7
87	SAINT VINCENT AND THE GRENADINES	Unicameral	House of Assembly	23	111	389	284.5	4.8
88	SAMOA	Unicameral	Legislative Assembly	51[15]	198	2,842	70.1	4.0
89	SAN MARINO	Unicameral	Great and General Council	60	34	61	565.6	0.6
90	SAO TOME AND PRINCIPE	Unicameral	National Assembly	55	219	964	228.3	4.0
91	SENEGAL	Unicameral[16]	National Assembly	165	16,744	196,722	87.0	101.5
92	SERBIA	Unicameral	National Assembly	250	6,928[17]	77,474	91.1	27.7

15 薩摩亞（SAMOA）2019年1月29日通過的憲法修正案：51個選區各選出一名成員組成。不再有領土選區。婦女必須占立法議會的10%。這意味著如果沒有女性成功當選，議會人數會增加至56個。

16 塞內爾（SENEGAL）原為兩院制，但2012年9月加爾內舉行國民舉行國民議會及參議院聯合大會，投票通過了取消參議院和國家副總統兩位的法案。故現為一院制。

17 聯合國經濟和社會事務部出版的世界人口展望（2019年版）後往回，將科索沃（KOSOVO）與塞爾維亞（SERBIA）的人口合併計算。因此，塞爾維亞的人口數與密度參考 Wikipedia 塞爾維亞條目中文條目下的2018年估計值。網址：https://zh.wikipedia.org/wiki/%E5%A1%9E%E5%B0%94%E7%BB%B4%E4%BA%9A%E7%BB%B4%E4%BA%9A 。

主要民主國家國會議員人數* （續）

No.	國家名稱	議會結構**	議會名稱	法定議員數	總人口***（千人）	領土面積（Km²）****	人口密度	總人口/議員數（千人）
93	SEYCHELLES	Unicameral	National Assembly	35	98	452	213.8	2.8
94	SIERRA LEONE	Unicameral	Parliament	146	7,977	71,740	110.5	54.6
95	SLOVAKIA	Unicameral	National Council	150	5,460	49,037	113.5	36.4
96	SLOVENIA	Bicameral	National Assembly	90	2,079	20,273	103.2	23.1
			National Council	40				52.0
97	SOLOMON ISLANDS	Unicameral	National Parliament	50	687	28,896	24.5	13.7
98	SOUTH AFRICA	Bicameral	National Assembly	400	59,309	1,221,037	48.9	148.3
			National Council of Provinces	90				659.0
99	SPAIN	Bicameral	Congress of Deputies	350	46,755	505,992	93.7	133.6
			Senate	266				175.8
100	SRI LANKA	Unicameral	Parliament	225	21,413	65,610	341.5	95.2
101	SURINAME	Unicameral	National Assembly	51	587	163,820	3.8	11.5
102	SWEDEN	Unicameral	Parliament	349	10,099	450,295	24.6	28.9
103	SWITZERLAND	Bicameral	National Council	200	8,655	41,284	219.0	43.3
			Council of States	46				188.2

主要民主國家國會議員人數*（續）

No.	國家名稱	議會結構**	議會名稱	法定議員數	總人口***（千人）	領土面積（Km²）****	人口密度	總人口/議員數（千人）
104	TAIWAN（Republic of China）	Unicameral	The Legislative Yuan	113	23,499	36,193	649.3	208.0
105	TIMOR-LESTE（即EAST TIMOR）	Unicameral	National Parliament	65	1,318	14,919	88.7	20.3
106	TONGA	Unicameral	Legislative Assembly	30	106	747	146.8	3.5
107	TRINIDAD AND TO-BAGO	Bicameral	House of Representatives	42	1,399	5,130	272.8	33.3
			Senate	31				45.1
108	TUNISIA	Unicameral	Assembly of People's Representatives	217	11,819	163,610	76.1	54.5
109	TURKEY	Unicameral	Grand National Assembly of Turkey	600	84,339	783,562	109.6	140.6
110	TUVALU	Unicameral	Parliament of Tuvalu	16	12	26	393.1	0.8
111	UKRAINE	Unicameral	Parliament	450	43,734	603,500	75.5	97.2
112	UNITED KINGDOM	Bicameral	House of Commons	650	67,886	242,495	280.6	104.4
			House of Lords	790（統計至2021年7月）				85.8

主要民主國家國會議員人數*（續）

No.	國家名稱	議會結構**	議會名稱	法定議員數	總人口***（千人）	領土面積（Km²）****	人口密度	總人口/議員數（千人）
113	UNITED REPUBLIC OF TANZANIA	Unicameral	National Assembly	393	59,734	945,087	67.4	152.0
114	UNITED STATES OF AMERICA	Bicameral	House of Representatives	435	331,003	9,833,517	36.2	760.9
			Senate	100				3,310.0
115	URUGUAY	Bicameral	Chamber of Representatives	99	3,474	176,215	19.8	35.1
			Chamber of Senators	31				112.1
116	VANUATU	Unicameral	Parliament	52	307	12,189	25.2	5.9

說明：

* 民主國家之認定係以自由之家（Freedom House）2021年所列116個擁有較為嚴格定義的「選舉民主」國家（Electoral Democracies）。與2016年名單相比，僅新增了一個BURKINA FASO（編號16），刪掉了10個國家：BANGLADESH、BENIN、BOSNIA AND HERZEGOVINA、UNION OF THE COMOROS、COTE D'IVOIRE、KENYA、NIGER、NIGERIA、PAKISTAN、ZAMBIA。自由之家在2021年之前出版的《世界自由》（Freedom in the World）報告書中，用「選舉民主」來特定指稱「必須達到某些政治權利與公民自由的最低標準」，此一標準並未計入某些特殊「領土」（例如香港）。「選舉民主」的最低標準要求在選舉過程子類別中必須獲得7分或更高分，總政治權利得分為20分或更高分，以及整體公民自由得分為30分或更高分。為了簡化報告的方法論，自由之家不再強調這一名稱，但基本分數仍然公開可用。因此，本附錄利用2021年公開的數據篩選出符合過去定義的「選舉民主」國家共有116個。

民主國家的資料來自於Freedom House：https://freedomhouse.org/reports/freedom-world/freedom-world-research-methodology?fbclid=IwAR2mcCrGH-agI9a1PTUuV9ZJ8poinj_9pfximuTtRzvWnGTt1i2lRNwUZs。

** 議會結構資料來源：透過Inter-parliamentary Union、IFES Election Guide、INTERNATIONAL IDEA、CIA：The World Factbook等資料庫交叉比對並整理出來，網址分別為：Inter-parliamentary Union：http://www.ipu.org/parline-e/parlinesearch.asp；IFES Election Guide：http://www.electionguide.org/；INTERNATIONAL IDEA：http://www.idea.int/index.cfm；CIA: The World Factbook：https://www.cia.gov/the-world-factbook/。

*** 總人口暨人口密度資料估值來源：United Nations, Population Division, Department of Economic and Social Affairs, World Population Prospects 2019, https://population.un.org/wpp/Download/Standard/Population/。

**** 領土資料來源：Wikipedia，http://en.wikipedia.org/wiki/List_of_countries_and_outlying_territories_by_total_area。維基百科在List of countries and dependencies by area條目下的數據與各國簡介中的數據部分略有出入，本表中，領土關於領土資料，數據大多來自於List of countries and dependencies by area條目，惟KOSOVO跟SERBIA兩國為例外。

附錄五　婦女被賦予參政權之歷史

婦女被賦予參政權之歷史

年分	國家	說明
1689	Friesland（Frisia）	荷蘭的一省。允許女性地主在農村地區參與弗里斯蘭州的選舉投票。
1718	Sweden	允許城市公會的女性納稅會員在地方城市選舉（1758年被撤銷）和全國選舉（1772年被撤銷）中投票。
1734	Sweden	女性納稅且為財產所有者可以在當地農村選舉中投票。
1755	Corsica	在其獨立共和國議會中，女性擁有選舉權。（但1769年法國吞併後被廢除）。
1853	Vélez Province	昔日新格拉納達共和國（The New Granada Republic），即今日的哥倫比亞（Colombia）的一省授予男女性普選權。但隨後最高法院廢除了對女性的規定。
1861	South Australia	澳洲殖民地南澳大利亞擁有財產的婦女獲得投票權。
1862	San Luis Province（Argentina）	阿根廷聖路易斯省能識字的女性可以在地方選舉中投票。
1862-1863	Sweden	部分女性獲得地方選舉的投票權。
1863	The Grand Duchy of Finland（Russian Empire）	在俄羅斯帝國統治下的芬蘭大公國下，鄉村有納稅的女性可以在市政選舉（municipal election）中投票，1872年擴展到城市。
1864	Victoria	在澳洲殖民地維多利亞1863年選舉法案中，女性無意間被賦予的投票權，並在次年的進行投票。該法案於1865年進行修正，以糾正此一錯誤。
1864	Kingdom of Bohemia（Austrian Empire）	奧地利帝國統治下的波西米亞，有納稅的女性與具有專業知識的女性，可透過代理人進行投票，並有資格在1864年當選為有立法權的人員。

婦女被賦予參政權之歷史（續）

年分	國家	說明
1869	The United States	懷俄明州領地（Territory of Wyoming）女性獲得完整的選舉權。
1869	Britain	部分未婚且持有房屋之女性可在地方選舉中投票。
1870	The United States	猶他州領地（Utah Territory）通過了一項賦予女性選舉權的法律。該法後來在1887年埃德蒙茲—塔克法案（Edmunds-Tucker Act）中被廢除。
1881	Scottish	部分女性獲得地方選舉的投票權。
1881	The Isle of Man	地理上為不列顛群島的一部分（自治的英國王室附屬國、不屬於英國統治），島中的部分女性獲得投票權。
1893	New Zealand	女性獲得投票權。
1894	The United Kingdom	擴大女性投票權：已婚女性可在地方選舉中投票。
1895	South Australian	女性獲得投票權。
1899	Western Australian	女性獲得投票權。
1901	Australia	女性獲得有限度的投票權。
1902	New South Wales	女性獲得投票權。
1902	Australia	女性獲得更廣泛的投票權。
1906	Finland	女性獲得投票權。
1907	Norway	女性獲得被選舉權。
1908	Denmark	部分女性獲得地方選舉的投票權。
1908	Australia（Victoria地區）	女性獲得投票權。
1909	Sweden	女性獲得市政選舉的投票權。
1913	Norway	女性獲得投票權。
1915	Denmark	女性獲得投票權。
1915	Iceland	女性獲得投票權。
1916	Canada（Alberta、Manitoba、Saskatchewan等區）	女性獲得投票權。

婦女被賦予參政權之歷史（續）

年分	國家	說明
1917	Soviet Russian	沙皇時代結束，蘇聯新憲法中保障女性完整的選舉權（full suffrage）。
1917	Netherlands	女性獲得被選舉權。
1918	The United Kingdom	30歲以上（符合擁有財產或是英國大學學位任一資格）之女性獲得投票權。
1918	Canada	除了魁北克區（Quebec）與原住民婦女之外，大部分區域在聯邦法律規範下，保障了女性投票權。
1918	Germany	女性獲得投票權。
1918	Austria	女性獲得投票權。
1918	Latvia	女性獲得完整的選舉權。
1918	Poland	女性獲得完整的選舉權。
1918	Estonia	女性獲得完整的選舉權。
1918	Russian Federation	女性獲得投票權。
1918	Ireland	女性獲得有限度的投票權。
1919	Netherlands	女性獲得投票權。
1919	Belarus	女性獲得投票權。
1919	Luxemburg	女性獲得投票權。
1919	Ukraine	女性獲得投票權。
1919	Belgium	女性獲得投票權。
1919	New Zealand	女性獲得被選舉權。
1919	Sweden	女性獲得有限度的投票權。
1920	The United State	女性獲得投票權。（1920年8月26日美國憲法修正案在田納西州正式批准後，該憲法修正案正式賦予全美女性投票權。原住民卻是到1924年才被視為公民，而且直到1957年才能在全美的每一州投票。非裔美籍女性則是到了1965年《投票權利法》實施後，才能在南方的州投票。）
1920	Albania	女性獲得投票權。
1920	The Czech Republic	女性獲得投票權。

婦女被賦予參政權之歷史（續）

年分	國家	說明
1920	Slovakia	女性獲得投票權。
1920	Canada	女性獲得被選舉權。（但不是全部的政府公職。）
1921	Azerbaijan	女性獲得投票權。（另有一說表示是1917年。）
1921	Sweden	女性獲得有限度的投票權。
1921	Armenia	女性獲得投票權。
1921	Lithuania	女性獲得投票權。
1921	Belgium	女性獲得被選舉權。
1922	Burma（爾後改名為Myanmar）	女性獲得投票權。
1922	Irish Free State（從UK獨立出來）	女性獲得投票權。
1924	Mongolia	女性獲得投票權。
1924	Saint Lucia	女性獲得投票權。
1924	Tajikistan	女性獲得投票權。
1924	Kazakhstan	女性獲得有限度的投票權。
1925	Italy	女性獲得有限度的投票權。
1927	Turkmenistan	女性獲得投票權。
1928	The United Kingdom	女性獲得投票權。
1928	Guyana	女性獲得投票權。
1928	Ireland（屬UK的部分）	擴大女性投票權。
1929	Ecuador	女性獲得投票權。
1929	Romania	女性獲得有限度的投票權。
1929	Canada	女性可以成為參議院之議員。（在經歷The Persons Case一案後，女性始可成為參議院議員。）
1929	Puerto Rico	女性獲得投票權。
1930	South Africa	部分女性（白人婦女）獲得投票權。
1930	Turkey	女性獲得投票權。

婦女被賦予參政權之歷史（續）

年分	國家	說明
1931	Spain	女性獲得完整的選舉權。
1931	Sri Lanka	女性獲得完整的選舉權。
1931	Chile	女性獲得有限度的投票權。
1931	Portugal	女性獲得有限度的投票權。
1932	Uruguay	女性獲得投票權。
1932	Thailand	女性獲得投票權。
1932	Maldives	女性獲得投票權。
1934	Cuba	女性獲得投票權。
1934	Brazil	女性獲得投票權。
1934	Turkey	女性獲得被選舉權。
1934	Portugal	女性獲得有限度的投票權。
1935	Myanmar（原Burma）	女性獲得投票權。
1937	Philippines	女性獲得完整的選舉權。（另有一說表示是1946年獨立之後才確立。）
1938	Bolivia	女性獲得投票權。
1938	Uzbekistan	女性獲得完整的選舉權。
1939	El Salvador	女性獲得投票權。
1940	Canada（Quebec區）	女性獲得投票權。
1941	Panama	女性獲得有限度的投票權。（1946年獲得完全選舉權。）
1942	Dominican Republic	女性獲得完整的選舉權。
1944	Bermuda	有財產的女性獲得投票權。
1944	Bulgaria	女性獲得投票權。
1944	France	女性獲得投票權。
1944	Jamaica	女性獲得投票權。
1945	Croatia	女性獲得投票權。
1945	Indonesia	女性獲得投票權。
1945	Italy	女性獲得投票權。
1945	Hungary	女性獲得投票權。

婦女被賦予參政權之歷史（續）

年分	國家	說明
1945	Japan	女性獲得有限度的投票權。
1945	Yugoslavia	女性獲得投票權。
1945	Senegal	女性獲得投票權。
1945	Ireland（屬UK的部分）	女性獲得投票權。
1945	Guyana	女性獲得被選舉權。
1946	Palestine	女性獲得投票權。
1946	Kenya	女性獲得投票權。
1946	Liberia	女性獲得投票權。（但僅美洲女性，直到1951年才授權土著男性與女性擁有。）
1946	Cameroon	女性獲得投票權。
1946	Korea	女性獲得投票權。
1946	Guatemala	女性獲得投票權。
1946	Panama	女性獲得有限度的投票權。
1946	Romania	女性獲得有限度的投票權。
1946	Venezuela	女性獲得投票權。
1946	Yugoslavia	女性獲得投票權。
1946	Vietnam	女性獲得投票權。
1946	Myanmar	女性獲得被選舉權。
1947	Republic of China	女性獲得投票權。
1947	Bulgaria	女性獲得投票權。
1947	Malta	女性獲得投票權。
1947	Nepal	女性獲得投票權。
1947	Pakistan	女性獲得投票權。
1947	Singapore	女性獲得投票權。
1947	Argentina	女性獲得投票權。
1947	Japan	擴大女性投票權，但仍保留了某些限制。
1947	Mexico	女性獲得市政層級的投票權。
1948	Israel	女性獲得投票權。

婦女被賦予參政權之歷史（續）

年分	國家	說明
1948	Iraq	女性獲得投票權。
1948	Korea	女性獲得投票權。
1948	Niger	女性獲得投票權。
1948	Surinam	女性獲得投票權。
1948	Belgium	1919年已給予女性充分投票權，但此時卻對先前賦予的權利設下一些限制。
1949	Bosnia and Herzegovina	女性獲得投票權。
1949	China（PRC）	女性獲得投票權。
1949	Costa Rica	女性獲得投票權。
1949	Chile	女性獲得完整的選舉權。但大致上是男女分開投票。
1949	Syrian Arab Republic	女性獲得投票權。
1949-1950	India	女性獲得投票權。
1950	Haiti	女性獲得投票權。
1950	Barbados	女性獲得投票權。
1950	Canada	女性獲得投票權。擴大投票權適用的女性群體，但仍不包括原住民婦女。
1951	Antigua	女性獲得投票權。
1951	Nepal	女性獲得投票權。
1951	Grenada	女性獲得投票權。
1952	UN	聯合國制定婦女參政權公約（Covenant on Political Rights of Women），呼籲給予女性充分參政權，包括選舉權和被選舉權。
1952	Greece	女性獲得投票權。
1952	Lebanon	女性獲得投票權。
1952	Bolivia	女性獲得有限度的投票權。（1938年已給予女性充分投票權，但此時卻對先前賦予的權利設下一些限制。）
1953	Mexico	女性獲得被選舉權，並可在全國選舉中投票。
1953	Hungary	女性獲得投票權。

婦女被賦予參政權之歷史（續）

年分	國家	說明
1953	Guyana	女性獲得投票權。
1953	Bhutan	女性獲得投票權。
1953	Syrian Arab Republic	女性獲得投票權。
1954	Ghana	女性獲得投票權。
1954	Colombia	女性獲得投票權。
1954	Belize	女性獲得投票權。
1955	Cambodia	女性獲得投票權。
1955	Ethiopia	女性獲得投票權。
1955	Peru	女性獲得投票權。
1955	Honduras	女性獲得投票權。
1955	Nicaragua	女性獲得投票權。
1956	Egypt	女性獲得投票權。
1956	Somalia	女性獲得投票權。
1956	Comoros	女性獲得投票權。
1956	Mauritius	女性獲得投票權。
1956	Mali	女性獲得投票權。
1956	Benin	女性獲得投票權。
1956	Pakistan	女性獲得在國家選舉中投票的權力。
1957	Malaysia	女性獲得投票權。
1957	Zimbabwe	女性獲得投票權。
1959	Madagascar	女性獲得投票權。
1959	Tanzania	女性獲得投票權。
1959	San Marino	允許女性投票。
1960	Cyprus	女性獲得投票權。
1960	Gambia	女性獲得投票權。
1960	Tonga	女性獲得投票權。
1960	Canada	女性獲得完整的選舉權。原住民婦女亦包括在內。

婦女被賦予參政權之歷史（續）

年分	國家	說明
1961	Burundi	女性獲得投票權。
1961	Malawi	女性獲得投票權。
1961	Paraguay	女性獲得投票權。
1961	Rwanda	女性獲得投票權。
1961	Sierra Leone	女性獲得投票權。
1961	Bahamas	女性獲得有限度的投票權。
1961	El Salvador	女性獲得被選舉權。
1962	Algeria	女性獲得投票權。
1962	Monaco	女性獲得投票權。
1962	Uganda	女性獲得投票權。
1962	Zambia	女性獲得投票權。
1962	Australia	原住民女性獲得投票權，但仍維持一些限制。
1963	Morocco	女性獲得投票權。
1963	Congo	女性獲得投票權。
1963	The Islamic Republic of Iran	女性獲得投票權。
1963	Kenya	女性獲得投票權。
1964	Sudan	女性獲得投票權。
1964	Bahamas	女性獲得投票權，但仍維持一些限制。
1965	Afghanistan	女性獲得完整的選舉權。
1965	Botswana	女性獲得完整的選舉權。
1965	Lesotho	女性獲得完整的選舉權。
1967	Ecuador	女性獲得投票權，但仍維持一些限制。
1968	Swaziland	女性獲得投票權。
1970	Yemen	女性獲得完整的選舉權。
1970	Andorra	允許女性投票。
1971	Switzerland	女性獲得投票權。
1972	Bangladesh	女性獲得投票權。

婦女被賦予參政權之歷史（續）

年分	國家	說明
1973	Bahrain	女性獲得完整的選舉權。（另有一說表示是2002年時才確立。因為直到2002年才舉行選舉）
1973	Andover	女性獲得被選舉權。
1973	San Marino	女性獲得被選舉權。
1974	Jordan	女性獲得投票權。
1974	Solomon	女性獲得投票權。
1975	Angola	女性獲得投票權。
1975	Cape Verde	女性獲得投票權。
1975	Mozambique	女性獲得投票權。
1976	Portugal	女性獲得投票權，但仍維持一些限制。
1976	East Timor	女性獲得投票權。
1978	The Republic of Moldova	女性獲得投票權，但仍維持一些限制。
1978	Zimbabwe	女性獲得被選舉權。
1979	The Marshall Islands	女性獲得完整的選舉權。
1979	Micronesia	女性獲得完整的選舉權。
1980	Iran	女性獲得投票權。
1984	Liechtenstein	女性獲得完整的選舉權。
1984	South Africa	投票權擴大至有色人種的女性與印度裔女性。
1986	Central African Republic	女性獲得投票權。
1990	Samoan	女性獲得完整的選舉權。
1993	The Republic of Moldova	女性獲得完整的選舉權。
1994	Kazakhstan	女性獲得完整的選舉權。
1994	South Africa	黑人女性獲得完整的選舉權。
1997	Qatar	女性獲得投票權。
2000	Kingdom of Bahrain	女性獲得完整的選舉權。巴林國王哈麥德（Hamad bin Isa al-Khalifa）於1999年上任後，將巴林由酋長國變成君主立憲制的國家，即賦予婦女選舉權與被選舉權。
2003	Oman	女性獲得投票權。

婦女被賦予參政權之歷史（續）

年分	國家	說明
2005	Kuwait	女性獲得完整的選舉權。
2006	United Arab Emirates	女性獲得有限度的投票權。
2015	Saudi Arabia	女性獲得完整的選舉權。2011年9月25日當時在位的沙烏地阿拉伯國王阿布都拉（Abdullah bin Abdulaziz）宣布女性於2015年起享有選舉和被選舉權。

說明：完整的選舉權（full suffrage）指所有婦女群體都包括在內，並且都可以投票和競選任何政府職位。

資料來源：Inter-parliamentary Union、ThoughtCo（ThoughtCo is part of the Dotdash publishing family，Dotdash前身為About.com）與wikipedia維基線上百科，網址分別為：http://www.ipu.org/wmn-e/suffrage.htm、https://www.thoughtco.com/international-woman-suffrage-timeline-3530479、https://zh.wikipedia.org/wiki/女性參政權、https://en.wikipedia.org/wiki/Timeline_of_women%27s_suffrage。

國家圖書館出版品預行編目資料

比較選舉制度／王業立著. -- 八版. -- 臺北
市：五南圖書出版股份有限公司，2021.09
　　面；　　公分
ISBN 978-626-317-048-3（平裝）

1.選舉制度　2.比較研究

572.3　　　　　　　　　　110012639

1P58

比較選舉制度

作　　　者 ― 王業立(21)

發 行 人 ― 楊榮川

總 經 理 ― 楊士清

總 編 輯 ― 楊秀麗

副總編輯 ― 劉靜芬

責任編輯 ― 黃郁婷

封面設計 ― 王麗娟

出 版 者 ― 五南圖書出版股份有限公司

地　　　址：106台北市大安區和平東路二段339號4樓

電　　　話：(02)2705-5066　　傳　　真：(02)2706-6100

網　　　址：https://www.wunan.com.tw

電子郵件：wunan@wunan.com.tw

劃撥帳號：01068953

戶　　　名：五南圖書出版股份有限公司

法律顧問　林勝安律師

出版日期　1996年11月初版一刷
　　　　　2021年 9 月八版一刷
　　　　　2023年11月八版三刷

定　　　價　新臺幣400元

經典永恆・名著常在

五十週年的獻禮——經典名著文庫

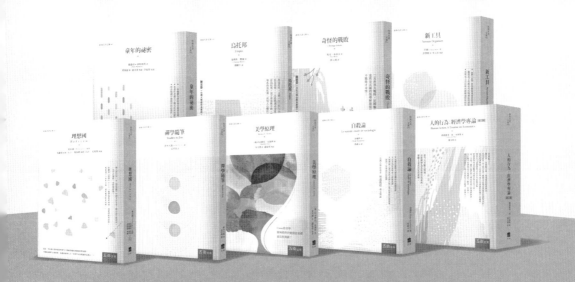

五南，五十年了，半個世紀，人生旅程的一大半，走過來了。

思索著，邁向百年的未來歷程，能為知識界、文化學術界作些什麼？

在速食文化的生態下，有什麼值得讓人雋永品味的？

歷代經典・當今名著，經過時間的洗禮，千錘百鍊，流傳至今，光芒耀人；

不僅使我們能領悟前人的智慧，同時也增深加廣我們思考的深度與視野。

我們決心投入巨資，有計畫的系統梳選，成立「經典名著文庫」，

希望收入古今中外思想性的、充滿睿智與獨見的經典、名著。

這是一項理想性的、永續性的巨大出版工程。

不在意讀者的眾寡，只考慮它的學術價值，力求完整展現先哲思想的軌跡；

為知識界開啟一片智慧之窗，營造一座百花綻放的世界文明公園，

任君遨遊、取菁吸蜜、嘉惠學子！